John Dewey

杜威教育思想引论

褚宏启　著

教育科学出版社
·北　京·

再版序言

1988 年到 1994 年，我在北京师范大学攻读硕士和博士学位，硕士、博士论文所写都是杜威，前者研究其教育目的理论，后者则涉及其整个教育理论。1994 年 5 月博士论文写就，题目是《教育观念的变革——对杜威教育理论中三个命题的分析》，1998 年将之更名为《杜威教育思想引论》出版。现在再版，保留原书名，而且正文也完全保留了当年博士论文的原样，只字未动，读者从字里行间可以看到那个时代的痕迹，以及作者二十六七岁时的文字青涩与思想局限。

之所以再版，是因为杜威的教育思想对今天的中国教育乃至中国社会依然有现实意义。

杜威理论产生于 19 世纪末，当时美国刚刚完成工业化革命，从一个发展中国家一跃而成为世界第一经济大国。工业化的完成，引起了社会结构的重大调整和社会面貌的深刻变化，带来了物质财富的巨大增长，但也带来了一系列社会问题。这些问题可以大致归结为两大方面：一是整个社会的物质财富大大增加，但是贫富分化更为严重；二是精神文化没有与物质财富同步前进，物质财富的增长反而带来了精神文化的衰落。这些问题与我国改革开放以来出现的问题极其相似。杜威反对无节制的旧个人主义，认为少数在经济竞争中成功的人凌驾于大多数人之上、少数人的个人自由侵害了大多数人的个人自由是不合理的。杜威要求以新个人主义取代旧个人主义，强调人与人之间应合作而不是无情地竞争，强调人的社会责任，要求动用国家力量来遏制资本的冷酷扩张。这些思想对处于社会转型期的中国而言，很有现实意义。

推进现代化强国建设、推进教育现代化，是当前我国的主流话语，杜威的理论对我们的社会现代化、教育现代化都有启示。现代化是一个历史过程，现代化的本质是现代性即现代精神不断增长和实现的过程。民主与科学是现代精神的集中反映。而杜威理论中有两个关键词，恰恰就是民主与科学。当一个社会更为理性、更加民主，就意味着其现代化程度更高。改革开放以来，尽管我国的国民素质有了较大提高，但许多民众的思想与行为仍然表现出传统人的一些特征，诸如遵从盲从权威，轻视民主与法治，看重等级；关心私利有余而关心公益不足，公民意识淡漠；相信外在的、神秘的力量，相信神鬼，不相信科学理性的力量；等等。人的现代化的任务依然艰巨。

杜威倡导科学理性精神，鲜明体现在他对科学方法即反省思维的推崇上。与科学知识相比，杜威更为强调的是科学方法的价值。他视科学思维的方法为革除社会弊端、实现社会理想的最重要手段。杜威还将科学思维的方法与民主联系起来，认为科学思维的方法反对因循守旧，反对任何外部的权威，强调创造和验证，与民主主义是相通的。科学方法在杜威的整个理论中居于核心地位。而教育恰是使人掌握这种方法的最重要手段，正是在此意义上，杜威宣告，科学、教育和民主的目标合而为一。我们可以把这句话进一步解读为：培养具有科学精神和民主精神的现代人，推进人的现代化，是教育促进社会现代化的最佳手段。

　　杜威是一个思想大家，具有深厚的哲学、心理学、社会学功底，这就使其教育思想既具有他人难以企及的理论深度，又具有他人难以企及的宽广视野。杜威还集欧美教育思想之大成，对欧美的教育思想史进行了系统、细致、深入的梳理，充分借鉴吸收了人类千百年来积淀下来的教育智慧，这使得杜威的教育思想博大而精深，用前无古人后无来者形容并不过分。当然，21 世纪的中国有其独特国情，杜威的教育理论对于今日中国之教育，绝非灵丹妙药，但会有丰富启示，会让我们更加务实、更为深刻。

　　本书之所以再版，还因为本书对杜威教育思想的不足进行了较为深入细致的分析与批评，这些分析与批评，不仅可以破除对于杜威的迷信，也可以深化对于我国教育实践的剖析，尤其有助于解释我国课程改革中的钟摆现象，有助于纠正我国课程改革中的片面行为。

　　最后，感谢教育科学出版社对于学术著作出版的支持，感谢责任编辑王晶晶女士为本书再版所付出的劳动！

褚宏启

2022 年 11 月于北京师范大学寓所

初版自序

　　为何不请专家作序？非不能也，不为也。请专家作序现已成时尚，但对此时尚我不以为然。专家之所以为专家，一般皆饱经沧桑，学富五车，经历了常人未及的精神路程，德才双馨已至相当境界，窃以为专家若用为他人写序的时间去写展自己专长之文字，必定会对社会造福更大。专家的宝贵时间值得全社会珍惜，为体恤专家计，我不忍打扰，此其一；其二，若我之所著并无多少学术价值，并不值得专家褒扬，而专家碍于情面及出于提携后进的考虑又不得不勉为其难地说一些违心的赞语，结果专家被逼上梁山，这会让我产生很深的负疚感甚至负罪感。我一向认为，书的价值在其内容本身，鉴于此，才作此自序。

　　该书是1991—1994年在北京师范大学教育科学研究所攻读博士学位期间所作的博士论文，原题为《教育观念的变革——对杜威教育理论中三个命题的分析》，现将之更名为《杜威教育思想引论》，原因有二：一是这样更简洁明快；二是本书虽貌似只讨论三个命题，实则是以三个命题为切入点讨论了杜威的整个教育理论，所以另冠之以《杜威教育思想引论》之名也算合乎情理。在论文写作过程中我得到许多师长、朋友的热情指导和帮助，本书后记中已一一提及并致谢，此处不再重复。

　　该论文于 1994 年 6 月 10 日通过答辩。答辩委员会主席为河北大学教育系滕大春教授，答辩委员有北京师范大学教育系成有信教授、北京师范大学教育管理学院孙喜亭教授、首都师范大学教育系周鸿志教授、世界知识出版社蔡振生编审、北京师范大学教育系史静寰教授以及我的导师吴式颖教授。除我的导师外，答辩委员会委员同时也是论文评阅人，华东师范大学教育系赵祥麟教授、山东师范大学教育系李文奎教授亦为论文评阅人。为了我的答辩，劳动这么多学者专家，不胜感激之至，在此再次表示衷心感谢。诸位教授对论文做了过高的评价，令我不胜惶恐，甚感不副其实。原想将八份评议书一并印在前面，转而又觉不妥，一是怕让人感觉有做"广告"之嫌；二是怕使读者受先人之见的影响，有碍读者对论文做出自己的理解与判断。个人的理解与判断是最珍贵的，专家对论文的理解与判断不能也不应取代读者个人的理解与判断。

　　这篇论文给我带来的最直接、最快捷的收益是使我能留校任教。论文写就于 1994 年 5 月，当时我的工作单位已定，而且已与所去单位签了为期五年的协议书。此前我也想留校工作，但未能遂愿。当时我住在北京师范大学研究生宿舍楼，这座六层高的宿舍楼只有两部电话，占用率极高，从外面打进来很不容易。一天我突然接到成有信先生的电话，他言，以前对我不了解，看了论文才算了解，又问我单位定在哪里。我据实相告，成先生也没说什么。后来我听说成先生去学校各有关单位到处呼吁，要求将我留校。答辩会上成先生更是慷慨陈词，大呼留人，博得满堂掌声。答辩会后成先生依然奔走不辍，我的导师吴先生亦然。当时我对留校已不抱希望，因为工作单位已定，协议已签，若再变更就涉及改派，改派难度非常之大。然而在先生们的努力和一些热心人的支持下，最后我竟出乎意料地被留了下来。此情此景，颇似萧何月下追韩信，成先生有萧何之心，然我却苦无韩信之才。导师对我的帮助我没齿不忘，成先生对我的关心则令我格外感怀。我与成先生素无往来，当时若在校园偶遇，他也未必叫得上我的名字。他之为我奔走不是为了自己，而是出于一种深沉的责任感、一种高尚的情怀，这种责任感和情怀，事不关己、高高挂起者是不会有的，也是难于理解的。我留校工作至今已近三年，除参加"博士论坛"的讨论会能见到成先生外，谋面机会甚少，逢年过节亦从未登门拜访，甚至连电话问候也无一次，成先生对此从不在意。然我们许多观点相同相近，彼此感到精神距离很近。我深深地体会到，真正有思想的学者所期待于后辈的，绝非几包点心、几次问候，而是后辈是否学有长进、思有所得，是否有灼见真知，每想至此，若芒刺在背，颇感责任甚大，不敢松懈。成先生的知遇之恩我一直铭刻于心，然一直未向他当面称谢，此处我一吐为快，表抒心存已久的感激之情。这也算是与本书有关的一段师长提携后进的佳话，故记于此。

现在摆在读者面前的这本书除了"自序"是新加的以外，其余一并照旧，都是三年以前的产物。论文写毕至今已三年有余，其间我对社会、教育又有了一些新的体会，若今日重写杜威，可能在内容上、文风上皆不同于以往。今天回观这篇长文，其可取之处大概主要在，行文时总是先讲清杜威的本意"是什么"，然后再评价它"怎么样"，先入乎其内，再出于其外，我认为这是研究历史尤其是历史人物时必须坚持的一点基本要求。

过去研读杜威时我曾为他消得人憔悴，照理在情感上该对他有相当的眷恋，然而对杜威我却没有什么特殊的感情，对此我自己亦感奇怪。就现在我对杜威的态度而言，既谈不上爱，也谈不上恨，称赞他时并无太多崇拜与激奋，批判他时也无孔明挥泪斩马谡时的犹豫与不忍，而且从来也没有因对杜威有过些许研究而言必称杜威。既无意给杜威抬轿子，也无意给杜威扣帽子。杜威已经作古，抬轿子他不会感谢，扣帽子甚至打棍子他也无关痛痒，反倒让旁观的明眼人觉得仍活在世上的抬轿人、扣帽人抑或打棍人感情易于冲动、性情涵养不够、智力商数太低。

杜威是教育史上的思想大家，其历史地位之重要教育史界早达成共识，其著述中可圈可点之处也俯拾皆是，对此本书已做了充分的肯定。然杜威亦有其局限性，包括时代造成的局限性和个人主观因素造成的局限性。杜威书生气太足，许多想法过于天真，也许是因为他在学术生涯早期偏重于哲学研究，他的头脑中沉积了太多的概念和观念，这既丰富了他的思想，又给他思想的升华带来负担，他的思路常常左顾右盼，瞻前顾后，这大大影响了其思维的敏锐性、简洁性和冲击力，也大大影响了他对现实问题的感受力和分析力。虽然杜威有著名哲学家的美名，但在历史上众多的哲学家中，他的思维水平不是一流的。他太沉迷于观念和观念游戏，太迷信教育的力量，对社会中的利益冲突缺乏深刻的思考，对阻碍儿童发展的社会因素缺乏冷峻的分析，对民主的弊端和人的劣根性也缺乏深邃的洞见。若马基雅维利和尼采在世，马基雅维利会笑他迂腐，尼采会斥他媚俗，我则认为他的理论从本质上看失之肤浅。诚然，杜威对很多教育问题的认识达到了他人无法企及的深度和高度，对此我绝不否认，也颇为赞赏，但我认为他的深刻缺乏动人的魅力，与其他一些哲人的深刻在风格上很不一样。杜威穷毕生之力，建起了一座庞大的理论大厦，这座大厦有很多房间，然而我总觉得有些该建的房间没有建，有些房间又建得多余，有些房间建得不够精致，而且房间与房间之间的通道有时就像迷宫一样，极尽曲折之能事。杜威的思维虽然缜密，但不够简洁，使研习杜威者在追索其思绪时苦不堪言。还可以列出杜威的其他一些问题，如：他的文字缺乏激情，对读者难以产生强烈的冲击力；他被称为实用主义大师，然其教育理论却未必"实用"；等等。在此对杜威做如此评价，不是故意贬低他在教育史上的卓越地位，也不是曲意迎合某些曾经流行的观点，而是为了提醒杜威理论的爱好者，在研习杜威时谨防因过分执着而迷信。

杜威在中国大陆的遭遇很有戏剧性，起落无常，这本身就是一个很值得探讨的社会和文化现象。因篇幅所限，本书未能详尽讨论这一问题，望有兴趣者就此课题展开研讨，希望不久能看到有关这方面的好的论述。

作为一个以"思"为业的人，我对思想的价值与意义向来评价颇高，否定了思想的价值，就等于烧毁了自己赖以安身立命的家园，无异于否定了自己存在的价值。正是种种新思想给人类社会带来生机和活力，我们所生活的社会日益成为人造的社会，而这正是种种思想观念外化即客观化的结果。我们现在生活的地球与几百年前的地球如此迥异，不是别的，正是思想观念之力所致。然而，近期我却对教育家的思想到底能对教育发展有多大的实际影响力产生怀疑。在某一时期某一国家，教育家的思想并非都是好的（往往中听不中用，权力部门对之不屑一顾）；即便是好的思想也未必会为权力部门所接受；即便政府在制订教育政策时的指导思想与某某教育家的思想一致，也未必是采纳后者意见的结果，二者往往无必然的联系，因为政府政策往往是利益均衡的结果，其产生服从另一套规则；教育家的大脑并非教育思想的唯一载体，许多国家组织专家搞的调查报告所包容的教育思想既丰富又实际，常为政府所采纳，令教育家的教育思想相形见绌。随着 20 世纪教育事业的日益庞大和专业化程度的提高，个体教育家的思想对教育的影响力呈减小之势，政府教育决策更多地依赖专业化程度很高的专家组的调查和建议，而非依赖某一个人。个体教育家威风八面的时代已经过去了，杜威可以算是一个终结者。他给自己的理论建起了一座大厦，同时也给自己的理论掘了一座坟墓。他的理论有一个显而易见的弊端是专业化程度不够高，他面面俱到而又挖掘不深，他的教育理论的包罗万象与社会不断走向专业化的发展趋向之间有着不可逾越的巨大鸿沟，这条鸿沟是任何个人都逾越不了的。社会日益分化，教育日益复杂，而人生苦短，人不可能洞察、深究一切。杜威的教育理论常常表现出空泛、空洞、空想、笼统的色彩，这不是没有原因的，语焉不详是杜威教育理论的一大不足。它什么都涉及，什么都能说上几句，然什么又都说得不深不透，什么关键性的现实问题也解决不了，这对最倡导"解决问题"的高寿至93岁的杜威老人无疑是一大嘲讽。专业化程度、理性化程度比较高的重视解决教育实际问题的政府不会欢迎杜威的理论。我在这里尤其要强调的是，杜威的教育理论体系并不值得追求，若我们以杜威为榜样，那真是莫大的悲哀。杜威的教育理论是体系化时代的产物，而如今追求体系早已过时了。杜威的教育理论体系与我们现在颇受非议的教育学体系并没有本质的区别。据统计，我国现在的教育学版本已达300余种，皆大同小异，实际上杜威的版本与我们的版本也大同小异或者说本质上大同小异，只不过他对一些问题论述得更充分、更机巧罢了。这种体系曾在一定历史时期发挥过不可抹杀的巨大作用，在现在和将来也不是全无价值，但它绝不是未来教育理论发展的方向。教育研究应走一条更加专业化的发展道路。即便将来教育理论在不断分化的专业化道路上已走得很远以至须涉及整合问题时，我认为，彼时的整合也绝非此时的简单综合。

也许将来我会再写一本评价杜威的书，但我绝不会终生追随杜威，毕竟人生还有更多的美好的东西值得追求，还有更多的重要的问题值得思考。而且，终生研究一人一隅而不触及其他，最易片面偏执，"不知有汉，无论魏晋"是导致当今许多学者在学术上孤陋固执的一个不可忽视的原因。

最后，感谢读者选择我的著作，由于本人才力不逮，书中及这个"自序"中的错谬之处必定不少，期望得到您的批评和指教。

1997 年 6 月

于北京师范大学教育管理学院

目　录

导　言

　　教育是什么？教育的存在何以必要？教育的存在有何价值？
教育应如何实施？历代教育家都对这些不能回避的基本问题提
出了不同的看法。美国著名哲学家和教育家约翰·杜威（John
Dewey，1859—1952年）的回答是：教育即生活；教育即生长；
教育即经验的改造。这三个命题是杜威对教育基本问题最概括的
表述，已为史家所公认。杜威不同于先人，但又批判地吸收了先
人之长。他是在一个崭新的理论与现实基础上论述这些问题的，
诚如他在《民主主义与教育》（1916年）一书的序中所言，他的
教育哲学"把民主主义的发展和科学上的实验方法、生物科学上
的进化论思想以及工业的改造联系起来，旨在指出这些发展所表
明的教材和教育方法方面的变革"。因此，杜威的理论呈现出崭
新的风貌，与先于他的教育理论有着本质的不同，是教育思想史
上具有划时代意义的理论变革。

　　上述三个命题是杜威教育理论的核心命题，构成杜威教育理

论的基本支架，是每个杜威理论的研究者都要涉及的，亦是为人争议、聚讼最多的。杜威自 1885 年发表第一篇教育论文《教育与妇女健康》到 1952 年发表最后一篇教育论文《〈教育资源的使用〉一书引言》止，其间苦心经营近 70 年，教育论著十分丰富。虽然著作等身，但其内容并不驳杂繁乱，而是主题明确，论证精微，自始至终有一条"一以贯之"的主线。本书无意于详尽描绘杜威教育理论方方面面的细枝末节，只想着力分析杜威教育理论中的"教育即生活""教育即生长""教育即经验的改造"三个命题的深刻内蕴以及这三个命题之间的关系，分析教育与生活、教育与生长、教育与经验之间的联系，从而揭示杜威教育理论在教育思想发展史上的重要地位，以及它对我们目前的教育理论建设和教育实际工作的借鉴意义。

尽管杜威于 1885 年就发表了教育论文，但其教育理论形成的标志却是 1897 年出版的《我的教育信条》，这是杜威早期的一个纲领性著作，言简意赅，篇幅虽短，却透彻地阐明了杜威教育思想的精髓，杜威以后的教育著作只是对它的进一步丰富和发展而已。"教育即生活""教育即生长""教育即经验的改造"三个重要命题皆于此著作中被提出，此后便一直是杜威教育理论中的主旋律。随着美国社会生活的变化和杜威哲学、政治、美学、教育理论的不断发展，以及与他人的学术辩难对杜威理论自身发展的促进作用，这三个命题的内容逐渐丰富，深度不断增加，影响也日益广泛。

杜威的追随者通过著述和实践进一步阐释和发展了杜威的理论并扩大了杜威理论的影响，但有些阐释未必合乎杜威原意，有些发展亦走过了头而与杜威的本意大相径庭，正如美国学者伯格尔（M. I. Berger）所说："有很多人，他们真诚地相信自己是杜威思想的追随者，但他们所提出的新概念却与杜威的信念不是相去甚远就是完全相反。"（Berger, 1966）[126] 1929 年，在杜威 70 岁生日的庆祝会上，杜威原来的一个学生穆尔（E. C. Moore）指出，每一种哲学都毁于其阐释者的手中。毕达哥拉斯不同于毕达哥拉斯学派，苏格拉底亦不同

于苏格拉底学派，他问道："难道只有杜威的哲学是一个例外吗？"（Larrabee,
1966）[93] 许多研究者并不注意杜威与其"追随者"之间的差异，在研究评述杜
威的教育理论时，将二者等同看待，等量齐观，并不细究杜威的本意，从而谬
种流传，贻害甚大。这更增加了后人研究杜威的难度，需要对批评或褒扬杜威
的各种意见予以认真、耐心的区分与甄别，找出并纠正被他人曲解、误解之
处，恢复杜威之本来面目。

　　杜威生前享有盛誉，死后却一度蒙受恶名。杜威享有盛誉是当之无愧的。
诚然，杜威的理论自身有很大的甚至致命的不足，但他所蒙受的恶名却多是人
们出于对他的误解而强加于他的。这种误解不仅存在于美国，也存在于我国；
不仅存在于过去，也存在于现在。美国学者布鲁巴克（J. S. Brubacher）曾于
1960 年著文《对于杜威教育哲学的十大误解》（Brubacher, 1960），详尽说明了
美国对杜威的误解。在美国，最大的误解是将杜威与进步主义教育混为一谈，
使杜威在 20 世纪 50 年代成为代人受过的替罪羊，里科弗（H. G. Rickover）将
军[①] 于 1959 年发表的《教育与自由》是这种误解的极端表现，在苏联卫星上天
所造成的军事恐慌中，甚至连美国总统艾森豪威尔也于 1959 年加入了抨击杜
威的行列（Hook, 1966）[127]。我国在杜威研究中亦曾走过一段弯路，具体表现
在四个方面。其一，连续性中断。对于杜威的研究，1949 年以前主要是译介，
以不加批判地吸收为主，20 世纪 50 年代全盘否定，60 年代和 70 年代研究中断，
70 年代末 80 年代初研究才开始复苏。与我国台湾相比，大陆对于杜威的研究
不仅在时间上缺少连续性，而且在研究的思路与倾向性上亦颇多反复，同样缺
少连续性。其二，全面性不够。导致全面性不够的原因有二：一是由于极左路
线的干扰所导致的研究结论的片面性，深刻批判杜威教育理论的政治本质是完
全必要的，但政治的批判只是批判的一部分，不等于也不能取代学术的批判；

---

① 里科弗，美国教育评论家，海军中将，杜威教育理论的反对者。

二是由于对杜威研究资料的接触量小、占有度小导致的研究结论的片面性，杜威著述达几十卷之巨，译成中文者相对而言甚少，研究者往往根据其所得到的有限资料以偏概全，妄下断语。进入 80 年代后，第一种片面性得到了很大纠正，但第二种片面性依然存在，成为阻碍研究深化的关键因素。其三，历史感不足。不从美国当时当地的社会文化背景，不从历史发展的前后联系去把握杜威的思想，只是孤零零地对杜威思想本身进行主观的观照和评价，实际上，离开了具体的历史文化背景去评价一个历史人物的功过是非，只能是痴人说梦。有这样一种奇怪的现象，被批判的杜威不是历史上那个真实的杜威，而是一个虚构的"靶子"，人们常把一些杜威所反对的观点看作杜威所支持的观点，对杜威理论中的一些重要概念做主观的解释而不顾及杜威的本意。其四，现实感匮乏。不与实际存在的理论问题和现实问题相联系，研究遂成了仅仅满足个人兴趣后自生自灭的东西。如果对一座理论大厦进行批判后仅剩下一片废墟而无建设性的东西，于现实无助益，那么，批判的意义何在？难道我们都有批判的嗜好吗？难道我们在建设方面又都是低能儿吗？

近十几年，我国对于杜威的研究有不少新的进展，一些学界前辈老骥伏枥，辛勤笔耕，孜孜不倦于著译，依然是杜威研究的主力军，不少中青年学者亦紧随其后，呈现出勃勃生机。但总体看来，队伍并不齐整，上面提到的几个方面的问题仍然存在，历史造成的阴影依然隐约可见。然而，时代毕竟在进步，现在研究杜威出现了前所未有的有利条件：美国卡本代尔州南伊利诺伊大学（Southern Illinois University）的杜威研究中心已将杜威的全部著述依写作年代先后编撰出版，这些原著的出版为研究的深入提供了必不可少的原始资料；学术环境的宽松，使研究者去除不少后顾之忧，可以比较客观、全面地评价杜威的功过得失，不致重蹈历史覆辙，避免非学术性批判所导致的片面性；前人已进行了大量研究，尽管内容长短不一，水平参差不齐，但都从某一方面或某几个方面提出了对杜威理论的看法，这些研究成果为进一步的研究奠定了基础。可以说万事俱备，只欠东风，这东风就是研究者的学术热忱，就是从事研究工作所需要的科学态度。有此二者，再加上诸多有利的客观条件，何愁杜威理论研究不上一个新台阶。

不论过去还是现在，与其他外国教育家相比，对于杜威，我们研究得最多，但又最不深刻。原因是各种各样的，有历史的，亦有现实的；有客观的，亦有主观的。然而，这正说明对于过去我们研究得最多的这位教育家，现在依然有研究的必要。

杜威是在上一个世纪之交走向思想史舞台的，百年之后的我们又面临新的世纪之交。百年之间，尽管日月星辰依旧，然而百年风雨沧桑，世间历经多少变迁浮沉。大浪淘沙，若重新审视杜威，我们会发现，在历史的长河中凸现的绝非一位普普通通的教育家。我们可以赞颂他，可以抨击他，却绝不能回避他。

本书力求在真实地展示杜威教育思想之本来面目的基础上，历史地、客观地给予杜威教育理论中三个基本命题的功过是非以比较客观的评价。全书共分三章，分别讨论教育与生活、教育与生长、教育与经验的关系，书末的结语简要阐明本书三章内容之间，即三个基本命题之间的联系。研究杜威有相当的难度，在写作中作者对此深有感触，由于才力不逮和时间短促等因素的限制，书中所使用的资料、所提出的观点挂一漏万之处势所难免，还望方家指正。

另需说明的是，本书所引用的有关杜威的英文资料一律在附录中注明原始出版或发表时间，以利阅者查考。为简洁起见，所引杜威英文教育论文除注明发表刊物的名称与日期外，不再进一步注明出处，因为可以依所注发表时间在《杜威早期著作：1882—1898 年》《杜威中期著作：1899—1924 年》《杜威晚期著作：1925—1953 年》中查到。书中引用的其他中外文资料则一概注明详尽出处。书末附录依发表先后顺序将杜威所有的教育著作与教育论文详列，想必对于概览杜威教育思想的发展历程有一定助益。

第一章

教育与生活

罗素（B. Russell，1872—1970 年）是与杜威同时代的英国哲学家和教育家，二人曾打过不少笔墨官司，互有微词。罗素 1926 年于美国出版了《教育与美好生活》一书，杜威同年以《打开新世界的钥匙》为题对该书予以评论，杜威认为罗素有颇多洛克遗风，观念陈旧，论证松散，但对罗素的基本观点——教育是打开新世界的钥匙，是创造美好生活的关键所在——大加赞赏（Dewey，1926）。杜威的赞赏揭示了杜威的"教育即生活"理论的根本之点。什么样的生活才是美好的，才是值得向往的？教育怎样为创造美好生活尽力？教育又怎样对待生活中的不足与弊端？这些都是"教育即生活"理论要解决的根本问题。

我们一般认为"教育即生活"混淆了教育与生活的界限，抹杀了学校教育的特殊价值；认为这个命题仅仅是为了反对为成人生活做准备、反对学校与社会生活脱离而提出的。实际上，这种分析只是表层的，"教育即生活"理论有着丰富而深刻的内涵。本章分三节，第一节主要从一般的、理论的角度阐明"教育即生活"这个命题的性质；第二节篇幅较长，是本章的重点，主要从具体的、历史的角度揭示杜威"教育与生活"理论和美国社会生活之间的联系，并阐明杜威社会生活的理想及其实现途径；第三节对杜威的"教育与生活"理论进行简要评论并阐明其现实意义。

第一节
"教育即生活"的性质

一、生活的含义

"生活"（life）是一个含糊而又复杂的概念。杜威1916年在《民主主义与教育》中主张，"'生活'包括习惯、制度、信仰、胜利和失败、休闲和工作"，认为"我们使用'生活'这个词来表示个体的和种族的全部经验"。（杜威，1990）[3] 1925年，杜威在《经验与自然》中指出："生活是指一种机能，一种无所不包的活动，其中既包括机体，也包括环境。"（杜威，1981a）[273] 这个定义颇似他给经验下的定义，既指出了生活者（机体），又指出生活这种活动所需要的外部条件（环境）。杜威常常将生活与经验放在一起使用，视生活与经验为同样的东西，比如，他在阐释经验的含义时也一同阐明了生活的含义。他说，经验和与它类似的"生活"一样，"既包括人们所做的、所遭遇的事情，人们所追求的、所爱的、所相信的、所忍受的事情，也包括人们怎样活动和接受活动，人们行动和遭受、意欲和享受、观察、信仰、想像的方式"。（杜威，1981a）[272]

由此可见，杜威对"生活"的看法亦不十分明确。生活因划分方式的不同，有过去之生活、现在之生活和未来之生活；有政治生活、经济生活、文化生活；有个人生活、家庭生活、学校生活、社会生活；有儿童生活、成人生活；有物质生活、精神生活；有富裕生活、贫穷生活；等等。对于人类社会而言，上述各种生活中，最富概括力的就是"社会生活"，其他的各种生活仅是在不同时间、不同范围、针对不同的对象的不同表现而已。

杜威在其教育著述中频频提到的有社会生活、学校生活、儿童生活、成人生活以及家庭生活等，但他讨论"教育即生活""学校即社会"这两个命题以及教育与生活的关系时，生活首先是指宏观的社会生活，其次是指微观的个人生活，尤其是儿童的生活。

二、教育与生活的关系

杜威是从广义的教育和狭义的教育两个方面分别探讨教育与生活的关系的。

1. 广义的教育与社会生活

教育是社会生活得以延续的手段。"社会的继续生存，必需通过教导和学习"，"社会群体每一个成员的生和死的这些基本的不可避免的事实"，决定了社会生活的延续要依靠社会的成熟成员向未成熟成员传授社会生活延续所必需的知识、技能、标准和理想（杜威，1990）[3-5]，这种传授过程就是一个广义的教育过程。

另一方面，社会生活具有教育作用。"社会环境能通过个体的种种活动，塑造个人行为的智力的和情感的倾向"（杜威，1990）[18]，这种塑造作用，最明显地表现在语言能力的获得、道德习惯的养成等方面，但这种塑造作用是无意识的、偶然的。

随着社会生活的发展和人类文明的进步，正规的学校教育产生了。这种正规教育对于社会文明的传递有更大的推动作用，但亦有与生活相脱离的危险，因为人所学习的东西是储存在符号中的，远未变成习见的动作和对象，"这种材料存在它自己的世界内，没有被通常的思想和表达习惯所溶化"（杜威，1990）[9-10]，教育和教学易变成抽象的、书生气十足的、与实际的社会生活相脱离的东西。

上述几方面的论述无甚新意，如同杜威所言，都是显而易见的自明之理。杜威所言的教育与生活的关系，主要是正规的学校教育与社会生活及个人生活（儿童生活）的关系。

2. 学校教育与生活

一切教育都是通过个人参与人类的社会意识而进行的，教育是一个社会过程。杜威认为，"教育既然是一种社会过程，学校便是社会生活的一种形式"，因此，"教育是生活的过程，而不是将来生活的预备"。（杜威，1981b）[4] 如果学校生活本身便是社会生活的一种形式，便是社会生活的一个部分，那么，还有无必要讲学校生活与社会生活的联系？杜威所提及的正规教育与生活的脱离是否还成立？

本书认为，由于教育的发展具有独立性，并不总是与社会生活的其他方面如经济、政治等同步变化，因此，当杜威说教育、学校与社会生活相联系时，实际上是说作为社会生活的一部分的教育活动、学校生活与社会生活的其他方面尤其是经济政治诸方面的联系。

杜威的"教育即生活"，确切地说，并不是说原来的教育就不是生活。畸形的生活、不合时代精神的生活、压抑儿童天性的生活也是生活的一部分，在过去体罚盛行的学校中，儿童同样是在生活着。生活无处不在，杜威所讲的生活实际上是一种"新生活"、一种"改造了的生活"，这种生活更能和当时整个宏观社会生活的节拍相一致，更能满足儿童的需要和兴趣而成为儿童的生活，而不是为未来的成人生活做准备。当时，美国的学校生活既脱离了社会生活，又脱离了儿童生活，杜威所要做的就是变脱离为结合。正如滕大春先生所言："盖棺论定地说，美国传统的教育一方面是脱离社会，一方面是脱离儿童。杜威所探讨的正好环绕着这两大课题：一是使美国学校和美国社会发展的需要合拍，一是使美国学校和儿童以及青少年的身心发育的规律合拍。"（滕大春，1990）[10]

因此，杜威提出的"教育即生活"有两个方面的基本含义，一是要求学校与社会生活结合，一是要求学校与儿童的生活结合。虽然严格讲来，儿童的生活也是隶属于社会生活的，但此处将二者分开，却有利于将问题阐明。这两个方面实际上是要求改造不合时宜的学校教育，使学校生活成为社会生活与儿童生活的契合点，从而既合乎社会需要，亦合乎儿童需要。与这两种要求相应，杜威提出"学校即社会"以克服学校与社会生活的分离；同时抨击"生活准备说"以克服学校与儿童生活的脱离。

（1）提出"学校即社会"

传统教育是传统社会生活的产物，当社会生活发生重大变革时，教育也要进行相应的变革。杜威的"教育即生活"要求，在社会生活急剧变化后，还未变革的旧教育或传统教育应相应变革，以与新的变化了的社会生活相适应。杜威指出："明显的事实是，我们的社会生活正在经历着一个彻底的和根本的变化。如果我们的教育对于生活必须具有任何意义的话，那么它就必须经历一个相应的完全的变革。"（杜威，1981c）[28] 教育与生活相联系要求社会生活渗入学校生活之中，要求学校成为社会生活的雏形。杜威因此进一步提出"学校即社会"的命题。

有人认为这个命题将学校与社会混同了，其实并非如此，因为杜威所要求的学校生活是一种经过选择的、净化的、理想的社会生活。他认为学校的功能有三（杜威，1990）[21-23]：

第一，简化社会生活。杜威认为，社会生活的种种关系如此众多，错综复杂，就是把一个儿童放在最适宜的地位，他也并不能很快地参与到很多重要的关系中去。既然他不能参与到这些关系中去，它们的含义也就不会传达给他，也就不能变成他自己心智倾向的一部分。这就好像只见森林不见树木。商业、政治、艺术、科学和宗教，都要青少年注意，结果使青少年陷于混乱，无所适从。复杂的文化无法全部吸收，故应予以简化，选择那些基本的，使青少年能够掌握。

第二，纯化社会生活。学校对社会生活进行选择的目的不仅在于简化，还在于清除糟粕，学校有责任不使这些东西掺入它提供的环境，从而抑制它们在社会环境中的影响，而把有利于未来更好的社会的那部分加以传递和保存。

第三，平衡社会生活。由于儿童生活在不同的社会环境中，所接受的社会生活的影响往往有偏狭、片面之处，因此，学校环境的职责，还在于对社会环境的各个要素进行平衡，使每个人都有机会不受社会团体的限制，接触更广阔的环境。

学校应成为社会生活的一种雏形。怎样才能做到这一点呢？杜威要求改革学校课程，认为学校课程的内容应当注意从社会生活的最初不自觉的统一体中逐渐分化出来，"学校科目的互相联系的真正中心，不是科学，不是文学，……而是儿童本身的社会活动"，应使代表社会活动的类型和基本形态的活动如烹调、缝纫、手工等科目在课程中占有重要地位，"这些科目并不是附加在其他许多科目之外，作为一种娱乐、休息的手段，或者作为次要的技能的特殊科目而提出的"。

总之，"学校即社会"是对"教育即生活"这一命题的进一步引申，代表社会生活的活动性课程的引入是使学校与生活相联系的基本保证。从"教育即生活"到"学校即社会"再到课程的变革（"从做中学"）是层层递进的。

（2）抨击"生活准备说"

杜威反对教育为固定的成人生活做准备，认为生活准备说的弊病有四：其一，使教育丧失动力。"儿童生活在现在，这不仅是一个不能回避的事实，而且是一件好事。将来只是作为将来，它缺乏紧迫性和可见的形体。为某件事情作预备，如果不知道去预备什么；也不知为什么要预备，这是抛弃已有的力量，而在模糊的机会中寻找动力。"其二，将来距现在非常遥远，如果教育着力于预备将来，则贻误了现在所提供的"许多极好的机会"和有利条件，就不会收到好的教育效果。其三，用传统的陈旧的要求去控制教育过程，"受教育者个人的特殊能力"受到漠视。其四，它使人不得不极大地求助于利用外来的快乐和痛苦的动机。如果预期的未来和现在的可能性割裂，就没有激发和指导的力量，必须另外搭上一些东西，才能发生作用。于是就采用威逼利诱的方法，以奖赏为许诺，以痛苦作威胁。（杜威，1990）[58-59]

杜威认为，"教育是生活的过程，而不是将来生活的预备"，"学校必须呈现现在的生活——即对于儿童说来是真实而生气勃勃的生活。象他在家庭里，在邻里间，在运动场上所经历的生活那样。不通过各种生活形式或者不通过那些本身就值得生活的生活形式来实现的教育，对于真正的现实总是贫乏的代替物，结果形成呆板而死气沉沉"。（杜威，1981b）[4]

杜威认为，儿童的生活和成人的生活同样重要，或者说，现在的生活和将来的生活同样重要，"一个人在一个阶段的生活和在另一个阶段的生活，是同样真实，同样积极的，这两个阶段的生活，内部同样丰富，地位同样重要"（杜威，1990）[56]。不论是婴儿、儿童，还是青年、成人，"任何一个阶段的生活的主要任务，就是使生活过得有助于丰富生活自身可以感觉到的意义"（杜威，1990）[82]。在《民主主义与教育》第十八章"教育的价值"中，杜威更明确地提出："既然教育并不是谋生的手段，而是与过富有成效和本身有意义的生活

的过程是一致的，它所能提出的唯一最终价值正是生活的过程本身。"（杜威，
1990）[254]

因此，杜威强调的生活是现在的、儿童的生活，他要求教育重视儿童现在
生活的内在价值，使儿童从目前的生活中得到乐趣，而不仅仅将现在的生活视
作为另一种生活做准备的工具与手段。

这种认识是相当深刻的，对教育实际是一直具有批判意义与现实意义的。
杜威认为，为遥远的未来做准备贻害甚大，他指出："儿童大多生活在直接的
现在，当凭着一个对他们意义不大，甚至没什么意义的暗淡的和靠不住的未来
而对他们进行呼吁的时候，很难估计有多少能力和精神会被浪费掉。放在我心
上的是，当工作的动机是为了将来而不是为了现在的时候，习惯性的拖延就会
发展；以及当工作不是以现在的需要和现在的责任为基础，而是参考一个外部
的结果，如考试及格、升级、进中学、读大学等等来进行估价时所产生的虚假
的判断标准。经常有一种印象，认为没有一件事情本身是值得做的，而只是为
了别的什么所做的准备，而这接着又只是为更远的真正严肃的目的做准备，谁
能估量这种印象引起的道德力量的损失呢？"（Dewey，1909）[225] 当儿童学习
不是因学习本身有乐趣，而是出于别的动机如考试、升学、恐惧、竞争等，不
仅无益于能力发展，而且不利于品德进步。

那么，能否将生活与儿童生活统一起来呢？即如何使学校生活成为社会生
活与儿童生活的契合点呢？这就需要将被动的以"静听"为主要形式的教育改
变为主动的以"活动"为主要形式的新式教育，就需要把上面所提到的"代表
社会活动的类型和基本形态"的活动如烹调、缝纫、手工等引入课程。杜威
认为，这些科目不仅有益于加强学校与社会的联系，还能满足儿童的本能与兴
趣，使儿童在活动中、在学习中、在学校生活中得到满足与乐趣，学习不再是
苦差，而是乐事。这些科目一肩而二任，同时兼顾社会与个人。杜威明确提
出："学校各种形式的实际活动的目的，主要的不是在于它们的本身，或者在

于厨工、缝纫工、木工和泥水工的专门技能，而是在于它们在社会方面能与外部生活相联系；同时在个人方面能反应儿童关于动作、表现和做某事的愿望的需要，是关于建设的创造的而不是被动的和顺从的。这些形式的重要意义是在社会和个人两方面之间保持一种协调……"（杜威，1981c）[56]

三、"教育即生活"理论之根本目的

加强与社会的联系、满足儿童的需要并非杜威提出"教育即生活"的终极原因。为什么要加强学校与社会之间的联系？为什么要满足个人的需要？为什么要克服现实生活中存在的弊端？其目的不仅仅在于当前，还在于未来，在于创造一种高于现实生活的更加美好的新生活。

1899 年，杜威在《学校与社会》中指出，学校采用活动作业，"把单纯的符号和形式的课程降低到次要的地位"，这样做"意味着使得每个学校都成为一种雏形的社会生活，以反映大社会生活的各种类型的作业进行活动，并充满着艺术、历史和科学的精神。当学校能在这样一个小社会里引导和训练每个儿童成为社会的成员，用服务的精神熏陶他，并授予有效的自我指导的工具，我们将有一个有价值的、可爱的、和谐的大社会的最深切而最好的保证"。（杜威，1981c）[28] 杜威坚信"教育是社会进步及社会改革的基本方法"（杜威，1981b）[11]，认为"社会的改造要依靠教育的改造"（杜威，1990）[335]。杜威所希图的是通过教育改造社会生活，使之更完善、更美好。

1930 年，杜威在《哲学与教育》中明确提出，教育应该被视为达到并延续美好生活的手段，这种美好的生活对于个人来说是充分的、优雅的、丰富的，对于由个人组成的社会来说亦是美好的。杜威批评当时美国的教育"注重专门性的和技术性的东西而漠视了美好的生活"，没有成为美好生活的审慎的创造者和培育者。（Dewey，1985a）[289-298] 1934 年，杜威在《需要一种教育哲学》中

又提到："教育的目的和所学东西的价值的最后检验标准是它在延续和促进所有人的共同生活中所起的作用。"（Dewey，1934a）

1929 年"大萧条"之后，很多人都十分关注学校与社会的关系问题。如 1937 年杜威所说，"在过去几年内，很可能没有一个问题像学校和社会生活相结合的问题这样，在教育讨论中受到如此广泛的关注"。但人们的意见并不一致，有人认为学校应尽最大努力反映社会生活的变化，但仅仅是"反映"而已；有人则认为学校的工作处于寄生的地位，毫无主动性可言；还有人认为学校应在指导社会变动中起积极作用，以建立新的社会秩序。杜威认为，学校不可能保持中立，它必然会影响社会生活，不论这种影响的性质如何。因此，"问题不在于学校应不应该影响未来社会生活的进程，而在于它们应该朝什么方向影响以及怎样影响，不管怎样，学校都将以某种方式影响社会生活。但是，它们能以不同的方法施加这种影响，以达到不同的目的。重要的问题是要意识到这些不同的方法和目的，以便做出明智的抉择"（Dewey，1937a）。可能的选择有三种：一种是放任自流；一种是积极促进社会生活向好的方面发展；一种是保守僵化，使学校成为维护旧秩序、抵抗新力量冲击的势力。杜威毫不犹豫地赞同第二种选择。要求教育为改造社会服务、为创造美好的生活服务是杜威一生的信念。杜威终生致力于教育的改造，其根本目的在于社会的改造，他说，"教育改造之所以必要，是因为要给社会生活的变革以充分的和明显的影响"（杜威，1990）[272]。

憧憬美好生活的动因是对现实生活不满，现实的社会生活永远不可能是完美的。社会生活皆有两面——正面和负面，负面就是阴暗面，就是各式各样的社会问题。教育和学校对这些社会问题应持什么样的态度呢？

杜威认为，教育不应回避这些问题，而应勇敢地面对这些问题。杜威认为，我们所生活的世界或多或少带有弊端，很多人念念不忘"治疗"社会的弊端，杜威认为"治疗"是一个消极的概念，杜威坚信教育是富有建设性的

（Dewey，1923a），"是能纠正社会弊病、解决社会问题的最有影响力的、最基本的方法"（Dewey，1985a）[297]。经济危机之后，杜威认为"教育首要的社会责任不是使现存的社会秩序永久地保持下去，不论是经济秩序、法律秩序还是政治秩序，而是应该对其改善做出贡献"（Dewey，1932a）。要做到这一点，就不能使学校成为漠视社会问题的世外桃源，教师应关注社会问题，不应把自己与整个社会生活孤立起来（Dewey，1927）。教师还应向学生讲述现实中存在的问题，不应将社会的弊端和没有解决的问题遮掩起来，否则，当学生毕业走上社会时，就会发现社会现实与他们所相信的、所期望的相去甚远，就不能很好地适应社会（Dewey，1932a）。

可见，杜威对现在的社会生活的重视、对社会弊病的关注都是为了在将来创造一种更美好的社会生活，也就是要求教育为创造美好的未来生活做准备，这与杜威对"生活准备说"的批判是否矛盾呢？

四、生活准备说的再生

杜威非常重视现在的生活，他认为社会生活是变动不居的，为不可知的未来做准备是不可取的。

是不是杜威只言现在、不言将来呢？当然不是。杜威也重视对将来的准备，只是准备的方式、准备的内容与传统有差异。

任何教育从本质上说都是为生活做准备，这是由教育和教育目的的根本特性所决定的，但杜威的卓越之处在于他不因为将来做准备而贬斥现在、而无视儿童现在生活的内在价值，他要求充分地利用现在，要求使儿童从现在的生活中获得乐趣与满足，颇似我们今日之"愉快教育""快乐教育"。杜威不是不重视教育的工具价值，而是更重视教育的内在价值，他不为获取工具价值而牺牲内在价值，而是将二者结合起来，视内在价值的获得为达到工具价值的最佳方式，"教育过程就是它自己的目的，尽量直接利用现在的生活可以为将来的任务得到唯一充分的准备"（杜威，1990）326。

有人认为，杜威反对生活准备说是因为他认为教育不应为未来做准备，这是对杜威的误解。杜威本人说得非常明白："这当然不是一个教育应否为未来作预备的问题。如果教育是生长，这种教育必须循序渐进地实现现在的可能性，从而使个人更适合于应付后来的要求。生长并不是有空的时候能够完成的东西；生长是不断地通向未来。如果校内和校外的环境能提供适当地利用儿童现在的能力的条件，那么从现在产生出来的未来是肯定能得到照顾的。把教育看作为将来作预备，错误不在强调为未来的需要作预备，而在把预备将来作为现在努力的主要动力。为不断发展的生活作预备的需要是巨大的，因此，应该把全副精力一心用于使现在的经验尽量丰富，尽量有意义，这是绝对重要的。于是，随着现在于不知不觉中进入未来，未来也就被照顾到了。"（杜威，1990）60

因此，杜威不是不言将来，不是不言为将来做准备，而是更重视怎样才能更好地做准备，布鲁巴克诠释得好：重视现在意味着"强调儿童现在的兴趣与能力，因而对将来的准备，只是一种副产品。现在生长得好，便是对将来最好的一种准备"（布鲁巴克，1989a）326。在杜威看来，不言利用现在，何言准备将来？不言手段，何言目的？不言个人生长，何言社会改造？

布鲁巴克认为"教育本身就是生活"与"教育是将来的准备"二者之间不存在对立，认为一种"适度的教育哲学，必须考虑到两方面"，"教育必须是参与现在生活、准备以后事件的混合体"。（布鲁巴克，1989a）325 准确地说，这恰如其分地表达了杜威的看法。

有几种观点值得考虑。第一种认为，现在是变化不止的，如果教育目的以变动的现在为基础，目的就会变得不确定和不可捉摸。第二种认为，现实是不完备的，因此教育目的不应是现实的复现，而应是对现在的否定和超越，只有这样，目的才能是完善的，才是值得向往与追求的。第三种认为，强调现在，意味着强调对当前社会生活的适应乃至顺应，而顺应只是增强了教育对现实的依附性，从而使教育失去其应有的能动性和对社会的改造作用。美国学者伍德林（P. Woodring）认为："对今日世界的顺应乃是对于明日世界的生活的极不充分的准备，受过教育的人应该准备好改变和改善这个世界，而不是让自己毫无批判地去适应它。"（伍德林，1989）595 塔巴（H. Taba）指出："由于不加批判地将现有生活方式作为可能的理想来接受，这种教育上的趋势就培养了一种对社会无意识形成的价值观、理想和行为方式的依附性。由于这种依附性，它就根本无法使教育完成改造经验的使命"，就无法使教育满足"美好的生活"的需要，因此，"无论某些观念或价值观在今天可能发挥多大的作用，也无论某些观点对现在多么合适，它们至多只能作为教育经验开始的基础，而决不能把它们看作是要由这种经验来达到的最后目标"。（塔巴，1989）618-619 第四种认为，现在不可能为将来做准备，因为世事是易变的，从现实出发选择教育目标，往往"不能摆脱现状的困扰"，人们可以详尽列出现代社会所尊奉的价值，但这些价值在将来的社会中是应延续、改变，还是应被完全取代，现在茫然不可知（布鲁巴克，1989a）322。这是一种饶有兴味的现象，杜威反对牺牲现在为不可知的将来做准备，与他人反对利用现在为不可知的将来做准备基于的是同样的理由，在第四种观点看来，不论是利用现在还是不利用现在，将来都是无法准备的。

　　能不能拿这几种观点来批评杜威呢？不能。第一，杜威重视现在，主要体现出他对手段的重视、对现在的内在价值的挖掘，并不是只言现在不言将来，并不是只言内在价值而不言工具价值，其目的并非只囿于现在，而是指引现在走向将来的较为确定的指导原则。第二，杜威看到了现实的不完备性，认为目的产生于对现实缺陷的否定。第三，杜威不只是强调适应社会，更强调改造社会，而且他的"适应"本身也不是消极的。第四，杜威认为现在与将来并不是割裂的，而是连续的，现在之所以能准备将来，是因为变化中还有稳定性和连续性。更重要的是，就准备的内容看，杜威不是让儿童通过习得一些静态的知识、品德、技能等来准备将来，而是要求儿童掌握具有动态性的解决问题的方法以应对具有变动性的将来。在他看来，不论如何变化，将来会同现在一样充满各种问题，解决现在的问题的方法同样适用于解决将来的问题。

杜威对传统的生活准备说的批判是深刻的，他提出的建立在新基础上的准备说是很有启发意义的。要有效地为将来做准备，必须充分地利用现在的种种资源和条件，无论是儿童内在的精神资源还是外部的社会条件，离开了这一点，为将来做准备就会步履维艰，甚至毫无成效。

从上面的讨论，对于杜威的"教育即生活"，我们可有以下几点一般性的认识。

第一，杜威是从广义的教育与狭义的教育两个方面探讨教育与生活的关系的，但其着重点却是后者。

第二，生活是无处不在的，亦是多种多样的。学校生活本身就是社会生活的一部分，不管它与社会生活的其他部分的联系是否紧密。杜威的"教育即生活"意在要求加强作为社会生活一部分的学校生活与社会生活的其他部分，如经济生活、政治生活的联系，要求加强学校教育与儿童生活的联系。它是针对美国教育实弊而提出的。

第三，"教育即生活"并不是将学校教育与其他社会生活相混同，而是要求学校生活成为一种较为特殊的社会生活，使之既能反映其他社会生活，又高于其他社会生活，以使儿童在这种简化了的、纯化了的理想的生活中获得更多的乐趣，得到更好的发展，并使学校成为社会生活进步的先导，走在社会生活进步的前列。

第四，提出"教育即生活"的根本目的，不仅要求教育本身成为有意义的、愉快的、美好的生活，而且要求教育成为创造更美好生活的工具和手段。

第五，教育应面对而不应回避社会生活的挑战，应积极地适应其变化，纠正其弊端，促进其进步。教育的根本目的在于使个人生活和社会生活更加美好。

第六，杜威并不反对教育为生活做准备，他的"教育即生活"实质上亦是一种生活准备说，与传统学说的差异在于准备的方式和准备的内容不同。

这些是杜威对于"教育与生活"的关系的一般论述，需要进一步探讨的问题是：杜威的美好生活的理想是什么？怎样实现美好生活的理想？教育在实现这一理想中具体应发挥什么作用？本书将结合美国社会生活的发展与变化来讨论这些问题。

第二节

杜威的"教育与生活"理论与美国社会生活

杜威关于教育与生活的理论不是凭空产生的,亦不是漫无所指的,其理论是美国社会生活的反映,并随着美国社会生活的发展而发展。杜威的社会生活的理想有其现实基础。杜威是紧扣美国社会生活的现实讨论教育与生活的关系并展开其内容的。

一、19世纪末美国社会生活的变迁

杜威的教育理论形成于19世纪90年代,而19世纪90年代正是美国社会生活变革的历史分水岭。

美国是一个年轻的资本主义国家,当18世纪后半期英国开始工业革命的时候,美国还是英国在北美洲的13个殖民地,科学技术和经济发展都十分落后。但从18世纪末起,由于两次革命(独立战争和南北战争)为工业发展理顺了生产关系,兴旺的农业为工业发展奠定了雄厚基础,外来移民为工业发展提供了技术力量,美国工业便以惊人的速度飞快发展。到19世纪末,美国完成了近代工业化，从一个发展中国家一跃成为世界第一经济大国。工业化的完成，引起了社会结构的重大调整和社会面貌的深刻变化，带来了物质财富的巨大增长，但工业化也带来了一系列的经济、政治、文化等社会问题。具体表现在：

第一，经济生活混乱。市场调节是资本主义经济的一个基本特征，由于缺乏统一的管理，市场调节弊端迭出，经济生活出现混乱。垄断公司奉行"工业专制"，主宰经济活动，使经济运行的健康环境遭到破坏；对自然资源进行肆无忌惮的破坏性开发和浪费性使用，使经济发展的物质基础大受侵蚀；伪劣产品充斥市场，商业道德败坏，消费者的利益得不到保障；大大小小的经济危机频频出现，而企业界自身对此却无能为力。1893 年的经济恐慌使大批银行关门、工厂倒闭、公司破产，经济体系陷于停顿，几百万工人流浪街头找不到工作。

第二，政治危机加深。进入工业化时代，人们热衷于追逐财富，大众政治意识淡漠，公民的政治参与和政治监督下降到最低点，人们普遍认为有能力的人都应去办企业，只有无能的人才去搞政治。政府工作人员素质低下，从地方到联邦，主宰各级政坛的主要是一些才智平庸、品格低下、投机钻营的政客，以政治为工具来捞取金钱和权势，是他们生活的最高目标。少数大资本家恣意操纵政治，强奸民意，对民主制是一个极大的讽刺。为了获取更多的利润，大资本家们收买官员，贿赂政客，安插亲信，千方百计地对政府决策施加影响。美国的民主制度徒有其表，徒具虚名，政治腐败充斥一切。

第三，贫富分化加剧。尽管社会总财富奇迹般增值，但绝大部分财富集中在极少数人手中。虽然赤贫者仅占贫困人口的一小部分，但其他贫困人口的收入亦不足以维持家庭基本生活水准。贫困者主要集中在城市，且以工资劳动者为主体。在大城市，成群结队的穷人从各类慈善机构获得微薄的救济。他们居住的是破、脏、挤、暗的贫民窟和大公寓（tenement house），不少人因无力付房租而被扫地出门，流浪街头。贫民居住区环境恶劣，缺少娱乐设施，排水、照明、医疗等条件都跟不上实际需要，造成疾病流行，死者甚众，城市死亡率反高于农村死亡率，如1900年城市死亡率为18.9%，而农村仅为15.2%。19世纪末20世纪初的移民浪潮更加剧了城市的贫困，移民们往往文化素质低下，身无半文，一时难找到工作，聚居于贫民区，靠救济为生，使本来就十分严重的贫困问题雪上加霜。

第四，劳资对立尖锐。当时美国工人处境十分悲惨，工时长，工作条件恶劣，缺乏必要的劳动保护和安全条件，结果职业病流行，工伤事故频出；工人工资很低，终年劳碌还不足以养家糊口；工会为维护工人的权利而斗争，也总是遭到压制。工人们多次举行罢工，1893—1898年共7029次，平均每年1171次，劳资关系紧张成为举国关注的重大社会问题。

第五，道德文化衰落。对财富的追求方式和运用方式，包含着重要的道德文化因素，反映了一个社会的基本价值取向。为财富而追求财富，不择手段，不考虑其他人的利益，运用获得的财富来危害社会，拜金主义、极端个人主义盛行，是文化衰落的重要表现。工业化时期美国的英雄人物是那些发迹了的工业巨头，他们在企业经营上是成功者，但在道德上却很失败，因为他们是通过压榨工人、使用童工、贿赂政客、浪费资源而发迹的。这些发迹者不仅倚富傲贫，而且蔑视人类精神文化，认为物质财富高于精神文明，这些亦反映出精神文化的衰落。

上述这些问题归结起来不外乎两个方面：一是个人与社会的矛盾发展到极点，尤其是少数大资本家与广大工人的冲突发展到极点，达到了不控制个人行为就无法维系社会整体的地步；二是精神文明没有与物质财富同步前进，物质财富的增长反带来了精神文化的衰落，没有能成为改善社会整体的有力杠杆，经济发展与社会进步严重脱节。归根到底是一个问题：资本主义创造了物质与技术的进步，却使社会精神文化的发展相对滞后，导致了社会生活的失谐，物质力量不仅没能为社会服务，反倒成为社会进步的异化物。

的确问题丛生，"以前没有任何一代人象这一代人遇到的问题这么多，以前的任何问题（除奴隶问题外）也没有象今天这样难办"，而且"所遇到的问题已不再是那些老问题，也不能用那些老办法去解决"。（康马杰，1988）[73-74]

1900—1917 年的社会改革运动——进步主义运动的使命就是要解决上述棘手的社会问题。改革主要做了以下努力。

其一，经济方面的政府干预。政府制定了反托拉斯法以反对经济垄断，建立了一些新的机构以加强对私人企业的管理与监督，大大强化了政府的调控职能。政府还制定了其他一系列法律，对铁路运输、生活和健康用品的生产与销售、自然资源的运用以及货币银行制度等予以宏观调控。政府对经济的干预，不仅是一场经济改革运动，也是一场文化重建运动，干预的目的，是为经济生活注入新的文化价值取向和道德观念，限制经济生活中的不道德现象，确立不同经济组织、不同利益集团之间的社会目标认同，从而建立适应工业时代社会生产的经济秩序。政府对经济的干预是进步主义改革的主要内容。

其二，政治方面的改革。美国早期的民主理想已不适用于大工业时代的社会现实。进步主义者要求改进资本主义民主制度，实行"新民主"。经过努力，美国在政治方面进一步实现了民主化，创制权、复决权、直接预选、民选参议员等直接民主措施出台，扩大了公民对政治过程的参与和对政府的监督，妇女的选举权亦得到了宪法的保障。政府的权威、效率也大大提高，更能有效地发挥管理与调节社会生活的作用。

其三，贫困状况的改善。政府主要做了以下工作：第一，在贫民区建立安置所，为当地居民提供开展社会性、文化性和娱乐性活动的条件，改善当地的环境，提高居民的身心健康水平，而不是仅仅从物质方面来关心穷苦的人。第二，改造大公寓，改善贫民区的住房条件。第三，私人慈善活动和公共慈善事业得到发展，联邦开始重视社会贫困问题，移民的不幸处境也受到关注。

其四，劳工政策的变化。新劳工政策的实行缓和了阶级矛盾，工人的一些政治权利（如罢工和工会的合法性）得到政府的确认，政府开始调解劳资纠纷，对比较突出的童工问题、女工问题、工时工资标准问题、工业事故赔偿问题都采取了新的立法步骤。新的劳工政策使工人阶级的处境有较大改善。

其五，思想与道德观念的转变。认为人类社会是不断进步的，人的理性可以推动社会的进步的观点，是进步主义时代占主导地位的社会思潮，也是进步主义的核心。进步主义是一种充满乐观主义精神的社会心态，社会进化论、理性主义、环境改造论、人道主义与政治自由主义构成进步主义精神的基本内容。进步主义者相信社会是由进化而趋于不断进步的，但他们反对那种认为人在自然面前无能为力的机械的社会达尔文主义，认为对进化中出现的问题，人应当而且能够加以解决，对于那些不幸的社会成员，社会必须加以保护，严酷无情的自然选择式的竞争只适用于动物界而不适用于人类，古典经济学家和斯宾塞笔下的那种在适者生存原则支配下的自然人与进化的观念，是不适应文明时代的。人不同于一般动物，人是具有理性的，人对事物的观察与分析能力、人对自身行为的调节与控制能力决定了人不仅能适应现时的环境，而且能够改造、改进现时的环境，不断地推动社会进步。在人与环境的关系问题上，进步主义认为人与环境的关系是双向的，环境制约人的行为，人也可以改变环境。进步主义信奉人道主义，认为人是社会的基本存在，人的价值和人的权利应得到积极的维护，必须同情和关心那些不幸的人们。在政治上，进步主义者相信自由主义，一方面主张对社会问题采取主动的改革姿态，一方面又主张通过改革来维持美国的基本价值观念。进步主义的这些观念要素贯穿于美国社会的各项改革之中，构成改革的指导思想，并对 20 世纪 30 年代的罗斯福新政有重要影响。

进步主义反对唯利是图、极端个人主义的道德取向，要求复兴纯洁的道德，认为个人应关注他人利益和国家的未来，应正直勤奋地工作，并有高尚的个人精神生活。他们希图在一个物质发达的社会里，用伦理的力量来控制物质的力量，使物质与技术的进步服务于人的精神追求。他们提出了一个新的道德价值观念——新个人主义。个人主义是美国人最基本的价值观念，个人主义为美国历史的发展做出了不容抹杀的贡献，但在 19 世纪下半叶，个人主义与社会达尔文主义、自由放任主义互为表里，相互推动，遂对一切放任自流，社会控制极度衰弱，个人主义也成为自身的异化物。少数个人的垄断行为使大多数个人失去了个人自由和个人权利，漫无节制的竞争不仅扼杀了人的创造精神，而且使人失去自身的尊严和价值。人性的异化加深，广大产业工人的身心发展受到摧残。这说明个人行为与社会利益之间的冲突已达到了无以复加的程度。进步主义者提出新个人主义以解决个人与社会的冲突。新个人主义的特点就在于它不再将个人自由与个人权利绝对化，而把个人与社会看作相对依存的整体，用集体性的行为来弥补个人奋斗的不足，用合作互助来缓和无情竞争。

与新个人主义代替传统的个人主义相对应，新自由主义亦开始取代传统的自由主义。传统的自由主义认为，个人自由是最可贵的，政府对个人自由干涉越少就越是好政府。19 世纪末 20 世纪初，这种观念开始转变，新自由主义登上社会舞台。人们呼吁政府对经济和社会事务进行干预，以维护公民的个人自由与权利。

进步主义运动是美国历史上一场广泛的资本主义改革运动，改革的目的是在资本主义已取得的巨大物质进步的基础上，推动社会的全面改善，创造出与物质繁荣相应的精神文化条件，重建遭到工业文明摧毁和破坏的社会价值体系，从而推动资本主义的顺利发展。因此，进步主义运动实质上是一场资本主义条件下的文化重建运动。进步主义运动取得了丰硕的成果，进步主义改革触及了资本主义制度的许多弊端，提出了不少美国社会必须正视的问题，这对于改善社会制度和维护社会和谐具有相当的积极意义。

1917 年美国参加第一次世界大战（以下简称"一战"），美国遂开始关注战争与和平问题，政府政策进入战时的运转轨道，进步主义者也因对参战的态度存在分歧而发生分化，进步主义改革的高潮趋向低落。

19世纪90年代美国社会生活中的变化和出现的问题以及随之而起的进步主义改革运动并不只是局限于当时那个时代，这些变化和问题是美国进入工业化社会后一直面对的问题，对这些问题的解决及社会的重建不是一次改革运动所能彻底完成的。美国史学家康马杰精辟指出："19世纪90年代的大问题在半个世纪之后仍然是人们普遍关注的问题；那时萌发的新思想仍然支配人们的思想。孤立主义和国际主义问题，自由放任的经济和政府计划，恐慌的原因和解决的办法，进步与贫穷的鲜明对比，城市生活的人道化，大公司的控制和劳工的权利，黑人的地位和社会上的移民，农业的改进和保护自然资源，民主的实施和社会安全——90年代人们普遍关注的这许多问题，在20世纪30年代和40年代似乎仍然迫切需要解决。……九十年代开始形成的种种理论，五十年后仍在探索和应用……。虽然经历了两次世界大战，物质生产大大增长，技术有了惊人的进步，科学发生了革命性的变化，但1890年之后的六十年毫无疑义乃是一个统一体。"（康马杰，1988）[80-81]

杜威的教育理论产生于19世纪90年代，杜威于1952年离世。可以说上面提到的社会问题是杜威一直面对的，是他一直关注的，也是他一直力求解决的。杜威是美国大转折年代的见证人，也是大转折后美国社会发展的见证人。

杜威的教育理论所面对的就是上述社会问题，杜威的"教育与生活"理论所要面对的生活就是上面提到的社会生活。阐明这种社会生活的变化及其带来的问题，对于理解杜威的理论是大有助益的，阐明解决这些社会问题的方法，对于理解杜威所提出的解决方法亦是大有助益的。因此，本书用较多的笔墨去描绘美国社会生活的变化和它带来的问题，以及进步主义时代解决这些问题的方法，是完全必要的。

二、杜威的"教育与生活"理论的发展

纵观杜威的理论著述，可以发现，杜威关注教育与美国社会生活的变化之间的关系有两个高潮期：一是从 19 世纪末到"一战"前的进步主义改革时代；二是从"大萧条"后到 20 世纪 30 年代末。这两个时期都是美国社会生活剧烈转折的时期。但第一个高潮期杜威对美国社会生活的认识并不深刻，对社会生活中存在的根本问题，反应并不敏锐，这与"大萧条"后杜威对美国社会的深刻分析形成鲜明对比。

杜威早就意识到社会的变动不居使儿童为定型的未来做准备成为不可能的事，1897 年，在《我的教育信条》中，他指出："由于民主和现代工业的出现，我们不可能明确地预言二十年后的文化是什么样子，因此也不能准备儿童去适合某种定型的状况。"（杜威，1981b）[3]

次年在《初等教育的偶像》中，杜威痛惜因社会变革而导致的家庭生活的变革使儿童失去了许多从校外生活中受教育的机会。杜威指出，变革前的社会生活以农业为主，儿童与自然有更广泛的接触，儿童熟悉照料家畜，熟悉耕耘与收获，还参加家庭手工业劳动，这些活动有重要的教育价值，不仅使眼手获得发展，使儿童学会一定的技艺，还有助于培养自信心和独立判断与行动的能力，并有助于养成良好的习惯。但工业社会的到来使这些成为记忆，机器的发明，工厂制度的建立，不断的劳动分工，使一个具有作坊性质的家庭成为空间狭小的栖身之地。农村人口涌入城市和城市居民的剧增，使儿童失去了在各种校外生活中接受教育的机会。杜威认为学校迫切需要引入手工和工业训练的方法，以使儿童能获得他从前在家庭和社会生活中获得的教育，而不应只注重书本授受。如果说工业化之前只重读写的学校教育还有丰富的校外生活作补偿，那么现在，这种补偿则不复存在了，这就需要学校教育予以变革，就需要引进一些手工训练、工场作业以及家庭技艺如缝纫、烹调等。（Dewey，1898）1899

年，杜威在《学校与社会》中亦持相同观点，认为"我们不能忽视这种类型的生活①中所含有的训练和品格形成的因素，即养成守秩序和勤劳的习惯，对于世界的责任感以及应当做这些事和生产某些东西的义务感"。但工业化的到来却打破了这种田园式的家庭生活，"哀叹美好的往日孩子们的质朴、谦恭和绝对服从的消失，而一味希望仅仅靠哀叹和说教把它们挽回过来，那是无济于事的"，他要求"现在学校必须提供过去由家庭负责的那些教育因素"（杜威，1981c）[16-17]，必须"以一种更系统、更扩大、更加明智和更适当的方式去做大多数家庭由于各种原因只能以一种比较简单和偶然的形式去完成的工作"（杜威，1981c）[32]。杜威的这种对工业化以前家庭生活的教育价值的强调与他自身的生活经历有关，他青少年时期对这种生活的价值有亲身体会（简·杜威，1987）[9]。我们不能小视杜威的这种重视，这直接影响到杜威对于学校与课程的看法，以至于英国教育史家博伊德（W. Boyd）认为，像裴斯泰洛齐一样，"杜威在理想的家庭中找到了他理想学校的典型"，他认为在杜威看来，"学校应该是一个扩大的家庭，在其中，儿童受的训练多多少少是家庭训练的继续，它不过是正式的、有好的设备和更科学的指导而已"。（博伊德 等，1985）[393] 杜威所推荐、所力倡的那些新科目如木工、金工、纺织、缝纫、烹调等亦不过是过去家庭生活必须做的一些工作而已。1901 年杜威著文《手工艺训练在初等学校课程中的地位》，认为各种形式的手工艺训练应在课程中居于"中心的""根本的和基础的"地位（Dewey，1901a）。

作为进步主义改革运动组成部分的进步主义教育运动也面临着上面提出的变化与问题，杜威对一些进步主义学校的做法表示赞赏。如 1915 年在《明日之学校》中，他叙及印第安纳波利斯（Indianapolis）第二十六公立学校校长范伦坦（Valentine）视学校为"改良贫民生活的机关"（social settlement），力图

---

① 指工业革命前的家庭生活。——引者注

以学校改良社会中存在的经济、道德问题，认为其效果较一般具慈善性质的机构更佳（杜威，1923）[186-207]；还叙及工业城市葛雷城的督学渥特（W. A. Wirt）建立的一系列葛雷制学校，这些学校与校外的工业生活紧密结合起来，杜威对此做法亦深表嘉许。

在《明日之学校》中，杜威指出社会生活的两大变化，并要求教育随之而变，"在最近的一百五十年中间发生了两种大变化，把人们生活及思想的习惯都改换了。我们已经看见的这两种变化，一种就是民治观念的生长对于改革教育的要求，还有一种变化就是因各种科学的发明而生的变化，这也一定要在教室内发生影响的"（杜威，1923）[278]①。"通常的学校课程全不理会现今合乎科学，合乎民治精神的社会，以及新社会的需求和理想"，公立学校的创办体现了民主精神，"但因这些公立学校的体制仍未能适应新情势，仍旧抄袭从前学校的章程，所以改造学校适合新社会的手续仍旧进行不止，现在有意识的改组，只算得刚才开始"。（杜威，1923）[149, 152-153]

教育不仅应适应社会，还肩负着改造社会的重任，杜威认为进步主义时代的各种改革措施皆不及教育对于改革社会有功效，"政治家和立法机关能够做些什么，以对抗这些恶势力。明智的慈善事业也能尽一点力。但是彻底解决问题的唯一的根本机构是公立学校制度"（杜威，1981d）[140-141]。

进步主义时代亦是杜威教育著述的盛期，他的许多重要教育著作都是在这一时期写下的，如《我的教育信条》（1897年）《与意志有关的兴趣》（1899年）、《学校与社会》（1899年）、《儿童与课程》（1902年）、《教育的情境》（1902年）、《德育原理》（1909年）、《我们怎样思维》（1910年）、《教育中的兴趣与努力》（1913年）、《明日之学校》（1915年）、《民主主义与教育》（1916年）等。其教育理论体系已描绘出来。这个理论体系建立在美国民主化和工业化这一现实基

---

① 引文稍有更改。

础上，力图阐明民主化和工业化对教育的新要求。与美国经济生活密切相关的职业教育在杜威教育理论中占有相当大的比重，1913—1917 年杜威的教育论文中有关职业教育的内容占比最大，职业教育问题亦是《明日之学校》与《民主主义与教育》中的重要内容。他对职业教育的讨论在这之前和之后从未如此集中。

也许是杜威在"一战"前太注重教育理论自身的建构，虽然亦频频论及社会生活的变化对教育的要求，但他对美国社会生活中的根本问题缺乏深刻的分析，他对社会的很多认识远未及同时代的一些进步主义改革家深刻，他提出的许多问题如民主与教育的关系、职业教育的设想等常带有理想主义色彩。因此，如果在研究杜威的"教育与生活"理论时仅局限于这些材料，结论必然是肤浅而片面的。

1917 年 4 月，美国加入"一战"，各项社会改革运动暂居次要地位。1918 年 11 月战争结束，战时管制解除，但这并不意味着应该废除过去几十年为了管理金融、工业和商业而煞费苦心创立起来的法律机构，"进步主义改革"还有待进一步深化，政府调控职能还有待进一步加强。但是，"当情况要求明智地扩充'新自由'政策的时候，趋势却朝着政府无所作为的方向前进"。1918 年 12 月，美国总统威尔逊曾这样说道："我们的人民……懂得他们自己的事情，在每个调整的关头都是反应迅速和富有智谋的，目的明确，行动自主。如果我们想用绳索牵着他们前进，绳索很快地就会乱成一团，因为他们不会理会那些，而要走他们自己的道路。"威尔逊的这种看法"同决不能再让工业家和金融家控制国家经济和社会生活的'新自由'理论，是背道而驰的，并且引起了国内自由主义报纸的叹惜"（杜蒙德，1984）[311]。

威尔逊之后的三届政府即哈定政府（1921—1923 年）、柯立芝政府（1923—1929 年）、胡佛政府（1929—1933 年）皆摒弃了进步主义改革运动的成果，使政府不仅不参加企业，而且不管理企业，让工业界和金融界的巨头在经济领域为所欲为，并且把他们引入政府内部来制定政策。胡佛"坚决相信对经济自由的任何干涉不可避免地都会破坏精神的自由。他的经济政策体现着对不受政府干涉的个人创造性，进取心和机会的绝对信仰"（杜蒙德，1984）[470]。这种"政府不干涉"的政策虽在 20 世纪 20 年代一度给美国经济带来虚假的繁荣，但却导致了 1929 年的经济危机，这种危机局面一直持续到 1933 年罗斯福实施"新政"才有所改观。"在 1929 到 1933 年间全国深深地陷入萧条泥潭中，失业人数增加到令人吃惊的地步"（杜蒙德，1984）[487]，"最后达到一千五百万的惊人数字"，"这是人民对于十年以上的政治停滞状态所付出的代价"（杜蒙德，1984）[475]。

　　"一战"后到"大萧条"前这十几年中，杜威的教育著述很少，讨论"教育与美国社会生活"的论述尤其少。但"大萧条"却导致了杜威理论的重大转折，从此之后，杜威更加关注美国社会的变化，更加注意分析美国社会生活中存在的严重问题，更加注重探讨教育对解决美国社会生活中存在的弊端所起的作用。随着杜威的社会政治理论趋于成熟，他关于"教育与社会生活的关系"的理论也更加深刻。这种转折在当时美国教育界带有普遍性。美国学者梅逊（R. E. Mason）指出，教育家们在 1929 年以后开始越来越多地注意寻找一些办法和途径，使学校能为建设一个没有经济萧条的新社会做出贡献。杜威、克伯屈（W. H. Kilpatrik）以及他们在全国各地的追随者和同事们的著作，都揭示了这种重点的转移。1929 年以前，这些思想家把他们的主要精力用于陈述教育的内容，提出要在学校里为青少年提供更多的创造自由；而在 1929 年以后，他们较多地注重实现这种自由的社会条件，尤其是衣、食、住等方面的经济条件，这些乃是使儿童在学校获得更大自由的先决条件。（梅逊，1984）[100]

　　从 20 世纪 20 年代末起至整个 30 年代，杜威出版了一系列重要社会政治著作，如《公众及其问题》（1927 年）、《旧个人主义和新个人主义》（1930 年）、《自由主义与社会行动》（1935 年）、《自由与文化》（1939 年）等，发表了一系列讨论"自由"问题的文章，对美国社会予以深刻剖析，试图给"自由"一个新的定义，究其实质可看出他支持"新自由"政策，支持罗斯福"新政"，对那种表现在经济生活和政治生活中的放纵不羁的旧自由主义和旧个人主义持否定态度。在这一时期发表的教育著述中，针对新的国内形势（经济危机及其克服）和新的国际形势（以意大利的墨索里尼和德国的希特勒等为代表的所谓"极权主义"对民主主义的挑战），杜威探讨了教育在克服经济危机中应有的作用，并重新探讨了教育与民主主义的关系。杜威批判美国学校的无目的性以及教材的无组织性，既批评传统教育，亦批评当时的进步教育，力图走第三条道路，以树立一种新的教育精神和建立一种新的学校体系。（Dewey，1932b）

1930年，杜威批判"学校与社会的脱节"，要求"进一步加强学校与生活的联系"，要求所有从事教育工作的人，"皆应切实考虑学校的社会责任，尤其应关注我们时代所面临的一些重大社会问题"。（Dewey，1930a）随后在另一篇文章中，杜威反对商业界和工业界的大资本家不顾社会后果只追求金钱的做法，强调"合作"的重要性，认为现在已进入一个"合作"的时代，漫无节制的竞争只会导致危机（Dewey，1931a）。

1931年杜威出版了《美国教育的过去与未来》，回顾了美国教育取得的成绩与存在的问题，指明教育应遵循的方向。杜威指出，美国社会生活的变化有四：其一，从19世纪90年代始，由农村社会、农业社会向城市社会、工业社会转变。铁路、电报、电话、电灯、交通、自动化、半导体、飞机等致使人们的工作、娱乐和交流方式发生了根本的变革。但学校却因循守旧，在工业社会还流连旧传统、老目的，不能适应这种新的社会变化，不培养个人对这些新变化的适应能力。其二，前人工作与生活所遵循的是习惯和过去传袭下来的模式，但科学和科学方法却指出了更有成效的行为方式，杜威认为学校对科学方法的意义认识不足，要求加强之。其三，社会生活的变革导致民主观念的转变。工业化之前，整个社会结构比较简单，没有贫富的剧烈分化，有的是免费的土地，有的是十分丰富的未被使用的自然资源，每个人都有工作，都有机会，那时的政治民主是很容易被理解的。但现在不同了，社会变得极为复杂，有不少难以解决的问题，如财富的高度集中、权力的垄断、严重的失业、机会的丧失、贫富的反差等。杜威指出："民主的问题主要的再也不是政府的和政治的，而是工业的和金融的，亦即经济的。"①杜威认为让教育和教育者为"大萧条"负责是荒谬的，但教育却必须肩负起新的责任。其四，机器的使用和生产力的提高给人们带来了更多的休闲时间，怎样使男男女女过健康积极的休闲生活而不是相反，亦是学校面临的一个问题。杜威认为："并不是所有的正在进行的社会变化都是好的、有益的。但要求人们应面对而不是回避这些变化，教育负有重要使命：塑造新的心灵和品格，这种心理品格能够促使这些新的社会变化趋于美好，否则将毫无疑义地会成为具有破坏性和分裂性的力量。"杜威指出"当前的教育没有一个伟大的明确的目的"，旧时代的个人主义的目的现在已失去效力和意义，"必须放弃竞争的动机与方法而求助于合作"，杜威认为要继续保持前人的民主理想，唯一的途径就是"给我们的教育系统一个社会的方向"。（Dewey，1985b）$^{90-98}$

1932 年初杜威发表的《修道院式教育、廉价品柜台式教育还是实验室式教育？》可视为《美国教育的过去与未来》的补充。修道院式教育是指传统教育，引入于欧洲，以文字授受为主。杜威认为这种教育在当时的社会情境中亦具积极意义，并非一无是处，只是随着社会的变革才显得落伍。有人认为美国当时的教育是廉价品柜台式教育，学校如同一个商店，出售别人想要的商品，年轻人需要什么就给予什么，具有功利主义性质，太注重实际，年轻人所受的教育缺乏深度。杜威对这种看法并不完全赞同，但他认为廉价品柜台式教育的

---

① 这种观点杜威早就有，在 1888 年出版的《民主的伦理学》中，杜威就论及没有经济和工业的民主，就不可能有政治的民主。"但是，这种论述还没有开始具有它的现实意义。"（参见简·杜威．杜威传 [M]．合肥：安徽教育出版社，1987：47．）

确说明了当时教育的某些特征，"它缺乏目的的确定性"、"所谓的实用课程实
际上亦不非常实用"。但杜威认为这种教育是民主平等观念和工业社会的产物，
相对于修道院式教育还是有进步，也是走向实验室式教育的过渡环节。杜威理
想中的教育是实验室式教育，这种教育"使学生自身肩负更大的责任。实验室
的方法是一种经验的方法，是一种通过研究、通过探究、通过验证、通过观察
和反省而发现的方法"，所有这些过程都需要大脑的积极的活动而不仅仅是单
纯的消极的吸收和重复。这种教育注重训练学生为社会服务，力图创造一种新
文化以利社会。（Dewey，1932b）这种新的教育理想不同于过去的传统教育，
亦不同于现实存在的进步教育。这种思想在杜威 1933 年发表的《为什么有进
步学校？》和 1938 年出版的《经验与教育》中亦有深刻体现。

　　杜威的其他一些文章如 1932 年的《经济形势：对教育的一个挑战》，1933
年的《教育与我们目前的社会问题》，1935 年的《教师与公众》和《方向的需
要》所阐明的都是同样的主题。

　　从罗斯福 1933 年就职后实施"新政"到 1939 年第二次世界大战（以下简
称"二战"）爆发前，杜威对教育与自由、与民主的关系讨论颇多，这与美国
国内政治经济改革以"新自由主义"为指针和国外一些国家如意大利、德国搞
独裁有密切关系，这说明杜威不仅关注美国社会生活中存在的问题，亦关心国
际社会中存在的问题。

　　20 世纪 40 年代到杜威去世这十几年时间里，杜威有关教育的著述甚少，
1940 年出版的《今日之教育》和 1946 年出版的《人的问题》皆是以前所发表
论文的汇集。在这期间杜威发表的教育论文、评论、谈话等全加起来只有 10
篇左右，其中较重要的只有寥寥几篇。这与杜威年事已高、精力有限有关，但
从中也能看出，杜威依然十分关注美国民主的命运，关心教育与民主的关系。

　　总之，杜威关于"教育与生活"的论述不是空洞的理论抽象，而是与美国
社会生活的发展息息相关，杜威对生活的认识与理解亦随着美国社会生活的变

化而不断加深。这是本书对杜威教育著述的大致分析所获得的一个粗浅认识。

下面将结合美国社会生活的发展，着力于讨论教育与民主、教育与职业、教育与道德、教育与科学等几个方面的关系，从而进一步阐明杜威的"美好生活"的理想是什么以及怎样实现这一理想等问题。

三、民主主义：美好生活的理想

杜威是一个坚定的民主主义者，民主主义是其社会生活的理想。

1. 杜威民主思想的现实基础

杜威民主观念的形成与美国的民主传统有关。民主主义在美国有悠久的传统。殖民地时期的殖民者之所以不辞劳苦、不远万里到美洲来，是为了逃避旧世界对他们的压迫，是为了寻求自由。新来者的宗教信仰、国籍、种族、语言、文化皆有很大差异，要共同生活下去，就需要相互容忍，具有宽容精神。民主与平等在美国文化中有着深深的根基，它不仅仅是一种由国家和政府所提倡的东西。美国历史学家特纳（F. J. Turner）指出："美国的民主制度基本上是美国人民处理西部的经验的产物，初期的西部民主在整个过程中倾向于产生这样一个社会，其中最明显的事实就是在社会流动性很大的情况下个人自由的兴起，其雄心壮志就是公众的自由和幸福。……美国的民主制不是来源于任何一位理论家的梦想，也不是由苏三康斯坦号① 带到弗吉尼亚或五月花号② 带到普利茅斯的。它来自美国大森林，每开拓一片边疆它就增加一分新力量。美国这种已有3个世纪历史的民主社会并不是宪法造成的，而是自由土地，是向能适应这个环境的人民开放的、富饶的天然资源造成的。"（转引自康马杰，

---

① 指17世纪载移民由英赴美的两条著名大船之一。
② 同①.

1988）[432-433]

美国的民主可以追溯到 1620 年外来移民的"五月花公约"和 17 世纪初的殖民地自治议会。1776 年的《独立宣言》、1787 年的制宪会议大辩论、1791 年的宪法前 10 条修正案（即人的权利法案）、1863 年的解放黑人奴隶宣言、1866 年给黑人以充分民主权利的宪法第 14 条修正案等法案以及杰弗逊的民主思想、林肯关于"民有、民治、民享"政治的葛底斯堡著名演说、20 世纪初的整个社会规模的进步主义运动，都使得美国的民主主义不断得以充实和发展。最初由欧洲人提出的资产阶级政治理想在美国得到了较充分的实现。

杜威的民主思想是对美国文化中民主精神的继承和发展。杜威所生活的环境以及一些个人对杜威民主信念的形成亦有重要影响。1889—1894 年杜威在密歇根大学执教，这所大学洋溢着浓厚的民主气氛。校长安吉尔（J. B. Angell，1829—1916）"给师生提供了一种真正民主的环境，并提倡创造性教育所必需的自由权利和个人责任感。……这些实际情况，给杜威留下了深刻的印象，并开始形成了以后构成他教育理论的思想链索。虽然杜威童年时代的环境不是以工业和财政上的真正民主为标志的，但是，在他身上不知不觉地形成了一种极其重要的民主信念。这就使杜威意识到，要把这种信念作为他的许多哲学著作的基础"（简·杜威，1987）[22-23]。赫尔会所（Hull House）对杜威的民主思想亦有影响。赫尔会所是由著名女进步主义者简·亚当斯（J. Adams，1860—1935）于 1889 年在芝加哥建立的，具有社会福利性质，但并不只具慈善性质，它设有教育机构，对优化社区环境、改善贫民生活状况助益不小（Button et al.，1983）[195]。简·亚当斯是一个民主主义者，认为会所"是根据这样一种理论开办的，即各阶级的相互依赖乃是交互的"（李剑鸣，1992）[176]，会所对穷人和富人都是有益的，交往和交流有利于双方建立起一种新的共同的生活方式。她特别强调民主不仅是一种政治制度的形式，更是一种生活方式，一种真正有道德的和有人性的生活方式。杜威的女儿于1939年指出："因为赫尔住宅①和简·亚当斯的缘故，杜威那作为教育指导力量的民主信念，具有了更加激烈和更加深刻的含意。"（简·杜威，1987）[35]

民主主义是杜威终生不渝的信念，1929年开始的"大萧条"使很多人对民主制度丧失了信心，认为民主制度失败了，但杜威却依然相信民主。1932年《纽约时报》记者问他："您仍然信仰民主吗？"杜威毫不犹豫地做了肯定的回答。（Woolf，1932）20世纪30年代末，法西斯主义的兴起对资本主义民主造成了威胁，如同杜威1937年所说："民主主义的基本信仰和实践现在已经受到了前所未有的挑战。……到处都是批评和怀疑的风浪，人们批评和怀疑民主到底能否应对秩序与安全这个迫切的问题。"（Dewey，1937b）杜威当时不但不怀疑和批评民主，而且他所考虑的正是怎样加强人们对民主的信仰。

2. 杜威民主概念的含义

杜威的民主有三个对立面。第一，对立于旧时代的专制。杜威对柏拉图教育思想的批判、对传统教育的批判大多是从这一方面着手的。1915年，杜威在《明日之学校》中指出："旧式的教育，教训儿童去恭顺、服从和小心从事，因为命令去做而不得不做的功课，不管他们的目的地在哪里，是适合于贵族社会的教育。这些都是专制国家的必需的条件，因为在专制国家里面，国民的生命及组织都由一个首领去策划、管理的。但在民治国里，他们就和社会及政府的健全行为相抵触了。我们有一个有名的简单的民治定义，说是'属于人民，专为人民，由于人民的政府'，这个大约可以指示我们一个了解民治社会的途径。社会及政府的行为，要由社会的各个个体负责。所以各个个体一定要受到一种训练，使他能够应付这种责任，使他对于人民全体的需要及情形得着正确的观

---

① 即赫尔会所。——引者注

念，并且发展那些品德，使他对于政治的工作，能够有相当的参与。"（杜威，1923）[275-276]① 第二，对立于美国的农业民主。杜威的民主理想形成于进步主义时代，进步主义时代所提倡的是不同于农业民主的"新民主"。农业民主是工业社会前杰弗逊式的民主，杰弗逊"认为占有和耕种自己土地的农民是任何民主社会的脊梁。他认为农民能支配自己的经济命运，所以能站稳自己的双脚，能做一个自由国家的一个真正自由的公民"。（Dewey，1985c）[300] 但工业化的到来使旧民主赖以存在的农业社会成为历史，民主不再仅仅是一个政治概念，更与经济活动息息相关。杜威指出："由于工业和财政上的急剧变化，我们现在的经济情况使千百万人民对于其生活资料只有最小的支配权。这当然是需要个人和公众考虑的一个问题，但这是一个更严重的问题；它是一个民主主义前途的问题，即在大多数人处于经济不安全情境中并在经济上依赖他人意志，至少是依赖雇主安排的条件的这种情境中，民主主义如何能获得安全的问题。"（Dewey，1985c）[300] 民主问题成为经济民主、工业民主问题。因此，此时教育与民主的关系较之工业社会前公立学校运动时贺拉斯·曼（H. Mann）等人所主张的要复杂得多，"今日教育问题是更深刻的、更尖锐的、更困难的，因为它要面对近代世界的一切问题"（Dewey，1985c）[301]。第三，对立于 20 世纪30 年代末兴起的法西斯主义、极权主义。杜威认为，法西斯主义、极权主义是反民主的，其兴起是对民主主义的挑战。"代替着民主自由和平等的一律的和稳步的进展，我们看见强大的极权主义国家的兴起，其对信仰和言论自由的彻底压制赛过从前历史上最专制的国家。"（Dewey，1944a）杜威认为，美国不应为自己的制度不是极权主义的而沾沾自喜，而应"见不贤而内自省焉"，应看到一些在极权国家存在的非民主现象在美国依然存在（杜威，1964）[27]，德国、意大利有种族歧视，美国亦有，"我们对黑人的待遇，我们的反犹太主义，我

---

① 引文稍有变动。

们与国境内的外来移民的与日俱增的（至少我恐怕它是在增长着的）严重的对立"皆能说明问题；极权国家压迫自由，美国学校里亦有许多"奇异的宣誓仪式"，企图以此培养 6 岁以上儿童对国家的忠诚、对自由正义的热爱，杜威认为这是一种形式主义的自欺。杜威指出，学校应积极地、进取地、建设性地培养民主社会所需要的相互了解和善意，应以正确的方式而不是以灌输压制的方式去形塑儿童的自由与正义的观念。（Dewey，1985c）[301]

杜威对民主的理想是相当宽泛的，他认为民主不仅仅是一种政治的东西，而且是一种生活的方式，认为它应渗入生活的方方面面。这是他一贯的思想。1916 年，他在《民主主义与教育》中指出，民主主义"还有一种更为深刻的解释：民主主义不仅是一种政府的形式；它首先是一种联合生活的方式，是一种共同交流经验的方式"（杜威，1990）[92]。1920 年，他在《哲学的改造》中又指出，"认为民主主义与政治的民主主义是一件事，是民主主义大多数失败的原因"（杜威，1958）[113]。1937 年，杜威在《民主与教育行政》中指出："民主较之一种特殊的政治形式、一种管理政府的方法，以及通过普选和被选出的职员来立法和处理政府行政的方法要宽广得多。……它是一种生活方式，是一种社会的和个人的生活方式。我们也许还没有体会到这句话所包含的一切意思。作为一种生活方式的民主的关键，在我看来，似乎可以这样表达出来，即在形成调节人们共同生活的价值的过程中必须要有每一个成熟的人的参与。从一般的社会福利的观点看来和从个人的充分发展的观点看来，这都是必要的。"（Dewey，1937b）杜威进一步指出，作为一种生活方式的民主和政治的民主不是对立的，前者反而是后者的切实保障，他说："除非民主的思想与行为的习惯变成了人民素质的一部分，否则政治上的民主是不可靠的。它不能孤立地存在。它要求必须在一切社会关系中都出现民主的方法来支持它。"（Dewey，1937b）1939 年，杜威在《自由与文化》中指出，"我们现在已经有了足够的讨论来结论说：民主是一种生活方式。但是我们还要明白：它是一种个人的生活方式，这种生活方式为个人的行为提供了道德的标准"（杜威，1964）[98]。同年在文章《创造性的民主——我们面临的任务》中，杜威详尽地阐明了民主作为一种个人的生活方式（democracy as a personal，an individual，way of life）的含义（Dewey，1939）。

民主作为一种生活方式，包括"社会的和个人的生活方式"。作为一种社会的生活方式，民主主义的定义注重共同利益的分享和自由无碍的交流两个方面，即"一个团体的利益被全体成员共同享受到什么程度；一个团体与其他团体的相互影响，充分和自由到什么程度"（杜威，1981e）[167]。胡适把这两项标准意译为如下两条："（一）一个社会的利益须由这个社会的分子共同享受；（二）个人与个人，团体与团体之间，须有圆满的、自由的交互影响。"[①] 杜威认为这种社会的生活方式是一种追求共同利益的联合生活的方式，是一种自由无碍的共同交流经验的方式，社会的"全体成员都能以同等条件，共同享受社会的利益"（杜威，1990）[105]，"就等于打破阶级、种族和国家之间的屏障"（杜威，1990）[92]，也就意味着一种美好的社会生活的大同理想。这种大同理想不同于过去的专制，亦不同于美国工业社会的现实，而是杜威对美好社会生活的憧憬。

将民主看作一种个人的生活方式是对民主的一种更深层的阐释，这意味着民主不是一种形式的和外在的东西，而是一种内在的东西，意味着"民主是一种道德的理想"（Dewey，1939）。这种道德的理想的基础有三点：其一，相信人性的潜能。每个人不分种族、肤色、性别、家庭背景、贫富，其天性中皆蕴含发展的可能性，每个人都是平等的，都有权获得平等的发展机会，都应也都能获得充分的发展。其二，相信人的理智判断与行为的能力。亦即相信人的理性，相信人的理性在克服困难、解决争端、控制环境中的作用，相信通

---

① 参见《胡适文存》，第 1 集卷二，第 144 页。

过"理智"，人类能进入一个美好的社会。其三，坚信在日常生活与工作中人与人之间是能够合作的。合作意味着和平与安宁，而不是怀疑、矛盾和暴力。（Dewey，1939）

这三点揭示出杜威民主的基础，杜威明确地提出："民主的基础是信仰人性所具有的才能；信仰人类的理智和信仰合伙与合作经验的力量。"（Dewey，1937b）可见杜威民主的基础是人道主义。他曾明确地指出："归根到底，民主主义的问题是个人尊严与价值的道德问题。"（Dewey，1985c）[302] 他还主张："询问他人喜欢什么、需要什么、有什么意见，这是民主观念的一个要素。……和贵族政治的概念正相反的民主概念是，必须积极地而不是消极地征询每个人的意见，使每个人本身成为权威过程和社会支配过程的一部分；必须使每个人的需要与欲望都有被记录下来的机会，使其在社会政策的决定上发挥作用。当然，与此同时，实现民主主义的另一必要的条件是互相讨论与互相咨询，并通过综合和归纳一切人的观念与欲望的表现而达到社会支配。"（Dewey，1985c）[295] 在《哲学的改造》中，杜威对民主主义的道德含义做了精辟论述："政府、实业、艺术、宗教和一切社会制度都有一个意义，一个目的。那个目的就是不问种族、性别、阶级或经济地位，解放和发展各个人的能力。这和说它们的价值的检验标准就是它们教育各个人使他的可能性充分发展的程度，是完全一致的。民主主义有许多意义，但是，如果它有一个道德的意义，那末这个意义在于决意做到：一切政治制度和工业安排的最高的检验标准，应该是它们对社会每个成员的全面发展所作出的贡献。"（杜威，1981f）[250]

胡克（S. Hook）曾深刻地指出，杜威的民主是"道德的和理想的"（moral and ideal）（Hook，1966）[144]，它植根于对人的乐观主义态度。杜威本人不仅认为民主具有道德的意义，而且认为美国的民主传统也具有道德色彩，"美国民主传统的来源是道德方面的——不是技术上的、抽象的、狭隘的政治方面的，也不是属于物质上功利主义的。它是属于道德方面的，因为它相信人性具有这样的能力，它既能使个人达到自由，而同时也使别人得到关心和尊重，并使社会得到建筑在结合上而不是建筑在强制上的稳定性"。（杜威，1964）[122] 因此，民主受到的攻击、民主的重建等亦是道德方面的问题。美国的几次重大社会改革如进步主义改革、罗斯福新政，表面上是政治与经济的改革，实质上则是道德伦理的调适，即以一种道德伦理信条去规范经济与政治行为。

　　杜威为民主奠定的基础是人道主义的，是具有伦理性质的。这个基础是自然主义的，而不是先自然的或超自然的。原始基督教的平等是超自然的，18、19世纪的民主理论是建立在先自然的"人天生而自由平等"的所谓"自然律"基础之上的。杜威认为将民主建立在"人天生而自由平等"的基础上，在理论上是无力的，在实践中亦是有害的。杜威指出，"'自然'和'自然的'是用来解释行为进程的字眼中最模糊的几个字眼。它们模棱两可，因而让人经常用来为自己所想望的任何措施和目的作辩护"。（杜威，1964）[47] 学术探究者很少涉足这一点，杜威认为，"关于人性构成的观念，事实上，却只是不同的集团、阶级、宗派希望继续存在或重新采取的实际措施的反映，因而原来被认为心理学的东西却是政治主张的一个部分而已"（杜威，1964）[23]。"自然的"并不自然，只是人们杜撰的一个利于达到其他目的的工具而已，"人们无意地，也可能有意地肯定说，人们天然是自由的和平等的，这是利用所谓'自然的'一词具有前两种意义的弱点来加强这个字眼在道德方面的力量。而在道德意义上的'自然的'为政治和法律提供了命令式的伦理基础，这又是民主理论的公理式的前提。行使自由被认为是道德上的权利，这在事件的进程中，特别是在经济的事件的进程中，已经严重地威胁着法律上和政治上的平等"（杜威，1964）[48]。显然，杜威在这里是有所指的，是美国经济生活中的旧个人主义和旧自由主义对大多数人的民主与自由权利甚至生存的权利造成的损害。在罗斯福实施新政时，有人以"自由"的人性论为由反对政府对经济的干预，认为这样是反民主、反自由的（杜威，1964）[88]。在杜威看来，这种人性论是站不住脚的，是不足以成为民主的基础的，民主需要一个新的基础，"我们对于'自然'、它的法则和权利以及它对人类幸福的仁慈意旨的信念越加淡薄，我们就越加迫切需要有一种根据在理智上足资信任而又与目前经济情况相协调的观念所建立起来的信念，这种信念将以一种过去宗教所具有的意味来激励和指导行动"（杜威，1964）[124]。这种信念具体说来就是指对理智方法、智慧方法（the method of intelligence）或科学方法（the scientific method）的信念。

因此，杜威的民主主义的基础不仅是人道的，亦是理性的；不仅是伦理的，亦是科学的。关于科学何以成为民主的基础，后面我们还会论及。

3. 自由与平等

自由与平等是从属于民主的两个范畴。

杜威认为，自由主义最初发生于大不列颠，为几个潮流之汇合，其一是人道主义和慈善主义的热诚，其二是工商业的刺激所致的对经济上的放任自由的追求（Dewey，1935a）。自由主义曾与政治相联，表达了人们对政治解放的渴求；自由主义曾与经济相联，表达了人们对经济不受权力干涉（economic independence）的愿望（Dewey，1924a）。但杜威对自由主义的理解不局限于二者，他强调必须把自由主义这个词看作"一种道德的态度和理想"，这意味着探究的自由、表达的自由、交流的自由、信仰的自由，总之意味着精神或思想的自由（Dewey，1940a）。这也意味着自由应全面渗入社会与个人的生活之中。

1935 年，杜威在《自由与社会控制》中对"自由"的含义做了较集中的论述，他认为，第一，自由是具体的。自由不只是一个观念、一个抽象的原则，对自由的要求是一种争取权力的要求。如果本书再引申一步，争取权力亦意味着争取利益，这样自由就同民主一样，是一个与利益相联系的概念，大多数人的自由也就意味着大多数人的利益，不论这种利益是经济的、政治的还是其他方面的，民主是追求大多数人的共同利益的。第二，自由是相比较而言的，一个人、一个集团、一个阶级的自由与其他是有联系的，自由之多寡只有通过比较才能衡量。第三，没有绝对的自由，自由同时也意味着控制。（Dewey，1935b）这一点是杜威着力强调的。一些人常常以为自由是不受限制的，因而为了自身的自由而破坏大多数人的自由，把自由看成是与政府行为相对立的东西，反对政府的干涉与干预，造成了严重的社会后果。杜威极力反对少数人以自由原则为借口，不顾大多数人的利益而满足一己私利，他支持政府出面维护大多数人的自由，批评经济上放任的自由主义政策，他说："我之所以毫不怀疑放任政策的自由主义的衰弱，主要是由于其政治的结果。凡是不能给数以百万计的人们以基本的安全的制度，都不能被称为拥护个人自由和发展的有组织的制度。"（Dewey，1935a）杜威是支持进步主义时代所形成、作为罗斯福新政基础的"新自由主义"政策的。

杜威认为，权威与自由不是相抗的，权威代表着稳定性，个人借此获得方向和支持，而个人自由则代表着有意识地促使变化产生的各种力量，问题不是将二者截然分开，而是使二者相互渗透，不使权威所代表的稳定性成为阻碍进步的力量，亦不使自由成为漫无节制的盲目行为，"我们需要一种权威，但这种权威不同于它们活动的旧形式，而是能用以指导和利用变迁的；我们也需要一种个人自由，但这种个人自由不同于那种为个人无限制的经济自由产生并为它辩护的个人自由；我们所需要的这种个人自由是具有普遍性的和为大家所分享的，而且它是在社会上有组织的明智控制的支持与指导之下的。"（Dewey，1936a）实际上杜威这里所说的新的个人自由就是上面我们已经提到、后面还要论及的"新个人主义"。

杜威认为，"对于权威的需要是人们一种经常性的需要。因为它就是对于原则的需要，这种原则既十分稳定又十分灵活，它们可以在动荡不定的生活过程中发挥指导作用"（Dewey，1936b）。杜威所说的这种能"指导和利用变迁的"权威就是"智慧的方法"或"科学的方法"。杜威认为，在科学方法兴起之前，权威在理智之外，处于某种制度之中，诉之于外在的教条。杜威要求以对科学和科学方法的信仰取代旧有的权威。杜威明确地指出，"自由主义强调智慧的方法"（杜威，1965）[112]。美国学者库尔兹（P. Kurtz）认为，杜威从 20世纪 20 年代末起至整个 30 年代，在出版的一系列重要社会政治著作中，"力图重新确定自由主义的含义，强调不应把自由主义视作某一个特殊政党的政纲和计划，而应将其看作一种民主社会解决社会问题的智慧的方法"。（Kurtz，1985）[xvi-xvii]

因此，杜威所言的自由是理性主义的不是浪漫主义的，是自然主义的不是超自然主义的，是相对主义的不是绝对主义的。理解这一点对认识杜威与进步教育实践的区别很有助益。

杜威很关注教育的自由，认为"教育的自由，具体讲来，就意味着学生和教师的自由：作为一个教育机构的学校的自由"。但教育的自由受到许多传统的和现实的因素的限制，这些传统影响着学校里的学科、教学方法、纪律、组织和行政管理，"但是在这些麻烦的限制之外还有一种在目前特别危险的限制，那就是企图把学生和教师的心灵、嘴巴和耳朵同样都封闭起来，使他们不能接受一切与代表经济上和政治上既存利益的特权阶级的实践与信仰不相调和的东西"，杜威认为教师的宣誓问题是与教育自由不相符的，限制教师抨击时弊的权力，限制教师关心社会问题，让教师宣誓效忠，是对自由的亵渎，"既然思想自由与表达自由是一切自由的根源，否认教育方面的自由就是犯了反对民主的罪恶"。杜威认为要培养"理智的公民就绝对需要有教师和学生在教与学的方面的自由"。因此，教育自由具有深远的社会意义，他说："没有研究的自由，教师和学生没有自由去探索在社会中发生作用的力量以及用来指导这些力量的手段，那么就不能产生为有秩序地发展社会所必需的理智行为的习惯。……每一种用来限制教育自由的力量都鼓励着人们最后诉之于暴力来取得所需要的改变。每一种倾向于解放教育过程的力量鼓励着人们去采取理智的和有秩序的方法，领导正在向任何方向进展的社会改变朝着一个比较公平的、平等的和人道的目的前进"。（杜威，1965）[59-62]

可见教育的自由的关键意味着理智的自由，意味着理智的方法（即智慧的方法），而这些最后都意味着一种美好的生活。

19世纪末20世纪初的欧洲新教育运动和美国的进步主义教育运动都是重学生之自由的。传统教育压制儿童，新的教育则要解放儿童，给儿童以自由。但在自由的口号下，却产生了一些过火行为，认为任何对儿童的限制都是错误的。杜威则认为，纪律与自由不是两个矛盾的概念，"'自由'的意思，并不是说生在社团中的个人，可以把'自然'及'人群'的一切牵制尽情废弃。……所谓儿童要自由，即是让他有机会，可以把各种天职的冲动，和各种心性的倾向，在他自己所处的环境中间，逐一试验一番，辨别其性质，把有害于他自己的弃去，把有益于自己及别人的尽量发展起来"。（杜威，1923）[124-125] 因此，教育中儿童的自由在于发展的自由、生长的自由。在这种发展和生长中，杜威尤其重视儿童的创造的自由、思维的自由、心灵的自由，实际上就是重视学生对智慧方法、理智方法的掌握。杜威认为蒙台梭利的学说以自由为基础，但她主张的儿童的自由是有限度的，"他们可以自由来往，自由作息，自由说话，自由移动；他们的目的是要得着关于各种事物的知识和行动所需的技能。各人都在'自行矫正'的材料上独自做工夫。然而儿童却没有创造的自由。他们虽有选择所用器具的自由，却没有选择自己目的的自由，也不能把各种材料照他自己的计划去处置。因为所有材料是几件已经限定了的东西，每件东西的用法也只有一样"。杜威因之要求"最好用'能够发生真的问题'的材料来训练学生"，"使他们思想正确，判断得当"，而这种材料就是生活中的第一手经验（first hand experince）。（杜威，1923）[141-142]（Dewey，1903a）这就意味着教材和教学方法的变革。

　　平等之于民主犹如自由之于民主一样重要。杜威指出："相信平等，这是民主信条的一个因素。然而它并不是相信自然天赋的平等。宣布平等观念的人们并不认为他们是在发布一项心理学上的主张，而是在发布一项法律上和政治上的主张。一切个人都有权受到法律的平等对待以及在其行政管理中有平等的地位。每一个人总是生活于一些制度之下的，而他所受的这些制度的影响都是平等的；即使在数量上并不如此，在质量上也会是如此。每一个人有平等的权利来表达他自己的判断，虽然当他的判断与别人的判断构成一个集合的结果时，他的判断的重要性在数量上也许和别人并不是平等的。简言之，每一个人都同样是一个人；每一个人都享有平等的机会来发展他自己的才能，无论这些才能的范围是大是小。再者，每一个人都有他自己的需要，而这些需要在他自己看来是重要的，正像别的需要在别人看来是重要的一样。自然的和心理上的不平等这一事实本身就更成为通过法律来建立机会上的平等的理由，否则自然上和心理上的不平等就变成了压迫天赋较差的人的一个手段。"杜威还提到，"相信平等的这个民主信念是这样一个信念：每一个人都应该有机会来贡献他可能贡献的任何东西"（Dewey，1937b）。

　　杜威承认人的天赋是有差异的，人天生平等是不足信的。他指出，即便是早期平等的最热心的倡导者也不会愚蠢到认为人的天赋是绝然相同的，卢梭就非常强调人的心理的与生理的（psychological and physical）自然差异，因此，杜威认为平等应是道德意义上的平等，而道德意义上的平等意味着每个人的独特性，即人与人的不可比性。杜威举例说，在研究工作中，能达到亚里士多德、牛顿、爱因斯坦等人那样的水平者寥寥无几，但并不能说这大多数人的研究工作是毫无价值的，是让人不屑一顾的。因此，民主意味着对特殊性、差异性的尊重，意味着个性（individuality）的充分发展，而个性是独特的，不能说一个人的个性较另一个人的个性高、好。每个人都有独特的需要，每个人都应得到充分的发展，每个人都应获得同样的发展的机会，每个人都有为社会做出贡献的权利和义务，总之，"每一个人都同样是一个人"，大家都是平等的。杜威明言，"民主主义者坚信道德上的平等"。民主主义的"基本的道德与理想意义"就在于这种平等。（Dewey，1922a）

基于对平等的这种看法，杜威对美国 20 世纪二三十年代盛行的智力测验持否定态度，认为测验结果将人分成优劣高下，以测验结果决定人的机会和地位是不平等、不民主的表现，是封建余毒作怪，心智上的不平等不能成为道德上的不平等的依据。而且，智力测验所测的只是人的心智的某一方面或某几个方面的情况，不能以偏概全，将一个人某些方面的情况看作一个人整体的面貌。（Dewey，1922a）最后，智力商数 IQ 不过是揭示了某种现实性和一些可能性，世事是变化的，人亦是变化的，"一测定终身"是用静止的观点而不是用发展的观点看问题，与生长的原则、经验不断改造的原则是相违背的。

综上可知，自由与平等这两个概念是对民主作为一种道德理想、作为一种生活方式的进一步表述。

4. 民主与教育

1915 年，杜威在《明日之学校》中指出："广泛认识民主与教育的关系，可算是现今教育趋势中间最有趣味、最有意义的一点。"（杜威，1981d）[137-138] 1916 年出版的《民主主义与教育》可以说是杜威对民主主义与教育的关系的最详尽的论述。这种关系最简略的表达是：教育是为了民主的，教育应是民主的。

杜威认为，"教育是一种社会的过程，而世界上又有各色各样的社会，所以教育批判与教育建设的标准，包含一种特定的社会理想"（杜威，1990）[105]，这个特定的社会理想就是民主主义。教育应为维护、促进民主主义这个社会理想服务，教育是民主的工具。杜威认为应把学校"作为政治民主的安全的工具"（Dewey，1937c）。若没有教育，"民主主义便不能维持下去，更谈不上发展。教育不是唯一的工具，但它是首要的工具，最审慎的工具"。（Dewey，1985c）[296] 杜威引用了贺拉斯·曼的话："教育是我们唯一的政治安全；在这艘船以外只有洪水。"（Dewey，1937c）

　　教育是为了民主的，同时，教育也应是民主的。民主主义不仅为教育提供了一个奋斗的目标，还对教育提出了民主的要求，"教育必须有一个统一的参照点，这就叫作民主主义"（Dewey，1937a）。杜威认为，"民主主义本身便是一个教育的原则，一个教育的方针和政策"（Dewey，1985c）[294]。杜威提出生长论，要求使儿童得到充分的发展，要求建立新型的师生关系，要求尊重儿童，要求教师参与学校的管理（Dewey，1937b）。杜威崇尚公立学校制度，反对双轨制等都体现了民主对教育的要求。

　　但这些都是对民主与教育二者关系的表层的或一般的表述。更深层的关系在于：其一，民主（含自由与平等）的深刻的道德含义是使人得到充分、全面的发展，而教育是实现这种发展的不可缺少的手段。在人的充分发展（或者说生长）中，民主的理想与教育的理想找到了契合点。其二，民主意味着个人需要、兴趣的满足，如果教育能提供一种使儿童的需要和兴趣得到满足的生活，那么教育此时就与民主融而为一，这也是杜威讲教育即生活而不是生活的准备的深意所在。其三，民主主义这一美好生活理想的实现不是轻而易举的，会遇到各种问题和障碍，克服这些问题与障碍不能靠旧习陈规，亦不能靠暴力，而应靠"智慧的方法"，而对智慧的方法的掌握是有赖于教育去达成的。

　　民主不是静止不动的，而是随社会生活的变化而变动的，这种变动性向教育提出了挑战。杜威认为每一世代皆应重新建立民主主义，"民主主义的性质和本质并不是可由某一人传给另一人或某一代传给下一代的东西，而是要根据我们逐年参与的和逐年变化极剧烈的社会生活之需要、问题与情况，去重新创造的东西"（Dewey，1985c）[299]。杜威指出，关于民主主义的观念所能犯的最大错误，是把民主主义看成某种固定的东西，看成在观念上和在外部表现上都固定的东西。民主主义的观念本身，民主主义的意义，必须不断地加以重新探究；必须不断地发掘它，重新发掘它，改造它和改组它；同时，体现民主主义的政治的、经济的、社会的制度必须加以改造和改组，以适应种种新的变化。没有生活方式站着不动或能够站着不动，它或者前行，或者后退，后退的结果便是死亡。作为生活方式的民主主义不能站着不动。如果它要继续存在，它亦应往前走，去适应当前的和即将到来的变化。如果它不往前走，如果它企图站着不动，它便已开始走上通向死亡之路。他说："因为民主主义为了要继续存在必须改变和前进，所以我想我们有民主主义对于教育所提出的挑战。在百年前生活情况简单的时候，当社会团体是乡村和小社团的时候，当改变近代社会的最大多数的发明尚未出现——至少对于生活方式尚未产生大影响——的时候，并非毫无理由提出这样的观念，即认为个人生来即有一种民主的热望；有了这个天生的根性和倾向作为基础，学校教育便能使个人在民主社会中完全尽其在生活上的义务和责任。在今日的复杂广大的情况中，这样的观点是错误的。只有当年轻的一代在学校中学习或了解起着作用的种种社会势力、它们运动的方向和交叉的方向、它们产生的后果、若它们被知道并为智慧所控制它们可能产生的后果的时候——只有当学校提供这种了解的时候，我们才能确信学校已迎接民主主义对其所提出的挑战。"（Dewey，1937c）

生活是变化的，作为生活方式的民主主义亦应随之而变，这种变化亦要求教育随之而变，只有如此，教育才能迎接民主主义的挑战。杜威的这种看法并不是纯理论的演绎，而是美国由农业社会转为工业社会后要求建立不同于旧的农业民主的新型民主的反映。

民主是多方面的，"文化有多少方面，争取民主的斗争就必须在多少条战线上进行着：政治的、经济的、国际的、教育的、科学与艺术的、宗教的战线"（杜威，1964）[131]。从美国历史上看，美国诸方面民主的发展充满曲折，杜威认识到了这一点，认为"民主主义不是一条容易采取和遵行的道路。相反地，就其在现代世界复杂情况中的实现上来说，它是一条极艰难的道路"。若要使民主主义得以成功维持，必须将应用于自然界的科学探究的方法应用于社会人生，即必须"科学人文化"，"使科学和技术成为民主希望和信仰的侍仆"，并"养成观察和了解的自由的、广泛的、受到训练的态度，使这些态度成为和科学方法的基本原则血肉相连的东西，成为习惯的不知不觉的东西。在这个成就中，科学、教育和民主目标合而为一"。（Dewey，1944a）杜威教育思想的最本质之点，或者说其哲学的最本质之点就在于此，在他看来，科学的方法反对因循守旧，反对任何外部的权威，强调创造和验证，与民主精神是相通的。若人们掌握了这种方法，形成了新的心理习惯，布乎四体，形乎动静，各种社会问题就会迎刃而解，杜威理想中的民主主义就会随之到来。从文化学的角度看，文化由浅至深分为三层：物质的、制度的、心理的，科学方法属最深层的，而制度（一般所言的政治民主制度）则是较为表层的，科学方法构成民主制度的深层文化心理基础。一个国家确立了民主制度还不够，更重要的是形成与这种制度相应的深层的文化心理结构。由此可见杜威用心之良苦！杜威要求不要把民主仅仅看成一种政治形式，而应把它看作一种渗透一切的生活方式，也正是从此着眼。而教育则是使人掌握这种方法的最重要手段，正是在此意义上，杜威宣告"科学、教育和民主目标合而为一"。

"民主的目的要求用民主的方法来实现它们"，应用民主的方法意味着"应用协商、说服、交涉、交流、理智协作的方法"（杜威，1964）[132]，这种方法意味着教育的方法，归根到底意味着智慧的方法、科学的方法。运用暴力的方法是与要达到的民主目的相背的。杜威之所以把教育置于那么高的地位，根源即在于此。

四、工业改造：社会生活改造的关键

美国工业化的完成，使经济活动在整个社会生活中处于最显著的地位。杜威认为"现在政治上，社会上一切事业，莫不与经济问题有密切之关系"（杜威，1923）[208]，他还认为，"社会调整这个问题显然是工业问题"（杜威，1990）[329]。杜威曾明确提出："当今之生活是经济的，是工业的。"（Anon，1932）工业化对教育提出了新的要求，教育必须适应经济的巨大变革。工业化对教育的影响和要求是多方面的，但工业化与教育最相关的问题是职业训练问题。

美国的职业训练可以追溯到殖民地时期的学徒训练。当时的社会生产，从生产技术和生产方式上看，是建立在手工操作的基础上的，生产过程中劳动者之间分工合作的范围比较小，这种手工操作的技术基础和小生产方式，不可能向学校提出培养劳动力的要求，劳动力是在生产和社会生活中自然发展或是通过师徒传授的方式成长起来的，而不是通过学校造就的。美国的工业化使殖民地时期的学徒训练陈旧和过时了。机器的出现导致人类生产赖以存在和发展的技术基础发生了重大变化：由经验变为科学，由手工操作变为机器加工。社会生产的变革直接导致了对劳动力要求的变革。以手工业为基础的、以师徒父子相传为形式的职业训练不得不让位于以大机器生产为基础、以学校系统教育为形式的职业训练。但是，生产力和生产方式的发展与变革，仅仅向教育提出了变革的要求以及实现这种变革的背景和基础。而教育变革的真正实现，还需要人们的教育观念发生根本的变革。在当时的美国，人们并非一开始都同意在学校里实施职业训练。反对者曾掀起一股强劲的反职业训练浪潮，认为职业训练不利于学生的精神发展，它使学生获得的仅是一些机械而狭隘的职业技能，他们强调"文化修养"的自由教育传统，推崇语法、文学、艺术、地理、历史等传统的古典课程；支持者则认为职业训练是改造美国社会的重要手段，他们主张设立专业技术学校，甚至建议将这类学校划入公立学校系统。

杜威积极支持职业教育，他将职业训练称为教育上的革新，认为职业训练是教育适应正在形成中的新社会生活的需要的一种努力（杜威，1981c）[14]。但杜威对职业与职业教育却有着独特的见解。

1. 职业与文化修养

人人都从事一种职业，所有的教育归根结底都是一种职业教育。

杜威认为，在民主社会里从事某种职业，担负一定的劳动是受人尊重的事情。"在民主主义的社会，凡关于体力劳动、商业工作以及对社会所做的明确的服务逐渐受人尊重。在理论上，我们现在都希望，无论男女都能有所作为，以报答社会对他们理智方面和经济方面的支持。劳动受人推崇，为社会服务是很受人赞赏的道德理想。"（杜威，1990）[329] 杜威认为，在一个真正民主的教育系统中，在一个真正民主的社会中，劳动教育或职业教育应成为整个教育计划的一部分（Dewey，1937c）。

在旧时代，职业与文化修养是对立的，前者意味着劳力、粗俗、为他人服务，后者意味着劳心、高雅、统治他人，二者的对立是劳力与劳心的对立，是劳动阶级与闲暇阶级的对立。造成这种阶级对立的社会基础现在已不复存在（Dewey，1923b），劳动不但是受人尊重的，对个人生存与发展来说，亦是必要的。"没有维持生活的东西，我们就无法生存；使用和消耗这些生活手段的方法，对人们相互之间的一切关系有着深刻的影响。如果一个人无力自谋生计并抚养子女，他就是依赖别人活动的累赘或寄生虫。他就失却一种最有教育意义的生活经验。如果他不知道正确地利用工业产品，没有受过相当的训练，他拥有的财富也许有腐化堕落和伤害别人的严重危险"，因此，"教育应该使受教育者有能力在经济上自谋生计，并能有效地管理经济资源"。（杜威，1990）[126]

杜威反对把职业教育看成是"仅仅属于金钱性质"、"具有狭隘的实用性质"的东西（杜威，1990）³²²，他认为若把职业教育解释为"工艺教育"、解释为"作为获得将来专门职业的技术效率的手段"，那将是十分危险的。（杜威，1990）³³² 杜威认为职业技能的获得应有一个广泛的文化修养背景。亚里士多德认为课程大致可分成实用学科和文雅学科两类。实用学科，为实际所必需，只服务于实利，是不高尚、不文雅的；文雅学科，专供享受和闲暇之用，是高尚而文雅的。因此，亚里士多德重视理智享受而轻视职业训练，认为前者高贵而后者卑贱。尽管亚里士多德之后社会已发生许多变化，但"现在还有许多人认为，真正的文化修养或自由教育和工业的事务至少没有任何直接共同的东西，认为适合于群众的教育必须是一种有用的或实际的教育，而这种教育，把有用的和实际的教育与培养欣赏能力和解放思想对立起来"。（杜威，1990）²⁷² 结果，实际的教育成了一种自相矛盾的混合物，"文化"科目的目的不在于为社会服务，"实用"科目不注重精神陶冶。

杜威认为造成混乱的根本原因在于人们对"文化"与"实用"的看法存在混乱。他说，如果我们更审慎地分析文化和实用各自的意义，我们就可能比较容易地制订一种课程，它应该既是有用的，又是自由的。只有迷信使我们相信这两方面必须对立，即一个科目若是有用的，便是不自由的；一个科目因为无用，所以有文化修养的作用。我们一般可以发现，以实用为目的的教育牺牲想象的发展、审美能力的改进和理智见识的加深，这些当然具有文化修养的价值，所以不但有损于自由的教育，也在同样程度上限制了所学知识的用途。这并不是说所学的东西完全无法利用，而是只能应用于在别人监督之下进行的常规性的活动。狭隘的技能在技能本身以外没有其他用处；任何技能如果能加深知识和完善判断，就容易在新的情境中被应用，并受个人的控制。（杜威，1990）²⁷²⁻²⁷⁴ 也就是说，职业教育中若注意职业技能的文化背景，反倒更具有职业效能，文化因素对职业因素不是起阻碍作用，而是起促进作用。

更重要的是，现在的职业含有更多的理智与文化因素（Dewey，1901b），这就使职业教育与文化修养的结合有一种内在的联系。杜威指出："现在的工业主要已经不再是习惯传下来的以经验为根据的、比较粗糙的程序了。现在的工业技术是工艺学技术，这就是说，根据数学、物理学、化学和细菌学等的发现所制造的机械。经济革命提出了许多问题要解决，对机械的应用产生了更大的理性的尊重，从而激发了科学的发展。工业，也因科学的发展收回了复利。结果，工业方面的职业有了比过去多得无限的理智的内容，和大得无限的文化修养的可能性。这就需要一种教育，使工人了解他们职业的科学的和社会的基础以及他们职业的意义。现在这种教育的需要变得非常迫切，因为没有这种教育，工人就不可避免地降低到成为他们所操作的机器的附属品的角色。"（杜威，1990）[330]

职业的内涵与过去不同了，对文化也应有一种新的阐释。杜威认为不能"把文化理解为少数人所专有的文雅和修饰"，不应把文化局限在个人的小圈子里，而应打破它独善其身的樊篱，使之益于他人与社会。如同杜威所言，为社会服务与个人修养是同义词，而不是彼此对立的。杜威尤其强调文化的理智性质，他提到："文化就是不断扩大一个人对事物意义的理解的范围，增加理解的正确性的能力，也许没有比这更好的文化的定义了。"（杜威，1990）[130-131]也就是说，文化意味着对事物的意义的深刻的洞见与理解，就它与职业教育的关系而言，它意味着一个人对他所从事的职业的内在价值与社会意义的理解，意味着职业不应纯是机械性质的，也不应仅是为了个人糊口不得已而为之的。

总之，过去为很小一部分人所独享的文化修养，今天应进入千千万万平常百姓家，现代职业中已含有丰富的文化修养因素，现代职业与文化修养具有内在的联系。如果教育仍拘泥于传统，仍视职业教育仅为培养机械技能的手段，则忽略了职业教育本身所具有的丰富内涵，表明人们仍未明了当今社会生活的性质，仍未明了教育在今日社会中的使命。

2. 职业与个人发展

杜威将职业与兴趣联系起来，认为"找出一个人适宜做的事业并且获得实行的机会，这是幸福的关键。天下最可悲的事，莫过于一个人不能发现一生的真正事业，或未能发现他已随波逐流或为环境所迫陷入了不合志趣的职业。所谓适当的职业，不过是说一个人的能力倾向得到适当的运用，工作时能最少磨擦，得到最大的满足。对社会其它成员来说，这种适当的行动当然意味着他们得到这个人所能提供的最好的服务"（杜威，1990）[324]。如果一个人对他所从事的职业感兴趣，不仅个人得到满足，而且因其热爱此工作，必能将该项工作做得更好，更加有利于他人和社会。

杜威进而转向对现实的批判，他认为，"现在社会制度的最大祸害不在贫穷，不在贫穷所遗留的苦难，而在于事实上有许多人他们的职业都不是他们所喜欢的，他们从事这些职业不过是为了获得金钱报酬。这种说法在感情上似乎有点苛刻。因为这些职业常常令人厌恶，使人存恶意，玩忽职守，逃避职责。他们既不专心工作，又不愿意工作"（杜威，1990）[333]。这段话在一定程度上揭示了美国当时资本主义发展中所存在的异化现象。这种现状当然是不合乎杜威的具有人道主义精神的民主理想的。

应使职业合乎个人兴趣对教育提出了要求，教育不应为青少年预先选择一个职业，因为"预先决定一个将来的职业，使教育严格地为这个职业作准备，这种办法要损害现在发展的可能性，从而削弱对将来适当职业的充分准备"。这种做法也许能培养呆板的机械的技能，但却会牺牲职业对于个人与社会的意义。杜威认为，"唯一可供选择的办法，就是使一切早期的职业预备都是间接的，而不是直接的；就是通过从事学生目前的需要和兴趣所表明的主动的作业。只有这样，教育者和受教育者才能真正发现个人的能力倾向，并且可以表明在今后生活中应选择何种专门的职业"。杜威要求职业指导应具有灵活性，"如果教育者以为职业指导可使人对职业作出确定的、无可改变的和完全的抉择，那么，教育和所选职业都很可能流于呆板，阻碍将来的发展"。（杜威，1990）[326-327]

职业一般被视为人生存下来的手段，杜威则认为职业更是使个人得到发展的手段，他说："一种职业也必须是信息和观念的组织原则；是知识和智力发展的组织原则。职业给我们一个轴心，它把大量变化多样的细节贯穿起来；它使种种经验、事实和信息的细目彼此井井有条。律师、医生、某一化学分支学科的实验室研究工作者、父母、热心本地公益的公民，都各有一种经常起作用的刺激物，使他注意和联系一切与他的事业有关的事物。他们从自己的职业的动机出发，不知不觉要搜集一切有关的资料，并且保存起来。职业好像磁铁一样吸收资料，又好像胶水一样保存资料。这样组织知识的方法是有生命力的，因为它是和需要联系的：它表现于行动，又在行动中重新调整，永远不会停滞。"（杜威，1990）[325-326]

3. 职业与社会改造

杜威给职业下了一个意味深长的定义：职业是唯一能使个人的特异才能和他的社会服务取得平衡的事情。杜威论职业和职业教育的着眼点是使教育适应经济的变化，并力图通过新的职业教育克服经济生活中存在的种种弊端。

杜威看到了工业化进程中存在的劳资之间的冲突、对立与不平等。被雇阶级从事一种职业不是因为对职业本身感兴趣，不是因为从职业中就能获得报偿，只是为了获得金钱报酬；雇主阶级追逐利润与权势，沉溺于纵容娇养，炫耀示人，控制着很多人的活动，与平等的和普遍的社会交往隔绝。杜威认为这种不平等现象的存在是不合理的，而现有的狭隘的职业教育很可能延续这种阶级划分，成为实现社会宿命论的封建教条的工具，那些有优裕的经济力量作后盾、能实现自己欲望的人，将要求一种自由的和有文化修养性质的职业，将要求一种居于统治地位的指挥他人的职业，从而把教育制度割裂开来，使处境比较不幸的青年主要接受特殊的工艺预备教育，这样，"把旧时劳动与闲暇的划分，文化修养与社会服务的划分转移到号称民主主义的社会中去"。杜威要求新的职业教育应阐明"职业的全部理智的和社会的意义"，使未来的工人能接触当代的种种问题以及有关改进社会的各种方法，应训练未来的工人使之具有适应不断变化的情况的能力，使他们不会盲目地听天由命，使他们有参与社会管理的愿望和能力，有变为主宰工业命运的主人翁的能力。这是对"经济机会较差的人"讲的。对于社会中享有特权的那部分人来说，把工业生活正确地运用在教育上，能增强他们对工人的同情心，并提高他们的社会责任感。杜威认为，通过新的职业教育，"再加上立法和行政方面的设施，就足以改变现在工商业制度有害于社会的弊端"。（杜威，1990）[334, 336]

杜威认为教育应成为改革目前工业秩序的手段，他充满激情地讲："我们所要求的改造不难正式加以解释。这种改造标志着一种社会，其中人人都应从事一种职业，使别人的生活更有价值，更能认识连结人们的纽带，打破人与人之间的隔阂。这种改造意味着一种事态，每个人对他的工作的兴趣不是勉强的，而是明智的，即每个人的工作都是和自己的能力倾向志趣相投的。不言而喻，我们现在离这样的社会状况还很远；从字面和定量上讲，我们也许永远达不到这种状况。但是，在原则上，我们已经完成的社会改革的性质是符合这个方向的。要实现这样的社会，现在有更充分的资源，是过去任何时候所不及的。如果我们真有实现这种社会的聪明的意志，在前进的道路上就无不可逾越的障碍。"（杜威，1990）[332]

杜威认为这种改造"预示着一个更为平等和更为开明的社会秩序"，而"社会的改造要依靠教育的改造"（杜威，1990）[335]，他明确指出："实现这种社会改革的成败，决定于我们是否采用可以实现这种改革的教育方法，其它事情还在其次。因为这种改革实质上是心理倾向的性质的改革——这是一种有教育意义的改革。这个意思并不是说，我们可以离开工业状况和政治状况的改革，用直接的教训和规劝改变性格和心理。这种看法是和我们关于性格和心理就是参与社会事务的反应的态度这一基本思想相矛盾的，我们可以在学校造成我们所要实现的一种社会的缩影，由此塑造青少年的心灵，逐步地改变成人社会的更加重大和更难控制的特征。"（杜威，1990）[332-333] 杜威意欲通过教育的改革达到社会的改造。杜威上面所阐述的改造社会的理想也就是杜威的民主主义（含自由与平等）的理想，说到底也就是他的美好生活的理想。杜威的职业教育思想是对其"教育与生活"关系的进一步阐明，是对民主主义理想的进一步说明。

职业在一个人的生活中居于举足轻重的地位，尽管一个人有了满意的职业并不能说明他的生活一定是幸福的，但一个人没有满意的职业则他的生活肯定是不幸福的。一个人满意于职业，就会醉心于工作，职业就成为他发展的轴心，亦成为他生活美满幸福的源泉。这样既益于个人身心健康发展，也益于社会生活的优化。使人人"乐业"，使社会平等和谐，是杜威职业教育思想的核心要求。杜威力图通过新的教育尤其是新的职业教育，将不能尽如人意的个人生活与社会生活加以改造，使之更加美好。

杜威曾问道："整个职业教育运动是跟社会生活的哪些方面和情况有最密切的关系呢？"（Dewey，1937c）相信上面的叙述已回答了这个问题。

杜威的职业教育思想具有浓厚的理想主义色彩。胡克对杜威推崇备至，但他认为杜威的《民主主义与教育》中，"教育与职业"这一章写得不能令人满意，原因就在于太理想化。胡克认识到杜威的理想是人道的，意在"使快乐的情境普遍化，以便每个人在谋生时都过着生活，并且享受他的生活"（杜威，1990）[387]。但社会分工是复杂的，职业亦是各式各样的，胡克认为即使"在现代工业社会或后工业社会的最好的情况下，在工作上仍有弊端和不满"（Hook，1978）。胡克讲了四点原因。其一，即使学校能使学生发现他能胜任且感兴趣的职业，那么，"谁将提供——更不要说保证——各种工作或职业机会呢？这种职业机会又怎样提供和加强呢？"其二，有些职业摧残和扼杀情感，单调乏味，但却是社会所不可缺少的。其三，有些乏味的具机械性质的工作可以发展到自动化，以机器代替人的劳动，但有些工作，如服务行业的工作，并不具有机械性质，但依然单调乏味，令人生厌，这些工作还很难发展到自动化。其四，为满足人类的需要，可以改革社会，但人之欲壑难填，必须对人的需要予以合理的控制。也就是说，人的需要是永远也满足不了的，控制是必要的。胡克的评论是入情入理的。

理想是美好的，但现实却是冷酷的。1929年"大萧条"后，问题不是能不能找到一个适合自己兴趣与能力的职业，而是能否找到一个职业来养家糊口，不论这种职业多么艰苦、多么不人道。但是有1000多万人，最多时有1500多万人找不到工作。当这1500多万人游荡在被萧条扫荡过的土地上的时候，不知杜威是否还会高谈阔论其美妙的构想？

从理想主义走向现实主义是"大萧条"后杜威社会政治思想的一个重大转折。杜威不再虚构天上的街市，而是踏踏实实地关心起失业问题，寻找经济危机之原因以及疗救危机之途径。杜威指出，1929年有1200万青少年达到就业年龄，但至少一半没有固定工作（Dewey，1935c）。杜威认为失业者是美国经济制度的牺牲品，认为"生活的权利是人的基本权利，是社会应对每个社会成员给予保障的权利"。杜威认识到危机是生产过剩、购买力下降导致的，危机使整个社会失衡，他要求改变社会体制，调整社会的经济和金融结构，而且"只有在体制上有所改变，才能保障每一个人有工作，才能使每一个人生活得有安全感"。（Dewey，1931b）杜威曾就失业问题责问当时的总统胡佛（Anon，1931），并批判胡佛的旧个人主义的经济政策，要求加强社会宏观控制。杜威指责两大政党的无能，指责两党在危机之时却关注无足轻重的禁酒问题，并萌生建立第三党的想法。（Dewey，1931c；Dewey，1932c）

但这些并不意味着杜威放弃了其理想，他依然坚信民主主义的未来。他深信虽然现实有诸多不足，但运用智慧的方法，这些不足将逐渐减少直至消除，民主将被重建起来。因此他呼吁，不仅应给青年提供职业，还应培养他们理智的、道德的精神（Dewey，1935c）。要解决危机中存在的问题，杜威认为，首要的工作必须是进行教育，使人们知道通过何种行动能使他们成功地面对目前生活中存在的问题（Woolf，1932）。

由于社会生活的变化，工业民主成为民主的一个重要或者说最重要的方面，不注重从经济方面加强民主建设，整个民主制度就会受到威胁。19 世纪末20 世纪初的工业化和 1929 年开始的"大萧条"都充分说明了这个问题。杜威要求人们注意"经济生活与政治之间的联系"，应"使政治民主与经济民主之间的联系像中午的太阳一样鲜明可见"。（Dewey，1932d）

总体来看，杜威关于职业和职业教育的思想也就是工业民主化的思想，他要求将民主精神渗透到居社会生活主流的工业生活中去。杜威前期的主张理想色彩较浓，要求"乐业"、要求劳资关系融洽和谐；后期较注重现实问题，关注失业问题、经济安全问题，认为基本的生活保障是工业民主也是政治民主的基础，如果一方面大谈政治民主，一方面经济上又存在着严重的不平等，政治民主也就是虚假的。

杜威一向重视职业教育，但 20 世纪 30 年代末兴起的永恒主义教育思潮的代表人物赫钦斯（R. Hutchins）却极力反对职业教育，要求复兴古典学科教学，杜威于 1936 年在《教育中的理性》、1944 年在《民主信仰与教育》和《对自由思想的挑战》中，对赫钦斯不合时代精神的"名著"计划予以批判，阐明职业教育的必要性和职业教育中加强文化修养的可能性，要求职业教育"自由化"（即将职业教育与文化修养有机统一起来），以克服劳心与劳力、职业教育与自由教育的传统对立，打破存在已久、积弊甚深的二元论。

杜威的职业教育思想前后是一致的，都是其民主理想的反映，虽然强调的重点不同。他提出的职业教育应与文化修养结合，职业应顾及个人兴趣和能力等虽一时未能实现，但却是现代职业教育所谋求的做法。对各国职业教育的比较研究表明，当代职业技术教育改革的趋势是："防止过早专业化，推迟职业定向的时间，对青少年的职业选择加以必要的指导，使他们按照自己的志趣、爱好逐步选定职业方向；在职业教育学校里增加普通文化课，在普通学校里设一些职业课程，使青少年有比较广泛的职业适应性；按照终生教育的观念规划职业技术教育，不仅重视学校里的职业技术教育，还要重视就业后的职业技术教育。"（王承绪 等，1985）[168] 这种改革趋势的大部分内容与杜威的职业教育思想何等相似！

五、道德更新：社会生活中人与人关系的调适

杜威认为道德应当是"社会事务的最高调节者"（杜威，1964）[12]，学校教育的道德性与社会性是统一的。学校道德教育的任务就是维持社会的生活、促进社会的福利。学校的社会性，"总的说来乃是衡量学校道德工作和价值的尺度"（Dewey，1909）[7-8]。美国由农业社会向工业社会的迈进使原有的伦理价值体系落后于时代，原来人与人和睦相处的、田园诗般的农业社会被人际关系对立严重的、充满罪恶的工业社会所取代，原先的民主、自由观念以及道德观念均发生了重大变化，进步主义改革运动和新政实质上是一种价值重建运动，是对人与人之间的关系尤其是对劳资关系的重新调整。杜威的道德教育思想与美国社会生活的变迁是息息相关的，反映了价值伦理观念变迁的时代要求。

1. 新个人主义

杜威指出："从哲学上讲，道德教育的含义很深。最重要的是'个性'与'社会'的关系，道德教育不如别的教育，它一方面发展个性，养成个人的知

识、能力、感情。一方面发展之后，还须使社会的同情格外增加，所以问题在，怎样使个性发展，同时把同情的范围扩大，对于社会情愿尽忠、情愿牺牲。"也就是说，道德教育的主要任务是协调个人与社会的关系。对于个人与社会的关系，以往处理这个问题的见解有三种：一种主张个人至上，认为社会必须服从个人；另一种主张社会至上，认为个人应服从社会，遵奉社会为他所规定的各种目的和生活方式；第三种认为社会和个人相互关联，是一个有机体。杜威认为第三种见解比较可取，可以避免个人至上论和社会至上论的片面性。

杜威反对将社会和个人割裂开来，如同美国学者福克斯指出的，"解决个人与社会之间的二分法，是全部杜威思维的一个主要突破点"（转引自福克斯，1988）[441]。首先，个人与社会在存在方面不可分离（杜威，1981b）[3]；其次，个人发展与社会发展相得益彰，个人充分发展是社会进步的必要条件，社会的进步又可为个人的发展提供更好的基础。

这种对个人与社会关系的看法反映到教育上就是将整个社会的进步与每个个人的教育联系起来，既反对不顾儿童发展的社会性条件和社会性目的的"自然目的论"和"文化目的论"，也反对压制儿童发展的狭隘的"社会效能论"。这是从大的方面言之。微而言之，杜威的课程论、教育方法论、职业教育论都渗透着个人与社会并重的精神。之所以采用活动性的主动作业，是出于两方面的原因，一是心理的原因，这种作业最利于儿童本能兴趣的满足；二是社会的原因，这些作业代表社会活动的基本类型和基本形态，而且这种课程的目的亦是社会的。之所以采用科学思维的方法作为教学的方法，一方面是因为可调动学生活动的积极性，可以培养学生解决实际问题的能力；更重要的是，这种科学方法可应用于社会领域以达到彻底的社会改造。职业教育意在使儿童将来能获得一个自己感兴趣的、利于个人能力发展的职业，而这又反映出改造社会弊端的动机。道德教育亦不例外，它一方面使儿童个性得以发展，一方面培养学生服务社会的精神。

　　杜威的这种社会与个人的关系理论在当时无疑有重大意义，对于改造旧教育对儿童的压制、对社会的漠视作用甚大。研究者一般认为杜威对社会与个人关系的看法是辩证的，而之所以辩证是受黑格尔的影响。本书认为，杜威的个人与社会关系理论还具有强烈的社会针对性，这种针对性主要体现在他对个人主义的看法上。

　　个人主义绝非一个简单的道德概念，在美国文化中，个人主义占有极重要的地位，对于美国的发展曾起到很大的推动作用，它与美国的民主、自由等观念息息相关，它的变迁亦反映了美国民主与自由的变迁。

　　同进步主义者一样，杜威反对旧个人主义，力倡新个人主义。旧个人主义又称"倔强的个人主义"（rugged individualism），也译作"僵硬的个人主义"。杜威曾指出，这种个人主义重视"个人的倔强性、独立性、独创性和毅力"（Dewey，1935a），反对政府对个人自由的控制。这种个人主义在开拓时代对美国的发展曾起到不可忽视的历史作用。但到了 19 世纪末，随着自由土地和西部开拓的终结，随着工业化和都市化的发展，随着社会生活和社会结构的日益复杂，这种在与大自然作斗争中显示神威的旧个人主义亟待变革。但道德价值观念的转换滞后于经济发展，旧个人主义遂流于自由放任主义，成为后者的代名词，旧个人主义从人与自然的搏击转入人与人的无情竞争中，在经济和政治生活中走向无政府主义，使社会控制失衡。少数在经济竞争中成功的人凌驾于大多数人之上，少数人的个人自由侵害了绝大多数人的个人自由。"大萧条"后，杜威对旧个人主义所造成的社会危害深有感触，他认为旧个人主义是与旧自由主义相伴而行的，二者"所珍视的是商业中投机者的自由"，维护的是少数大资本家的利益，它们之所以反对政府控制，是因为控制会使少数大资本家的利益分流向普通大众，使少数人的利益受到损害。少数人以捍卫自由为幌子反对政府对经济的干预，实质上维护的是少数人的自由，损害的却是大多数人的自由。杜威指出，提倡倔强的个人主义的人（包括胡佛总统）"所重视的个人的倔强性、独立性、独创性和毅力等是那些在现存的金融资本主义制度中已爬到最高地位的人们的倔强性、独立性、独创性和毅力等。他们将受到批评，因为他们把自由和倔强的个人主义与他们在其中发财的制度的维持等同起来"（Dewey，1935a）。

罗斯福新政后，旧个人主义、旧自由主义政策受到批评，被称为"道德重振"的运动兴起，其批判个人主义，强调社会性的重要，"当前有一种倾向给予个人主义这个名词一种坏名声，而使社会性这个名词具有超越于批评之上的道德荣誉"（杜威，1964）[18]。杜威不是绝对地视个人主义为异物而将之斩尽杀绝，他认为个人主义不是内容始终不变的静态的东西，"各个人的心理和道德结构，他们的欲望和目的的形式，是随着社会结构每次的大变动而变动的"。把个人与社会对立起来，"把个人和联合化及集体化对立起来的习惯，往往使混乱和不确定的情况持续下去。它使人们的注意力离开主要的论点，这个论点就是个人如何在前所未见的社会情境中重新发现他自身，新个人主义将表现出什么特征？"（Dewey，1985d）[81]

杜威要求以新个人主义取代旧个人主义，培养"一种新型的理智、新型的情操和新型的个性"（Dewey，1985d）[64]，"创造一种新的个人主义，这种新个人主义对现代情况具有的重大意义，正如旧个人主义对它的时代和地点曾经起着最好的作用一样"（Dewey，1985d）[56]。

杜威并未细致地描述这种新个人主义的具体内容，但从他的《旧个人主义和新个人主义》中可以看到，新个人主义有两个重要特征。

其一，重视社会性，强调社会责任感。杜威要求建立参与式民主制和合作控制工业的体制，使工业的重心在于为整个社会谋福利而不是简单地追逐利润，以期建立一种"人道的工业文明"，并使工业和技术成为人类生活的仆从而不是反过来。与这种要求相关，杜威要求政府介入经济事务，要求将"社会责任感"渗入工业界、商业界，他甚至还建议建立一种由资方、工人和政府三方组成的合作与指导机构，共同规划与规范工业活动，避免因利益冲突而导致经济危机。美国学者菲尼克斯（P. H. Phenix）指出："杜威正确地将旧个人主义与新个人主义对立起来，旧个人主义是自由放任的、倔强的个人主义，而新个人主义则是具有社会责任心的个人主义。"（Phenix，1966）[46] 这种新个人主义所具有的社会性之具体表征有二：一是强调人与人之间的合作；二是强调政府对经济活动的控制。这种社会性的要求落实到教育上，杜威认为，就要求个人应在社会的航道中运用其体能与心能，学校应为一个真正的合作社会造就公民。（Phillips，1983）

其二，重视理智的作用。杜威 1922 年就在《平庸与个性》中论及个人主义中的理智问题，虽然那时他还未明确提出"新个人主义"的概念。杜威认为在一般的用法上，个人主义是最具模棱两可性质的词，应对之加以具体分析，不可笼统论之。杜威指出，一方面，在经济与法律中存在着过分的个人主义（这实际上是指放任的自由经济政策和与之相关的法律条文），另一方面，在理智生活（intellectual life）中却缺乏真正的个人主义，没有创造性，没有生机和活力。前者有害于社会，后者亦有害于社会。杜威呼吁一种新的个性（个人主义）的出现，这种个性意味着一种解放，不是外在的，而是内在的、建设性的（Dewey，1922b）。在《旧个人主义和新个人主义》中，杜威认为必须理智地"按现实状况来面对现实"，明智的识别和选择是迈出混乱的第一步（Dewey，1985d）[120]。在一个合作的社会中，新个人主义要求更新个人的作用，并为了社会的目的运用科学和技术，杜威进一步要求在人类事务中运用科学方法，将之应用于道德、政治、工业诸领域。如果这一要求实现了，不仅能改进社会，还能解放人的精神与心灵，使之成为创造与欢乐之源。可见重视理智的作用意味着促进个人发展与社会改善两方面之功效。

总之，旧个人主义是极端个人的，新个人主义是重社会的；旧个人主义是重物欲的，新个人主义则是重理性的。以新个人主义取代旧个人主义即以一种社会的伦理的力量去驾驭物质的力量。落实到教育上，就是要求为新的时代培养一种新的个人，这种个人并不为追逐个人私利而不顾公益，也并不头脑僵化、固守陈规而对变动不居的社会熟视无睹，抑或手足无措。这种新个人主义并不否定旧个人主义中的那些积极因素如创造性、独立性等（杜威，1981g）[379]，而是在积极吸收其优点的基础上，结合新的社会情势对旧个人主义进行扬弃。

2. 公民训练

杜威认为不能狭隘地理解公民训练，将之解释为"能够明智地投票，能够服从法律等等"。儿童是一个有机整体，将来要担负各种各样的社会角色，"儿童不只要成为一个投票者，一个守法的人；他也要成为家庭中的一员，他自身很可能要负责对未来儿童的抚养和训练，从而维持社会的继续。他将成为一个工人，从事有利于社会并能维持他自己的独立和自尊的某种职业。他将成为某个特定邻里和团体的一员，无论在哪里，必须对生活的意义贡献力量，为文明增加礼仪和光彩。……儿童适当地参与所说的各种各样的活动，就意味着在科学上、艺术上、历史上的训练；意味着掌握探究的基本方法和交际与交流的基本工具；意味着具有一个经过训练的和健全的身体，具有机敏的眼和手；意味着有勤勉、坚韧的习惯，总之，具有种种有用的习惯"。即公民训练应包含广泛的内容。更重要的是，"儿童将成为美国社会的一员，而美国社会是一个民主的和进步的社会。儿童必须接受有关领导能力的教育，也必须接受有关服从的教育。他必须有管理自己和指挥别人的能力、行政管理的能力、担负负责岗位职务的能力。这种有关领导能力的教育，其必要性在工业方面和在政治方面同样重大"（Dewey，1909）[9-10]。实际上，要求儿童具有参与民主政治的素质这一点在《明日之学校》中讲得更清楚。杜威指出，由于美国社会是一个民主社会，社会和政府的管理要由社会的各个成员去负责。所以，各个成员一定要受到一种训练，使他能够承担这种责任，使他对于人民全体的情况和需要具有正确的观念，并且发展那些能够保证他适当参与政府工作的品性，如主动精神、独立性、足智多谋等等，然后才能够避免民主政治的滥用和失败。（杜威，1923）[276]（杜威，1981d）[136] 在《民主主义与教育》中，杜威将公民训练作为教育要达到的重要目标之一，认为"公民训练能力可以表示比职业能力更加模糊的若干资格。这些资格包括的范围很广，从使一个人成为比较令人满意的伙伴，到有政治意义的公民训练，例如明智地判断人和各种措施的能力，在制订法律和服从法律时起决定作用的能力"。杜威认为人与人之间平等参与社会与互相交流的能力，个人创作艺术和欣赏艺术的能力，娱乐的能力，有意义地利用闲暇的能力等，亦应成为公民训练的重要内容。（杜威，1990）[127-128]

总之，公民素质就是指一个人参与社会生活的能力、与他人共同生活的能力以及个人从自身生活中寻求积极的乐趣的能力。简言之，就是促进社会生活和个人生活更丰富、更充实、更和谐、更美好的能力。

对 20 世纪前几十年的美国而言，公民训练是一个紧迫的社会问题和教育问题。由于美国是一个由移民组成的国家，移民的语言、习俗、宗教信仰、文化背景皆有很大差异，如何消除隔阂、增进理解、形成共识，即如何将这些移民"美国化"，是一个重要问题。

在工业化前的 19 世纪，美国的移民总数为 2000 万人，这些移民来自北欧，与当时的美国人属同一种族，有着同样的文化背景，来到美国后定居农业区，其血统与文化同土生土长的美国人的血统和文化容易产生共鸣，同化从来不是个问题。从 20 世纪开始到 1917 年美国加入"一战"止，移民总数达 1300 万以上，这些移民为新移民，属于许多种族，主要来自南欧。由于美国工业的扩展和免费土地的告罄，新移民不可能像老移民那样从事农业，而是到城市中的工厂去谋求生存之道。当时的都市环境既不能促进社会和经济的平等，也不能促使各种不同的种族融为一体，新移民居住于市内本民族聚集的区域内，操着本民族的语言，保持着原有的民族习惯和道德，并创立起他们自己的经济生活。此时，同化就成为一个难题。这种同化也就是杜威所说的美国化（Americanization）、社会化（socialization）和国家化（nationalization）。不少人认为移居到美国的出生于国外的孩子缺乏公益心，缺乏美国公民应有的责任感，以及为公众服务的意识和国家的意识，遂主张用一定的手段培育这些公民素质，军事训练就是他们提出的重要手段之一。1916年，杜威著文反对用这种手段进行公民训练，认为军训是一种消极的手段，主张运用积极的教育手段。杜威认为"首要问题是弄清国家的理想是什么"，"我们需要一个社会理想，这个理想应真正是国家的，它将把我们的思想和情感凝聚在一起"。（Dewey，1916a）通过教育，依照国家的理想铸造儿童的思想和情感，这种培养公民的方式较之重外部服从的军训效果要好得多。同年，杜威在《国家化教育》中主张真正的国家精神与国家理想是民主主义，与美国化的公民训练相关的民主主义有两层意思。第一，真正的国家主义、美国主义是国际主义的（international）和族际主义的（interracial）。这是针对现实而言的，新移民涌入城市给工厂的工人们造成就业压力，新移民中的一些激进分子也使统治者感到不安，人们不合理地将贫困、犯罪等社会问题归咎于新移民。新移民遂受到猜忌和敌视。有人将国家主义视为对其他国家的敌视，将民族主义视为对其他民族的不容，杜威认为，美国作为一个国家，其人口构成是复杂的，但它必须成为一个整体，所有的人皆和谐相处，以创造一种美国的国家精神。这种精神应是宽容的和友好的，不能因原来的信仰、语言、文化有差异而使其中一些群体凌驾于其他之上。教师的责任在于异中求同，培养共识。第二，真正的国家主义、美国主义是倡导机会均等的。旧移民时代土地和自然资源丰富，人们齐心协力与自然斗争，新移民时代没有免费的土地，人与自然的斗争转化为人与人之间的斗争与倾轧。人人机会均等的含义也发生了变化，对成人来讲，不再是为他们提供免费的土地，对儿童来讲，也不再是简单地为他们提供校舍、课桌、黑板和书本。杜威指出："只有当学校使所有的人能把握其在工业时代的命运，成为自己命运的主人时，机会才能称得上均等。"杜威这里强调的是经济生活中的平等，而经济不平等是当时的首要问题。杜威认为，"将美国的教育国家化就是运用教育去促进我们的国家理想，那就是民主主义的理想，这是国家教育的核心和灵魂"，"我们的国家和民主是同等概念。我们的民主意味着对所有人类（包括国外的）的友谊和美好祝愿，意味着国内所有的人的机会均等"。教育应积极培养儿童对所有的人、不分男女地域的尊敬和友好之情；应发展每个人的能力，使之得到充分的成长，使之充分运用其力量并以其最佳的方式服务于共同的社会。（Dewey，1916b）

"一战"后，美国社会出现反动逆流，"使战后的十年充满了沉闷的忿恨和惊人地不关心国内动乱的气氛。这十年是充满种族和阶级仇恨、公开地大胆地违法、宗教迷信、普遍不容忍不同意见和思想不诚实的十年"（杜蒙德，1984）[375-376]。反动逆流的主支有二：一是三K党，于1916年创立，战后迅速发展，其"基本信条是宗教上不容异己加上种族上不容异己，对黑人、犹太人和天主教徒抱着敌视态度，它的作法与美国主义的基本教义背道而驰，但却自称对美国主义有百分之百的垄断权"（杜蒙德，1984）[379]。它不只是一个组织，还是一种同正义、自由、平等等美国人所信奉的信念针锋相对的思想态度与观念体系。二是原教旨主义，它表现在宗教和经济两个方面。宗教上的原教旨主义者恪守基督教教义，抵制现代科学思想，反对学校里讲授达尔文的进化论。经济上的原教旨主义者固守个人自由的所谓神圣原则，否认个人和不断变化的社会秩序之间需要建立新的关系，实际上是坚持旧的个人主义。经济上的原教旨主义者发起了要求教师宣誓拥护宪法的运动，他们极为关注教师是否爱国，他们把爱国主义的定义扩大，不仅包括忠于民主政治制度，而且包括忠于和捍卫现存的社会秩序。从1917年到1936年，共有22个州通过了教师宣誓法。发起教师宣誓的目的，是要防止充分和坦率地讨论社会中存在的经济和政治问题，维护既得利益者的利益，结果"人们无论在那个州的学校区内都能发现教师主动地避免讨论下列问题：银行业、骗人的广告、工业中的劳工政策、童工、养老金、失业保险、关税、分成佃农、私刑或和平主义"（杜蒙德，1984）[392]。这实际上是要使学校与真正的社会生活隔离开来。

1923 年，杜威发表《学校是发展儿童的社会意识与社会理想的工具》，对上述逆流迎头痛击。杜威指出，学校在旧移民的同化中亦具有重要作用，但这种作用是无意识的，现在不同了，"我们进入了一个问题成堆的时期"，在美国化进程中要克服不少困难和障碍，三 K 党的所作所为便是大的障碍之一。杜威认为当时学校肩负特殊的责任，首要的事情是培养国际的、民族间的友情、宽容与善意，爱国主义不是建立在敌视其他国家和民族的基础上的。杜威认为学校不应回避社会问题，不应成为世外桃源，教师应向学生讲述"目前生活中存在的实际问题"，应让学生了解它、面对它并力求克服它。教师不应"洁身自好"，立于社会问题之外，把自己应担负的改善社会的责任推给他人，教师在社会改造中较他人负有更重大的责任。（Dewey，1923c）同年，杜威在《教育的社会目的》一文中明确提出学校应具有社会目的。其中，首要的目的就是造就"公民"，而对好的公民应具备的素质，杜威主要是要求其具有智慧地解决目前所存在的严重问题的能力。因此，在杜威看来，学校不但不应远离社会生活，而且应积极谋求社会生活中各种问题的解决。

3. 道德教育与生活

新旧个人主义和公民训练问题与美国社会生活的变迁有较紧密的联系，能更有力地从现实的角度说明杜威的道德思想与社会生活的联系，这是本书首先讨论二者的原因。下面着重从理论的角度讨论道德教育与社会生活的关系。

杜威认为，"离开了社会生活，学校就没有道德的目标，也没有什么目的"，人的发展不能脱离社会生活去理解。他说："例如，教育的目的据说是一个人的全部能力的和谐发展。这里没有明显提到社会生活或社会身份，然而很多人认为我们已经有了一个足够的和完全的教育目的的定义。但是假如离开社会关系而下这个定义，我们便无法说明任何一个所用名词的意义是什么。我们不知道能力是什么，我们不知道发展是什么，我们不知道和谐是什么。"（Dewey，1909）[11-12] 因此，就道德教育的目的而言，它是为社会生活服务的。

道德教育不仅是为了生活的，还应在社会生活中进行。学校生活"社会化"是进行道德教育最基本的要求，社会中的道德原则与学校里的道德原则应是统一的，"不能有两套道德原则，一套为着校内生活，一套为着社会生活。因为行为是一体的，因此行为的原则也只能有一个"（Dewey，1909）[7]。学校教育的道德性与社会性是相通的，"归根到底，行为的道德的特性和社会的特性彼此是相同的。所以说，衡量学校行政、课程和教学方法的价值的标准就是它们被社会精神鼓舞的程度。……威胁着学校工作的巨大危险，是缺乏养成渗透一切的社会精神的条件；这是有效的道德训练的大敌"。杜威要求学校本身必须是一种社会生活，社会的观念和社会兴趣只有在一个真正的社会环境中才能发展；他还要求校内学习应与校外学习联系起来，因为学校的社会生活毕竟不能完全代表学校以外的生活。（杜威，1990）[375-376] 可见"学校即社会"在杜威看来不仅是教学改革的要求，也是道德教育变革的要求。

道德教育不仅应通过学校生活进行，还应通过教材与教学方法进行，这三者相互影响、不可分割，构成"学校道德的三位一体"（moral trinity of the school）。（Dewey，1909）[43] 要求通过教材与教学方法进行德育，实际上是为了建立获得知识、发展能力与道德发展之间的联系，泯除理性与道德、知与行之间的对立。

在《教育中的道德原理》中，杜威将道德教育的原理分为社会方面的原理和心理方面的原理。道德教育应有社会性的情境、社会性的内容（如同新个人主义和良好的公民素质所揭示的）和社会性的目的，这属于社会方面的原理；

心理方面的原理是指道德教育若要取得成效，就必须建立在学生本能冲动和道德认识、道德情感的基础上。若漠视这些心理条件，道德行为可能会变成机械的模仿或外在的服从。对于社会的道德要求，应顾及学生的心理能力，应使学生知之，好之，乐之。也就是说，社会方面的道德教育原理关乎道德教育的"目的和内容"，心理方面的道德教育原理则关乎道德教育的"方法和精神"，前者决定应当做"什么"（what），后者决定应当"如何"（how）做。

在《民主主义与教育》最后一章"道德论"中，杜威从哲学的高度讨论了道德教育中存在的四种对立：内部和外部（动机论和效果论）的对立、义务和兴趣的对立、智力和性格的对立、社会和道德的对立，杜威认为这些对立都不是绝对的。道德是能将个人动机、兴趣与社会目的、要求相统一的，道德不是与理性（知识）无关的，也不是与社会无涉的。杜威对这四种对立的说明是对其道德教育的社会原理和心理原理的进一步阐明。

总之，道德是用以调节社会生活的，道德教育应在生活中进行，同时又是为了生活的。杜威力图使道德与道德教育成为调节社会生活中人与人关系的重要手段，并希图通过这种调节，使社会利益分配更加均衡，减少乃至消除激烈的利益冲突，使个人生活和社会生活多些安宁、和平与友好，少些纷乱、争斗与敌意。

六、智慧的方法：使生活更美好的方法

1. 智慧的方法的含义与作用

胡克认为，杜威特别强调"智慧的方法"，"这表明了'智慧'的作用是杜威伦理哲学和教育哲学中的唯一绝对价值"（Hook，1978）。我国台湾学者陈峰津言："杜威思想之中心为'科学方法'（the scientific method）。"（陈峰津，1977）[22] 智慧的方法即科学的方法，二者在杜威那里是完全相同的。

　　智慧的方法、科学的方法确切地讲主要是指那种不依赖偏见和权威的"科学态度和科学精神"。杜威认为，科学同政治、经济、道德一样是社会文化的一个部分、一个方面，人们一般把科学理解为一种包括许多结论的体系，"我们忽视了科学还具有一种性质，即它也是一种态度，这种态度体现出一种习惯于运用观察、反省和试验的方法的意志。当我们从这个观点看科学时，科学作为文化的组成部分的意义就带有一种新的色彩"。这种科学态度有一些比较显明的因素："决不轻信、大胆怀疑，直到得到真凭实据为止；宁愿向证据所指向的地方去寻求而不事先树立一个个人偏爱的结论；敢于把观念当作是尚待解决的东西，当作尚待证实的假设来运用，而不当作一个武断来加以肯定，以及（可能是这一切之中最突出的）醉心于新的探究领域和新的问题。"但科学精神与科学态度被局限于有限的范围内，只有少数人具有这种精神和态度，而"绝大部分人们却必须依靠习惯、偶然的情况、宣传、个人和阶级偏见以形成信仰，从社会上看来，就再也没有比这更为有害的了。一种公正的风格、理智上的统一、使个人的爱好从属于确实的事实，以及与别人共享所发现的东西而不用来谋取个人利益的意愿等等的存在，即使在比较狭窄的规模上，也是最尖锐的一种挑战。为什么更多的人没有这种态度呢？"（杜威，1964）[109-112] 主要的原因在于人们认为科学方法只适用于自然界，不适用于人类社会，科学不能进入价值的领域。杜威则认为科学方法是"适用于人类经验的所有领域的认识方式，既适用于普遍认为是科学的领域，也适用于社会科学、艺术和价值的领域"（福克斯，1988）[443]。

　　杜威所要做的是要将科学方法应用于社会生活，以解决社会生活中的诸多问题，树立一个理智的而不是神学的或专制的新权威。胡克指出："在自然知识的领域内，教会和国家的权威为科学方法的权威所代替了。……但在社会领域中，情况却与此完全相反。……杜威的社会哲学坦率地承认了这样一种愿望和可能性，即以科学方法的权威来代替失去了的过去时代的权威。"（胡克，

1964）^{216–217}

　　杜威很早就推崇科学方法（Dewey，1901b），随着美国社会不断出现危机，杜威愈加坚信科学方法的社会价值，到了晚年更是如此。在 1944 年发表的《民主信仰与教育》中，杜威回顾了近半个世纪世界上所发生的令人不安的变化："代替着世界和平，曾发生两次世界大战，其范围的广大与破坏性的严重，在全部历史上是空前的。代替着民主自由和平等的一律的和稳步的进展，我们看见强大的集权主义国家的兴起，其对信仰和言论自由的彻底压制赛过从前历史上最专制的国家。……代替着经济的安全性的增进与消灭贫困运动的进展，我们看见工业危机在范围和程度上的大增加与工人失业人数的大增加。社会的动荡不安已经到这般地步，如果不设法加以制止，就可能引起革命。"他认为出现这种情况的原因在于"我们拒绝把那些曾应用于处理物质事务上而征服了自然的观察、解释和考验的方法，应用于处理社会事务之上，应用于人生的范围之内"。（Dewey，1944a）

　　杜威曾问："当人们接受了（所谓接受了是指在实际行动中而不是在名义上接受了）科学方法，把它当作在指导人类行动的信仰中的权威，人类社会从中能够得到一些什么？"（Dewey，1936b）

　　首先，社会中存在的弊端能够被革除。如果用科学的态度和科学的精神而不是依从习俗和外在的权威，人类社会中许多经济、政治问题皆可得到解决。（Dewey，1922c；Dewey，1934b）这一点前面已多次讲到。

　　其次，美好的社会生活理想可以达成。概括言之，杜威社会生活的理想就是民主（当然它又包含许多具体内容），而民主的基础就是科学的方法或智慧的方法。杜威 1939 年在《自由与文化》中指出："民主的未来却是同这种科学态度的广泛传播紧密联系着的。这种科学态度是防止受宣传笼统（络）迷惑的唯一保证。而尤其重要的，它是可能形成一种足够明智的舆论以对付目前社会问题的唯一保证。"（杜威，1964）¹¹² 1944 年，他在《对自由思想的挑战》一文中说得更明确："政治民主的核心是用讨论和交换意见的办法来裁决社会上的差别。这个办法大致接近于用实验探究与检验的手段来影响变化的方法，即科学的方法。民主程序的基础就是使社会改变依赖于实验的结果；它是一种实验程序，它受暂行的原理指导，而这种暂行的原理又在这种行动的尝试过程本身中得到检验和发展。"杜威又进一步提到："推迟与阻碍民主运动，有意识地实现统一性和稳定性的主要影响，显然就是坚持教条主义的固定性和齐一性的哲学。"（Dewey，1944b）

总之，如果说民主代表的是一种美好的社会生活的画面，那么智慧或科学的方法则是通向这一目的、实现这一理想的必经之路。（Hook，1966）[143] 杜威认为，科学若与社会联姻，"人类科学和自由将会手挽手并肩前进，走向一个可以使人类无限完善的时代"（杜威，1964）[103]。

但是，科学的作用有两面，既可以用于大规模毁灭性的战争，也可用于维护生命和医治伤员（Dewey，1934b）。有人因科学有"负作用"就对之大肆攻击，认为像"二战"这样的种种灾祸是人们对于科学方法结论的信仰之结果。他们假定科学方法现在已经严肃地和有系统地应用在人生问题的研究之上，并谴责这种应用好像将人类置于自然之外和自然之上，似乎要求回到前科学的中世纪时代，那个时代将一切社会的和道德的东西建立于超自然的基础之上。杜威也明确承认，自然科学的结果在造成世界现势上曾起着伟大的作用，不管这种作用是好的还是坏的，但杜威反对因噎废食，他认为科学造成的一些不良后果还要靠科学来消除。杜威指出，"科学和技术都不是非人格的宇宙的力量。它们只能在人类欲望、预见、目的和努力的媒介中起作用"（Dewey，1944a）。科学不能独立发挥作用，而是作为文化的一部分与文化的其他部分一起发挥作用。（杜威，1964）[108-109] 科学的负面作用不是科学本身的过错，而在于人以什么样的动机和目的去运用它。杜威坚决反对上面那种对科学的攻击，认为它只是强调了科学知识，而没有看到科学精神和科学态度的作用，实际上他们所批判的各种灾祸的产生正是没有将真正的科学内核——科学方法应用于社会的结果，正是偏见、狂热等不合科学精神的文化因素，使科学成为有害于人类的东西。

2. 教育与智慧（科学）的方法

杜威要求教育应注重培养学生的科学精神。1938 年，他在《科学与哲学之关系是教育的基础》中强调科学在学校中的地位，特别是形成科学态度与方法的习惯在学校中的地位，他说："科学要与壁垒森严的敌人战斗以获得它在课程内容中被承认的地位。从形式上来看，这次战斗是取得胜利了，但是在实质上却并不如此。因为科学的题材多少尚被分隔成为一个关于事实与真理的特殊体系。我们无法取得全胜，除非在教授每一科目和每一课的时候能把它对创造和成长同这种观察、探究、反省和检验的能力的意义联系起来，因为后者是科学理智的核心。"（Dewey，1938a）同年，杜威在另一篇重要文章中专门谈到"科学和科学方法在学校中的地位"（Dewey，1985e）[265-266]，观点与上面提到的类似。次年，他在《自由与文化》中指出，民主的未来是同科学态度的广泛传播紧密联系着的，"这个问题也是一个教育问题。关于这个题目的这方面可以写一本书，而不是只写一段。学校大部分是在传授现成的知识，而且同时在传授文化工具，这是不能否认的。求得这种知识时所用的方法并不是那种在研究中和在测验意见中培养技能时所运用的方法。相反，它们从正面敌视这样的方法。他们使得自然的好奇心麻木不仁而用一大堆各不相关的材料来挫折观察和实验的能力，以致它们甚至不能像在许多文盲中那样有效地发生作用。在民主国家里，普通教育问题，当它为每一个人提供了入学的机会时，还仅仅是达到它的第一步。在教学内容和讲授方法都能随着科学态度的形成而得以解决以前，所谓学校的教育工作，从实现民主的角度讲来，还是一件十分侥幸碰巧的事情"（杜威，1964）[113]。杜威认为，"个人需要具有这种科学态度来代替骄傲与偏见、阶级与个人利益、由于风俗和早年情绪上的联系而感到亲切的信仰等等。只有通过很多人的选择和主观努力才能够产生这个结果"（杜威，1964）[114]。1944年，杜威在《民主信仰与教育》中进一步论及这个问题。他认为，当时"教育的标准和方法在大体上仍是科学和技术发展前的时期之标准和方法"，"科学大体上是作为一套现成的知识技能来教的。它的教学不能在方法上提供一切有效的明智行动的榜样。它的教学大体上并未顾到科学实际进入人生的状态，并未把科学作为一个最高的人文学科去教，而是把科学作为牵涉到人生关系的'外面的'一个世界的学科去教。它的教学并未联系到科学实际进入现在人生的每一方面与情形之道路。不消说，它的教学更未联系到关于人生事务的科学知识在战胜自流的状态上可能做的事情。科学的方法和结论无法在教育上取得基本重要的地位，直到大家把它们看成并用作指导集体的和合作的人类行为之最高工具"。（Dewey，1944a）

对科学的社会作用的怀疑与否定在教育上也有反映，"它所采取的形式是把人文学科和科学对立起来"，教育的失败是由于将"人文学科"（语言和文学的学科）屈从于科学的学科。（杜威，1965）[129] 杜威则认为，对人文学科应做广义的和积极的理解，凡是有益于国计民生的，都是人文学科，科学是最高的人文学科，凡是与社会隔绝的，即使是纯粹的古典著作，也会沦为语言学上的纯技术性的东西而具有机械、枯燥的性质。科学的人文化是杜威力图打破"科学主义"与"人文主义"隔阂的重要尝试。

科学方法是达到理想生活目标的手段，而教育则是将这种方法植入人心的重要手段，因此，教育是走向美好生活的手段之手段，是更基本的手段。教育的责任因之而更为重大。

总之，杜威的美好生活的理想是民主主义，但美国社会生活的现实与理想并不一致。杜威认为美国现代社会生活主要是一种工业生活、经济生活，因此，杜威所讲的社会生活的改造主要是工业生活、经济生活的改造，这种改造就是要以文化的和道德的力量去规范调控工业活动和经济生活，以智慧的方法谋求社会生活中各种问题的解决，从而实现民主主义的生活理想。而教育在工业的改造、道德的更新、公民的培养、智慧方法的传播中，即在民主理想的实现中具有不可替代的作用。

第三节

杜威"教育与生活"理论的评价

对杜威"教育与生活"理论的总的评价是：杜威讨论教育问题所具有的现实主义态度与其对理论的价值和作用的看法息息相关，是其理论精神的具体体现；杜威所谈的"生活"是一种"新生活"，这使其理论建立在一个新的现实基础上并使之至今仍具有借鉴意义；杜威的"教育与生活"理论亦有致命的不足。

一、理论与生活

通过以上（尤其是第二节的）讨论，可知杜威讨论教育问题时是紧扣美国社会生活之现实的。这种现实主义态度在杜威那里不是一种无意识的表现，而是有着高度的理论上的自觉性。杜威认为理论与实际之间距离甚大（Dewey，1924b），要求加强二者的联系，力图使"学术生活与社会生活连为一体"（Dewey，1924a）。

哲学的任务不是静观社会生活，也不是自足于与社会生活绝缘的纯粹思辨，杜威认为："将来的哲学的任务则在于阐明人们关于他们自己时代的社会的和道德的斗争的诸见解。它的目的是要成为尽人力所能及以处置这些斗争的一个机关。当它缔构在形而上的尊荣地位时，或许是荒谬而非实在的，但当它与社会的信念和社会的理想的斗争结合起来，意义就非常重大。哲学如能舍弃关于终极的绝对的实在的研究的无聊的独占，将在推动人类的道德力的启发中，和人类想获得更为条理、更为明哲的幸福所抱热望的助成中，取得补偿。"（杜威，1958）[14] 杜威对哲学研究流连忘返于一些传统问题大不以为然，他诘问道："除了这些传统的问题，哲学就不能专心于其他更有效、更紧要的任务了么？除了这些问题，哲学就不能鼓起勇气去对付人类所感受的道德的和社会的大缺陷，大困苦，就不能集中注意力去阐明这些不幸的本质和原因，以展开一个更好的社会的可能的显明观念了么？简单地讲，除了这些问题，它就不能设定一个观念或理想，不用以表示另一个世界，或一个渺茫的目标，而用以作为理解和矫正社会特殊弊病的方法了么？"（杜威，1958）[67]

杜威认为，应从人生关系上去讨论哲学的现状（杜威，1965）[2]，哲学应为人的行为与生活提供指导（Dewey，1940b）。哲学是爱智慧而不是爱知识，这种智慧是一种批判的智慧，它具有一种解放的力量，能将人的行为从旧习俗的樊篱中解脱出来，开创新的可能性，革除旧习，创造新的价值和新的习俗，从而创造美好的生活。正是在这种意义上，杜威将哲学与科学方法联系起来，认为二者负有同等的使命，他1936年发表的《宗教、科学与哲学》和1938年发表的《科学与哲学之关系是教育的基础》所探讨的就是哲学与科学在解决社会生活问题中的内在联系。

哲学与教育通过"生活"而联结起来。杜威认为，教育是促进美好生活的手段，而"哲学是研究美好生活（good life）的性质、内容及其实现所依赖的条件的。哲学与教育是有机地联系在一起的"（Dewey，1985a）[292]。美国学者弗兰克（C. Frankel）评论道，对杜威而言，"所有的哲学从根本上或明或暗地是一种社会哲学"（Cahn，1977）[5]。卡恩（S. M. Cahn）进而指出："杜威的所有的社会哲学从根本上都或明或暗地是一种教育哲学。"（Cahn，1985）[xvii] 因为杜威曾说："很难发现一般哲学研究中的每一个重要问题不聚焦于合适的教材的确定、教学方法的选择和学校的社会组织与管理问题。"（Dewey，1985f）[260]

杜威要求哲学应积极参与对教育的指导，"如果一种哲学理论对教育上的努力毫无影响，这种理论必然是矫揉造作的"。教育是塑造人们对于自然和人类的基本理智的与情感的倾向的过程，教育哲学不过是就当代社会生活的种种困难，明确地表述培养正确的理智的习惯和道德的习惯的问题。"所以，我们能给哲学下的最深刻的定义就是，哲学就是教育的最一般方面的理论。"那么，教育呢？杜威主张："凭藉教育的艺术，哲学可以创造按照严肃的和考虑周到的生活概念利用人力的方法。教育乃是使哲学上的分歧具体化并受到检验的实验室。"哲学、教育哲学和教育皆应关注社会生活，并使理论适应并促进社会生活。"哲学、教育和社会理想与方法的改造是携手并进的。如果现在特别需要教育的改造，如果这一需要迫切要求重新考虑传统的哲学体系的基本思想，这是因为随着科学的进步，工业革命和民主主义的发展，社会生活发生了彻底的变革。"这种实际变革的发生，必然要求实行教育的改造以应付这些变化，而且必然要求哲学修正那些从过去继承下来的不合时宜的观念和理想，以适应、指导新的社会变化。（杜威，1990）[344-347] 因此，哲学要改造，教育理论要改造，教育也要改造，而这都是因为社会生活变动和要改造社会的缘故。

杜威借用他人的话，谈到"理论是世界上最实际的东西"（杜威，1965）[56]。杜威的意思并不是说一切理论都是益于实际的，他是说，只有当理论贴近生活、联系实际并有效地为生活与实际提供指导时，理论才是世界上最实际的东西。杜威理论本身要求理论与生活、与实际相联系，正是这种思想上的高度自觉性使杜威的教育理论具有很强的入世精神。

二、新生活的性质

是不是杜威之前的教育和社会生活都是脱离的，到了杜威之后教育与社会生活的关系才得以加强了呢？当然不是如此。古希腊时期斯巴达的军事教育、雅典的博雅教育、古罗马的实用性质的教育、中世纪的宗教教育、文艺复兴时期的人文主义教育、宗教改革时期的新教教育、近代的实科教育等等皆是与当时的社会生活息息相关的，皆是社会发展的客观要求在教育中的反映。这种种教育及培养目标与今日社会生活的要求是不相符合的，但在当时却有其合理性。本书认为，教育与社会生活的脱离最易发生于社会生活的转折和变革时期。新的社会生活以不可阻挡之势取代了旧的社会生活，但教育由于有其滞后性和独立性，往往不能立即跟上时代前进的步伐，这就造成了教育与社会生活的脱离，中世纪后期的宗教教育与当时社会生活中世俗精神的勃兴是不协调的，18、19世纪颇受青睐的古典教育与当时社会生活中工商业的发展是不相适应的，人文主义教育家对经院教育的批判，唯实主义教育家对古典文化学习中的形式主义、文字主义的抨击（伊拉斯谟抨击西塞罗主义、蒙田批判"学究气"、弥尔顿提倡新人文主义教育、培根倡导新知识和新方法等皆属此列），都是力图建立一种新的教育以适应社会生活的变化。17世纪的唯实论教育思潮的实质是强调现实生活，强调经世致用，充溢着一种入世、求实的现实主义精神，尽管17世纪依然是一个过渡性的时代，但17世纪的唯实论教育思想却奏响了由古代教育迈向近现代教育的最强音。18、19世纪的自然主义教育、国家主义教育、科学主义教育、教育心理学化运动都可在唯实论那里找到精神根源，自然主义教育对儿童的重视，国家主义教育对国家控制教育的关注，科学主义教育对教育内容的革新，教育心理学化运动对教育现象的深究，都可以说是现实主义这一根本的方法论在不同的时期对不同问题的具体应用。立足现实、服务现实、讲求实效成为 17 世纪开始直至现在一切教育革新的根本指导思想。17 世纪的唯实论（现实主义）是一种极具生命力、极具概括力、极具跨时代性的新观念、新思路。

杜威的态度无疑是现实主义的，与 17 世纪唯实论精神是完全一致的。吴俊升先生言："杜威对于美国以及世界的教育的贡献是甚么呢？在教育史里，杜威承继了一种长远的教育改革运动。这改革运动起自文艺复兴时期，从蒙泰涅（Montaigne）[即蒙田]经过卢梭、裴斯泰洛齐、福禄培尔，直到在欧洲起源而在美国发展的所谓'新教育运动'，乃是一脉相承的。杜威便是在 20 世纪中继承并发扬光大这一运动的大师。他在这一运动中，批判和校正了传统教育中的学究主义、形式主义和严格主义，而在现代学校中引发了更多的生气、更多的自由和更多的实际经验。"（吴俊升，1960）但杜威的现实主义是一种新的现实主义，因为他所倡导的生活是一种新生活。

首先，从生活作为一种社会生活而言，杜威所讲的生活是建立在民主化、工业化和科技发展基础之上的，它不是中世纪的宗教性的生活，将目光投向天国和来世，它是现世的和世俗性的；它也不是世俗性的农业或手工业生活，而是现代工业生活。杜威是站在现代生活的土壤上讨论教育问题的。从杜威的新生活的理想更可看出杜威所言"生活"之特点。杜威认为理想的社会应是一个民主、自由、平等的社会，经济安定，人们和睦相处，互相合作。具体而言，民主是一种"新民主"，不是旧的农业民主，而是一种工业民主；自由是一种"新自由"，由政府出面保护大多数人的利益；平等是一种"新平等"，建立在道德的、理智的基础上，而不是建立在无根据的"人天生平等"的假设上；经济秩序是一种"新的经济秩序"，社会奉行的不是那种放任的自由主义、个人主义经济政策，人人乐业，劳资合作，不因追逐私利而损害他人利益；调节人们之间关系的道德准则是"新个人主义"，不是放纵无度的旧个人主义；实现这种种理想的途径是通过运用"新方法"，即"智慧的方法""科学的方法"，而不是依靠习俗和"暴力"。杜威教育理论的现实基础是全新的现代工业社会，这是杜威的教育理论至今仍有生命力的一个重要原因。

其次，从生活作为一种个人生活而言，杜威反对教育为成人生活做准备，认为教育过程本身就应是一种有意义的生活，这实际上是杜威的那种理想的社会生活在学校生活和儿童生活中的体现。从教育史上看，这种观点意义甚大。中世纪人权是服从于神权的，在神面前，人没有什么地位，教育的目的是为永世永生做准备，今生今世的人的生活是从属的、是次要的。文艺复兴以后，人权高扬，神权衰落，教育的世俗目的被不断加强。然而，虽然教育的世俗性加强了，民主平等亦有很大进展，但民主平等的权利仅限于成人，儿童期却被视为成人的预备期和过渡期，是不值得重视的。尽管有些教育家也认识到如果不注重儿童的身心发展特点，教育便难取佳绩，但这却是从手段的意义上讲的，只是为了更有成效地准备未来，而不是使儿童从教育这种生活形式中真正地获取乐趣。杜威的"教育即生活"并不是只讲教育应与社会生活相联系，还有一层更深的含义，即教育应成为一种使儿童感兴趣的生活，这种教育和生活对儿童是乐事而非苦差。这意味着教育从"神权"到"人权"（成人权）再到"童权"的演进，是儿童的民主权利在教育领域的深刻表达。

教育本身应是一种美好的生活，教育应与现实生活相联系，教育应成为促进美好生活的积极手段。这是杜威"教育即生活"理论的核心要求。

从历史上看，杜威关于教育与生活的理论是超乎前人的。但有几个关键问题需要考虑。

第一，美好生活理想（民主主义）的性质为何？首先，杜威的民主理想具有空想性质。尽管杜威对于民主问题的讨论具有现实基础，与美国现实社会中的民主问题息息相通，但杜威给予民主太高的要求，作为一种社会生活方式的民主意味着"利益共享、交流无碍"，理想诚然可嘉，但向来存在着的不同的利益集团，以及劳资冲突、贫富差异、失业现象等使这种"共享"成为可望而不可即之事。1983年，美国"超级富户"和"非常富户"两者加起来，只占全国家庭总数的1%，而持有非公司企业财产总量的66%、私人公司股票总量的60%。超级富户、非常富户和一般富户加起来占美国家庭总数的10%，持有的财富占美国家庭净财富的71.8%，包括94%的非公司企业财产和近90%的公司股票。而剩下的90%的美国家庭仅拥有全国家庭持有财产的28%。美国的失业率在1983年4月高达10.2%，1983年有3530万人（15.2%）生活在贫困线以下。"一战"后的驱逐移民浪潮、三K党和原教旨主义的兴起，20世纪50年代麦卡锡主义的猖獗，以及贯串整个美国历史的种族歧视（实质上不平等的"分离，但平等"律条和1992年的洛杉矶骚乱皆是著名的例子）等皆使美国的民主、自由、平等大受损害。"利益共享、交流无碍"说来简单，实现又何其困难！杜威的理想在当今自称是最"民主"的美国亦未完全实现，更何况在杜威当时的时代呢？

其次，从阶级实质看，杜威的民主主义是资产阶级性质的。杜威属于中产阶级，既不同于垄断资本家（大资产阶级），也不同于工人（无产阶级）。工业化导致劳资对立尖锐，中产阶级处于两大对抗阶级之间，其社会地位时时处处受到阶级冲突的损害，资本家的强取豪夺使他们的利益受到损害，因此他们不满于资本家的为所欲为；工人阶级的有组织的斗争，更使他们感到有灭顶之灾，因此他们对工人的有组织的反抗持坚决的反对态度。他们力图调和各阶级的利益冲突，使之和平相处，从而维护自己的地位，一方面要求政府出面控制大资本家的势力，主张新自由主义，一方面同情下层民众的不幸，要求改善下层民众的处境。因此，以中产阶级为主体的资本主义改革运动（不论是进步主义改革还是新政）绝不是从工人阶级的根本利益出发的。杜威的社会政治理论与教育理论也鲜明地反映出这一点，他同情工人，但坚决反对工人进行阶级斗争，惧怕工人推翻资本主义制度。杜威一生的一切努力都在于维护并完善资本主义制度，更具体一点说，是要通过教育这种手段维护和完善资本主义民主制度。杜威也触及了资本主义制度的许多弊病，提出了不少美国尤其是美国教育必须正视的问题，但他绝不是要像无产阶级那样将带有许多弊病的资本主义制度铲除，而是要修修补补，使之更加完善。杜威所尊奉的价值观念，不论是民主、自由、平等、人道还是个人主义，都是以典型的资本主义的基本价值与伦理观念为依归的。他虽然对传统的价值观念做了改造，但其实质仍然是资本主义的。在这些价值观念维系下的社会制度仍然是维护资本主义私人占有制的制度，在这些价值观念指导下的社会改革虽然会触犯资本家的局部的、短期的和个别的利益，但却有效地维护了资本家的整体的、长远的利益，无产阶级在改革中也获取了一些权利，但却是在一定的范围之内的、非常有限度的。因此，杜威所要做的事和进步主义改革运动以及新政所要做的事的目的是一样的，就是要以文化的力量来控制物质力量，克服个人与社会的冲突以及物质进步与社会整体改善的脱节，从而解决资本主义的内在矛盾，捍卫资本主义的价值观念，维护资本主义制度的长治久安。

那么，杜威是进步的还是保守的呢？美国一些学者曾对进步主义改革派是进步的还是保守的争论不休，有人认为，如果从维护资本主义制度方面着眼，进步派无疑是进步的。这个评价也适用于对杜威的评价。杜威的民主理想有一定的进步性，但在根本上却是为了维护资本主义制度，从无产阶级革命的角度看，不仅是保守的，而且是反动的。

杜威是维护资本主义民主制度的，这一点连资本主义国家的学者都不回避，而且杜威本人也直言不讳，我们又何必对之躲躲闪闪，为之遮遮掩掩呢？

第二，实现美好生活理想之手段（智慧的方法）是否可行？科学方法能否肩负起改造社会的重任？是否像杜威所认为的那样，只要人人掌握了它，就可以解决一切问题，生活就变得美好无比？

科学方法对于社会人生自然有其功效，但它不是万能的。中国 20 世纪 20 年代盛极一时的科玄论战以及当代乔治·A. 伦德贝格的《科学能拯救我们吗？》（1961 年）皆能说明这一点。

从政治上看，靠科学方法救国救世是改良主义的主张。在倡导智慧的方法、科学的方法的同时，杜威反对马克思主义的阶级斗争理论。

杜威认为："最后只有三种力量控制着社会——习惯、强迫的暴力和在理智指导之下的行动。"（Dewey，1936c）被习惯控制的社会是一个保守的社会，被暴力控制的社会是一个充满混乱与对立的社会，杜威主张应以理智控制社会。他说："个人在观察、想象、判断和发明上的理智变异，简直是社会进步的工具，正如对习惯的服从是社会保守的工具一样。"（Dewey，1916c）[207] 他指出："没有伴随着普遍的信仰习惯、愿望和目的的变革，新制度是不能成熟的。……认真说来，除非社会变动具有一个心理的和道德的基础，否则这种变动就是偶然的。因为到那时，社会变动受到转变方向的潮流的支配。"（Dewey，1937a）也就是说，人的态度决定着社会的进步与社会的改造，而教育的作用就在于培养这种态度，杜威晚年曾深有感触地说道："要吸取的教训是，人生态度和努力是实现国际和平目标、促进经济安全、利用政治手段以增进自由与和平以及发展世界民主制度的战略中心。凡是以这个前提为出发点的人，必定能看到教育在培养习惯和态度上的基本重要性；这些习惯与态度使个人能够和

热望达到和平、民主及经济安全的目标。"（Dewey，1944a）

　　杜威以智慧的方法反对马克思的阶级斗争理论，认为"促使世界目前正在经历的巨大而复杂的变化的真正动力，是科学方法以及由此而产生的技术的发展，而不是阶级斗争，这种阶级斗争的精神和方法是反科学的。如果我们掌握了体现智慧所产生的动力，我们就能知道在什么地方找到指导今后变革的方法"。（杜威，1981h）[305] 他认为以阶级斗争求社会进步是一种暴力的、野蛮的方法，是不文明的体现，因为"文明的衡量是以合作的智慧方法来代替暴力冲突的方法达到什么程度为标准的"（杜威，1981h）[309]，智慧的方法较暴力的方法是一个更佳的选择，"在使用暴力可以取得成功的条件下，如果不用暴力，也同样可以产生巨大的变革"（杜威，1981h）[312]。

　　杜威对"阶级"这个概念能否成立也疑心甚重，他认为："任何一个习惯于运用科学方法的人，都将用很大的怀疑眼光对待这种说法，即把现实的人类分成许多固定的实体，即所谓阶级，而不承认在各阶级之间有任何共同的利益，以为每个阶级，内部是那样统一，对外是那样隔离，以致他们成为历史的主角——这完全是难以置信的。这种阶级观点是一种僵化的逻辑的残存物，这种逻辑曾一度在自然科学领域里流行，但不久就不再有什么地位了。这种把抽象的东西转化为具体的东西，其味道是概念的辩证法，而不是对事实的实际考察，虽然前者所获得的结果比起后者更能吸引许多人。"（杜威，1981h）[308-309] 杜威的这种看法是不能成立的，从美国历史的发展看，工人阶级与资本家阶级的对立是一个简单而鲜明的事实，杜威本人也屡屡使用"雇主阶级""被雇阶级"这样的字眼，而且他对阶级斗争的讨论亦是建立在首先承认阶级存在这个基础之上的。

　　杜威的智慧方法论想通过改变每个人的心智来达到改造社会的目的，本质上是18世纪法国启蒙思想家"意见决定世界"的变种，是改良主义的历史观，想通过教育使资本家放弃既得利益，就如同让葛朗台无偿交出他的所有金币，那简直是抹脖子。新的社会格局只靠教育是建立不起来的。

杜威进而否定马克思的政治经济学理论。他认为社会事件是"人性构成因素与文化条件两方面的交互作用"，而马克思却把经济、政治、道德、法律等文化条件中的一个因素即经济因素看成是决定一切的东西，并"把人的因素尽可能地几乎减低到了零点"。杜威要求抛弃"经济决定论"，而"站在相对论和多元论的立场来考虑许多交互作用的因素——其中经济因素无疑地是一个很重要的因素"。（杜威，1964）[57-59] 杜威反对必然性的存在，认为："马克思主义在它宣称是科学的问题上已经'过时了'，因为正如必然性和追求一个包罗一切的单一规律是上一世纪四十年代学术空气中典型的东西一样，几率和多元论则是当前科学状况的特征。"（杜威，1964）[63] 杜威因之认为马克思主义是反科学的，"马克思主义的内在的理论弱点是：它假定在特殊时间和地点所作的概括（而且当时也只是把一些所观察到的事实置于一个来自形而上学根源的前提之下），可以无须继续依靠观察，继续修正这个作业假设所作出的概括。在科学的名义下，一个彻头彻尾反科学的程序被陈述出来了；按照这个程序，一个概括一经形成便具有最后的'真理'的性质，可以适用于一切时间和一切地方"（杜威，1964）[66]。

杜威的这种认识是对马克思主义的曲解。他没有看到马克思"实践"概念的丰富内涵及其对人在实践中作用的强调，没能看到马克思主义不是教条，而是强调一切从实际出发的一个开放的、不断完善的体系，没能看到社会文化诸因素的地位不是等量齐观的。因此，杜威没有认识到，在他指责马克思主义不科学时，他的这种指责本身便是不科学的，因为曲解本身就不是一种科学的态度。

杜威对马克思主义尤其对马克思主义的阶级斗争理论的反对更进一步表现

出杜威社会政治理论和教育理论的改良主义性质。

杜威还将智慧的方法与暴力对立起来。实际上，即便从学术的角度看，二者也并不总是对立的，选择暴力方式本身往往是最审慎地运用智慧的方法得出的结果，暴力也并不都是可憎的，"二战"中同盟国为反法西斯而战，为和平而战，这种以暴止暴之暴力反倒是绝对必要的，谁能说美国参战不是充分观察、比较、衡量的结果呢？

第三，对资本主义内在矛盾的批判是否深刻？不能说杜威（尤其是"大萧条"以后）对资本主义的分析与批判是肤浅的，他对旧个人主义的反对、对新自由主义的支持皆能说明此点。新自由主义政策在进步主义改革时代、罗斯福新政时期以及后来的杜鲁门、肯尼迪、约翰逊等几届政府中皆居支配地位，对美国半个多世纪的社会生活影响颇大，为美国的繁荣和稳定立下不朽功勋。但进入20世纪70年代，新自由主义让位于新保守主义（New Conservatism），新保守主义在理论方面于一定程度上继承了传统自由主义理论，认为政府干预愈多，就愈成为家长式的统治国家，耗费资金，只会导致一个庞大的官僚机构，强调美国只能建立政治上的平等而非社会上和经济上的平等，政府干预不能解决社会和经济的平等问题，也就是说，新保守主义反对社会财富平均分配的平均主义倾向。新保守主义重要代表人物贝尔（D. Bell）1976年出版的《资本主义文化矛盾》揭示了资本主义文化的内在矛盾。他着重强调当代社会的分立和多原则支配性质，并据此提出了三大领域对立说。他认为，资本主义历经200余年的发展和演变，已形成它在经济、政治与文化（狭义上的文化，指由文学、艺术、宗教和思想组成的负责诠释人生意义的部门）三大领域间的根本性对立冲突。这三个领域相互独立，分别围绕自身的轴心原则，以不同的节律交错运转甚至逆向摩擦。随着后工业化社会的到来，这种冲突将更加突出，难以遏制。经济领域的全部活动严格按照"效益原则"运转，目标是最大限度地获取利润，在这个日趋非人化的体系中，人的丰满个性被压榨成单薄无情的分工角色。政治领域的轴心原则是广为派生的"平等"观念——从早先较笼统的人权法案、法律平等说，发展到当今内容具体、无所不包的各种民众应享要求（如种族与性别平等，教育、福利与就业机会均等）。在大众不断向纵深推进的平等呼声中，政府一方面被迫扩充官僚机构，管以前不管之事，另一方面逐步将传统政治代议制延展为基础宽大的直接参与制。这样一来，阶级冲突和对抗的局面虽得以控制，公众与官僚机构间的矛盾却成为大问题，因为政府无法满足众多而过分的平等要求。在文化领域起支配作用的轴心原则是"自我表达和自我满足"的"个性化""独创性"原则。这三个领域互相存在严重的对立，资本主义文化绝非铁板一块，其内部存在分裂。杜威则想把三者整合为一体，企图使经济领域不以追逐利润为目的，使政治领域能保障所有人的自由平等，使文化领域中的创造性得以充分发挥，但他没看到三者各有其独特的运作原则，更没看到三者间存在着尖锐的对立。杜威企图通过文化的力量，再进一步讲就是通过教育的力量来解决全部社会问题，愿望是美好的，但却是难以实现的。因为这些根本对立是资本主义本身所固有的，资本主义自身的改革虽能在一定程度上缓解这些对立并革除一些社会弊端，但却不能完全消除这些对立。对立的彻底消除，必须以体制的调整与变革为前提条件。

第四，社会生活与个人生活能否真正联结？杜威力图找到社会生活与个人生活的契合点，从而使学校生活既能顾及社会要求，又能顾及个人需要。他认为活动性课程如烹调、缝纫、手工等的引入可完成此任。这里面有两个根本性的问题：其一，何以见得这些科目能代表社会生活（尤其是现代工业生活）的基本类型？实际上，它们似乎更能代表美国农业、手工业时代的社会生活。其二，何以见得这些科目就一定能使儿童萌生那么多的问题、产生那么大的兴

趣？这种东西也许比死读书更能吸引儿童，但是不是还有更佳的能取代它的东
西？认为只要是生活而不是文字就是儿童感兴趣的、就是益于儿童成长的，是
一种不恰当的认识，儿童对生活中的很多东西是茫然无知的甚至是熟视无睹
的。布鲁纳曾言，"认为生活之教学（the teaching of life）总能满足儿童的兴趣，
是一种感情用事的假设"（Bruner，1966）[216]。生活本身是很需要去理解的东西，
所经历的不一定是能理解的，而理解是有条件的。

三、今日之教育与生活

杜威的"教育与生活"理论具有世界范围的影响力。中国的教育家中受其
影响最深者为陶行知等人。陶将杜威的"教育即生活""学校即社会"翻了半
个筋斗，将之改造为"生活即教育""社会即学校"。他认为生活教育是生活所
原有、生活所自营、生活所必需的教育，生活无时不含有教育的意义，过什么
生活便是受什么教育，生活教育与生俱来，与死同去。出世便是破蒙，进棺材
才算毕业。（陶行知，1981）[423-424] 陶批评杜威的"学校即社会"的教育并未摆
脱鸟笼子式的教育，说那是觉得"学校里的教育太枯燥了，必得把社会里的生
活搬一些进来，才有意思"，"这好比笼子里面囚着几只小鸟，养鸟者顾念鸟儿
寂寞，搬一两个树枝进笼，以便鸟儿跳得好玩"，"然而鸟笼毕竟还是鸟笼，决
不是鸟的世界"。（陶行知，1949）[1-2] 因此，他主张扩大教育的范围，要把笼中
的小鸟放到天空中去，任其翱翔，使整个社会皆成为学校。陶的生活教育理论
在当时反对教育与社会生活的脱离中有积极意义，但从理论上看，是将生活与
教育相混同，把社会与学校画等号，降低了学校教育的特殊意义与作用，立意
远不及杜威高。杜威所着意讨论的是学校教育与社会生活的关系，他是要加强
学校教育在社会生活变革和个人生活完善中的作用，而不是将之与广大无边的

生活、社会相混同。相对于传统教育，陶走向了另一个极端。相比之下，杜威倒显得持中客观一些。在杜威、陶行知比较研究中，不少研究者扬陶抑杜，从理论上看，是很不合适的。

当时中国的其他一些教育家如黄炎培、陈鹤琴等亦主张教育与生活相结合。不少团体和个人还纷纷于20世纪二三十年代建立乡村实验区，力图改造农村之生活，掀起了乡村教育运动。如中华平民教育促进会认为："中国人的生活，有四种基本的缺点。一是'愚'，一是'穷'，一是'弱'，一是'私'。"（高奇，1985）[150] 即愚昧、贫穷、体弱、自私。教育的目的是要给人创造一种"新的生活"，"平民教育运动的目标，就是要在生活的基础上，谋全民生活的基础建设，为中国的教育谋一出路，为中国人的生活问题，谋一解决"（高奇，1985）[150]。乡村教育运动与农民革命是不协调的，前者是改良主义的，教育不可能将农民的愚、贫、弱、私之生活彻底改变为智、富、强、公之生活。

时光之河流至今日，我国社会生活发生了巨大的变化，较六七十年前有了很大的进步。今日中国之社会生活越来越复杂，没有谁能确切地描绘它。但人们都能感受到改革给社会生活带来的活力，都能感受到改革在改善人民生活中所起的作用。改革解决了一些老问题，也带来了一些新问题，对这些新问题，不论是经济方面的（市场体制、物价、股票、房地产）、政治方面的（廉政、民主），还是宗教方面的（信仰危机、修庙、出家、洋教重兴）、道德方面的（拜金主义、见利忘义）、文化教育方面的（经费短缺、师资外流、"希望工程"与"贵族学校"的反差），人们都有切身的体会。中国正面临一场变革，这场变革具有非同寻常的历史意义，是使中国走向世界、走向现代化的重大举措。对于教育而言，有一个不容回避的问题，那就是：在目前的社会生活中，教育应起怎样的作用？

许多年来，我们总是片面强调教育是由经济基础所决定的，批判教育救国论、教育改良论，这很易给人造成一种印象——教育是不重要的。应分析地看待教育的作用，在推翻旧制度的革命运动中，单靠说教，教育是不能成功的。但是，新政权一旦建立，就应将教育置于重要地位，因为此时要做的工作是建设，而不是破旧，若再依靠阶级斗争和社会动乱（如"文化大革命"）来达到社会进步的目的，只能是南辕北辙。这方面我们有惨痛的教训。

应该明确地讲教育具有不可取代的巨大的作用，中国社会要变得富强、美好，绝对离不开教育。但这种教育不是那种片面追求升学率的教育，不是那种"两耳不闻窗外事，一心只读圣贤书"式的脱离生活的教育，它应适应社会生活的变化，并促进社会生活走向更美好的目标。

社会的变革及其带来的许多社会问题，使很多人产生了惶恐、怀疑、悲观乃至怀旧的心理，这不是一种积极的建设性的态度，社会问题不会因惶恐、怀疑、悲观和怀旧而得到解决。关键要找到引导社会生活走向健康之路的途径。在现阶段，科学、民主、法制、市场经济四者是使中国强盛的四大利器。教育与生活的关系亦应从这四者中寻求联结点。

第一，关于科学。科学是人类不断修正错误认识的一种过程和机制，不仅修正人类对自然界的错误认识，亦修正人类对社会、对人类自身的错误认识。尽管我们在五四时期就打出了"科学"的口号，但时至今日，科学依然不彰。首先是科学知识并不普及，愚昧迷信盛行，不知有多少巫婆神汉像幽灵一样在乡村游荡，不知有多少人烧香拜佛，高筑庙堂。其次是科学精神并未深入人心。科学精神并不神秘，用流行的术语讲，就是一种"实事求是"的客观态度，它蔑视教条和非理性的权威，也不受世俗偏见的影响，不唯上，不唯书，只唯实，体现的是一种新的心理习惯和行为方式。新中国成立后，风风雨雨几十年，我们走过不少弯路，犯过不少错误，缺乏科学精神，主观臆断、长官意志是重要原因。只靠科学也许不能救世，但不靠科学却永远不能进步。我们可以从政治角度批判科学救国论，批判科技至上论，也可以从纯学术的角度合理地对科学的种种不周之处品头论足（像西方一些学者一样），但从现实的角度讲，目前更主要的任务是倡导科学，不仅是倡导科学知识，更重要的是倡导科学方法。几十年前的科玄之争中胡适的一段话今天对我们依然有启发意义，他说："欧洲的科学已经到了根深蒂固的地位，不怕玄学鬼来攻击了。几个反动的哲学家，平素饱餍了科学的滋味，偶尔对科学发几句牢骚话，就像富贵人家吃厌了鱼肉……，一到中国，便不同了，中国此时还不曾享着科学的赐福，更谈不上科学带来的'灾难'。我们试睁开眼看看：这遍地的乩坛道院，这遍地的仙方鬼照相，这样不发达的交通，这样不发达的实业——我们哪里配排斥科学？"（转引自李泽厚，1987）[61] 科学不仅是一种知识体系，科学更是一种思维方式。科学态度正视一切问题的存在，并积极谋求方法解决这些问题而不是消极退缩。一个没有科学精神的民族，一个不相信自己理性与智慧的民族，就不可能具有一种建设性的乐观主义态度，就只配在困苦中呻吟。

第二，关于民主。"民主"在我国即"人民群众当家作主"，这种民主是无产阶级的民主。然而，这种民主在"文化大革命"中曾遭到破坏，加上中国传统政治中封建专制主义的影响，目前民主建设依然是一项艰巨的任务，大众缺民主意识，为官者乏民主精神，"官本位"与"清官"思想有其滋生的文化土壤。科学是人类在认识领域中的一种修正错误的机制，民主则是人类在团体决策领域中的一种修正错误的机制。"文化大革命"给我国社会生活、社会发展造成了巨大的危害，对于这段历史，应深深反思并汲取教训。民主化是政治体制改革的一项重要内容。教育中的民主亦任重而道远，有教无类的理想还未实现，现实中倒有"希望工程"与"贵族学校"的巨大反差；教育管理、师生关系、教学方式中的民主精神依然有待加强。若干年前关于人道主义的讨论和教育界对合作教育学的一度推崇皆与现实有关，皆与对"文化大革命"的反思有关。

第三，关于法制。法制不健全，无法可依和有法不依的现象十分严重，社会生活中出现的不少混乱皆与不能厉行法制有关。权力与法律二者谁的力量大，依然是一个棘手的现实问题。社会生活的正常进行，社会生活的繁荣与稳定需要法律这种强制的力量来维护。

还应注意的是，法律不是孤立的东西，法律背后体现的是一种道德原则，如我国颁布的《反不正当竞争法》所体现的是一种商业道德规范。美国进步主义时代所颁布的众多法律皆含有道德、文化意义，说进步主义改革运动是一种文化重建运动正是从这个意义上讲的。

第四，关于市场经济。经济体制的转轨给教育提出了新的要求，关于教育与市场经济的讨论一时铺天盖地席卷而来，但讨论多侧重于教育如何适应市场经济这个方面，而且多把市场经济看作一种自由经济。实际上市场经济也是需要宏观调控的（如美国"新自由主义"），不然易致混乱。亟须注意的是，现在不能只言经济不言其他，经济生活的正常运行需要文化、道德因素予以调节，在市场大潮的冲击中，教育并不总是处于被动地位，教育在重建新价值体系从而使市场经济健康发展中应发挥应有的作用。

教育何为？在明确了社会生活的现状与目标之后，教育也就找到了努力的方向和要完成的任务。教育在传播科学知识、扫除封建迷信、培养科学精神中应起什么作用？教育应怎样培养民主素质并在教育制度和教育过程中体现民主精神？教育怎样使众多的法盲知法，怎样阐明法律背后的伦理原则？教育怎样迎接市场经济的挑战并在经济生活中注入健康的文化、道德力量，从而使精神文明与物质财富同步前进而不使经济发展与社会整体进步脱节？确切一点说，怎样才能既运用资本主义国家运用多年的市场经济这种手段促进我国经济高速发展，同时又能避免它给我们带来那些曾给资本主义带来的不良后果？教育在其中应起什么作用？总之，一句话，教育在今天应培养怎样的人以使人们的生活走向一个更美好的境地？这是一个值得玩味的深刻而迫切的问题。

目前，教育理论研究陷于困境，不少研究者（其中不乏一些知名人士）对教育理论研究的前景忧心忡忡。有人统计，1949年以后，我国出版的教育学类的著作已达200余种，翻开看看，大同小异，这说明什么？这又昭示什么？是繁荣还是萧条？是光荣还是耻辱？许多研究者闭门造车，不面向现实生活，不考虑现实的需要，将自身与自己所营造的理论自外于生活，同时又苛求生活对其理论报以热烈的欢呼。市场经济要求考虑他人与社会的需要，那种超然物外的贵族主义研究风习是与市场经济的精神格格不入的，亦是无益于社会人生的。

问渠那得清如许，为有源头活水来。教育和教育研究应来源于生活，又归于生活。离开了生活，教育和教育理论便无所作为。教育和教育研究要走出困境，就应面向生活，积极解决生活中存在的问题。问题是永远解决不了的，旧问题解决了，新问题又产生了，教育和教育研究在解决问题的过程中得以不断发展，生活也就在这一解决问题的过程中变得更加美好。

第二章

教育与生长

杜威明确提出"教育即生长"的命题，对此命题的得失人们分歧最多，争论甚烈。"生长"在杜威教育理论中甚至哲学理论中占有重要地位。胡克说："在他[①]的生活和教学中，他把生长看成教育和道德价值的关键。"（胡克，1963）[264] 因此，胡克称杜威为"生长的哲学家"。有人还著书专论杜威的生长论，篇幅长达 10 余万字（Goldwin，1982）。

杜威在《明日之学校》中提到，裴斯泰洛齐和福禄培尔曾阐发过"教育即生长"的观念（杜威，1923）[56]，但《杜威学校》的作者却认为，"教育即生长"的概念是全新的（梅休 等，1991）[5]。本书认为，杜威的"教育即生长"理论表达了一种新的教育观和发展观，它与前人（包括裴斯泰洛齐和福禄培尔）有根本的不同，说它是新的并不过分。

本章分两节讨论"教育与生长"问题，第一节阐明"教育即生长"的性质，第二节阐述生长与教育目的的关系，两节都是为了揭示"生长"这个概念的内蕴。

---

① 指杜威。——引者注

第一节
"教育即生长"的性质

一、生长的含义

首先应明确"教育即生长"中的"教育"是指广义的教育还是指狭义的学校教育，"生长"是指儿童阶段的生长还是指一个人一生之生长。

杜威认为生长"是一个永远不息的作用，是与年龄无关的"（杜威，1958）[99]，不仅儿童在生长，成人也在不断生长，它是一个漫长的过程。生长到死方休，因而教育也就到死方止。如此，则生长就不单单是校内儿童的生长，教育亦非特殊的学校活动。但对杜威的教育理论进行细微分析后可以看到，杜威所言的生长主要还是针对儿童的生长，他之所以提及成人的生长是为了对比，从而更好地说明儿童的生长。杜威所言的教育也主要是指学校教育，他看到了学校教育较之散乱芜杂的社会影响更具成效，也看到了学校教育的产生是人类社会发展的必然产物，是进步和文明的表现。（杜威，1990）[9]

在杜威那里，生长是指机体与环境相互作用的过程和结果，是一个具有达尔文主义色彩的生物学概念。有人因此认为生长是一种自然现象，不含有道德和价值的意义，而作为社会现象的教育却含有强烈的价值与道德意义。杜威提出"教育即生长"就是将两种不同的东西相混同，如同曹孚所指出的："生长是一个生物学的概念。将生物学的概念生硬地应用于人类教育是危险的。在无生物、生物与人类之间，不仅有着量的不同，而且有着质的差异。这三者的科学规律并不是机械地一致的。"（曹孚，1989）[26] 本书认为这种指责不合杜威原意，因为杜威已对生长这个生物学概念进行了改造，已赋予它丰富的社会内涵，如同我们在后面所要说明的。在名实关系上，实比名更重要。但否认这种指责并不是说"教育即生长"这一命题就没有错误。生长是一种结果，是一种理想，认为"教育就是生长""教育就是发展"在语法上严格讲是不通的，若言教育为了生长、为了发展，则无此语病。因此有人指出杜威混淆了教育的过程与教育的结果，还是比较中肯的。（布鲁巴克，1989a）[334]

有人认为生长不同于发展，也不同于教育。任何生物的生长，在其未成熟状态，确有逐渐向前发展的趋势，但草木有枯衰，禽兽有老死，人自壮年以后，生理心理能力就开始由盛至衰。就人的整个生长历程而言，生长并不是一个一直向前发展的运动，并不都是蒸蒸日上、日上日妍的，生长中存在着倒退现象，比如身体的损伤、衰老，品德的堕落、败坏，能力的减退、削弱，等等，而教育和发展却是一直向前的（高广孚，1976）[43]。这种指责貌似有理，但其所理解的"生长"不是杜威理论中的"生长"，而是另一个生长；并且将教育与发展混为一谈，对教育和发展做了褒义的解释。实际上，教育有好坏之别，发展亦有片面、全面之分。生长、发展、教育等都是中性词，褒此贬彼皆为不当。

总之，在杜威看来，发展就意味着生长。在这个问题上争论不休对我们自身无多少建设性的意义，对杜威也没多少批判性的价值。如果杜威用"发展"这个概念来代替"生长"，可能会少一些聚讼，多一点平静。《民主主义与教育》第四章第三节专门论述了"发展概念的教育意义"问题，杜威认为，"当我们说教育就是发展时，全看对发展一词怎样理解"（杜威，1990）[54]。杜威理想中的发展不是预备，不是展开，不是形式训练，不是塑造，不是复演，也不是自然发展，而是生长或经验的改造。因此，"生长"概念所体现的是一种新的"发展"观。

对某些事物的否定也就意味着对另外一些事物的肯定。通过了解杜威对前人的几种教育观、发展观的批判，可以更加明了杜威"生长"论的内涵。

第一，批判"教育即预备"说，认为生长不同于预备。本书在第一章中已经指出了预备说的四种弊端，不再重述。这里主要强调两点：（1）预备说强调教育为未来做准备，漠视现在的种种可能性和有利条件，不使教育过程本身成为有意义的东西、有乐趣的东西、值得向往的东西；（2）预备说强调的未来是固定不变的，但事实上，世事是变易的。而"教育即生长"则使教育过程本身顾及儿童的需要与兴趣，使儿童在教育和生长的过程中享受种种乐趣。教育和生长也为未来做准备，但不是为"固定不变的"未来做准备。

第二，批判"教育即展开"说，认为生长不同于展开。"教育即展开"所体现的发展观是：发展不被看作一个持续不断的过程，而被视为潜在能力和特定的目标的展开，这个目标被看作完美无缺的，任何阶段的发展都没有达到这个目标，只是向这个目标的展开。"展开说"虽然也赞扬发展、过程和进步，但这些皆只具有过渡性质，其本身并无真正的价值。真正的价值在于固定不变的终极目标，从理论上讲是先验论的，与直接经验无涉；从实际上讲是空洞的，只代表一种模糊的情感上的渴望，而不是代表可用理智领会和说明的东西。福禄培尔的抽象的象征主义、黑格尔的向绝对理念趋近的发展观都是展开说的典型例证。杜威认为，从逻辑上讲，"教育即展开"是"教育即预备"的变种，而且将预备的目标变得遥不可测、不可捉摸。在"展开说"中，发展的重要性是暂时的，其本身不是目的，只是使人的身心中已经含蕴的东西显露出来的手段。

第三，批判"教育即官能的训练"说，认为生长不同于形式训练。形式训练说认为人的心灵生来具有某些心理官能或能力，如观察、记忆、判断、概括等，教育就是通过反复练习训练这些官能，而不必考虑运用什么材料训练，教材是外部的、无关紧要的东西。杜威认为，人没有这些生来就具备的官能等待着训练，人生来只是有一些"天赋倾向"，而且，人也没有所谓一般的看、听或记忆的能力，只有看、听或记忆某种东西的能力。离开练习所用的材料，一般的心理的和身体的能力训练全是废话。实际上，人的各种能力是天赋的主动倾向与某些材料相互作用的结果。因此，人的发展与生长是人的心理与外界因素相互作用的过程和结果，生长不能离开社会背景独自进行。

第四，批判"教育即塑造"说，认为生长不同于塑造。"教育即塑造"说强调外部因素对心灵的塑造作用，赫尔巴特的理论是个典型。赫尔巴特强调环境对心灵的影响，但忽视和低估了儿童所具有的许多主动的和特殊的机能，没能顾及生长与发展的内在条件。杜威认为，这样只会减弱教育和生长的成效。杜威的生长论是很重视内在条件的。

第五，批判"教育即复演和追溯"说，认为生长不同于复演和追溯。复演说认为，个体的恰当的发展在于有秩序地重复动物生活和人类历史过去进化所经过的许多阶段，教育的本质就是追溯，就是回顾过去，用过去的精神遗产塑造心灵。杜威认为，这种理论的生物学基础是错误的，个体人的发展并不严格遵守人类种族发展的许多阶段，而且教育的任务就是解放儿童，使之不走老路，把儿童从复演过去和重蹈旧辙中解放出来。教育不应从已往的事物中寻找其标准和模式，不应使现在和未来适应过去，而应展望未来，把利用过去作为走向将来的重要手段。因此，生长不是保守地面向过去的，而是积极地面向现在和未来的。

第六，批判"教育即自然发展"说，认为生长不同于自然发展。自然发展说的代表人物是卢梭，卢梭反对形式训练说所主张的人生而具有各种能力，但强调人天生具有一些特殊的本能和冲动。自然发展说的积极之处在于重视儿童的身体活动，注意儿童的爱好和兴趣，关心儿童的个别差异；其消极之处在于将自然与社会对立起来，认为自然的都是善的（性善论），都是可取的，而社会则是邪恶的，会对人产生坏影响。杜威认为，人类原始冲动本身既不是善的，也不是恶的，自然的或天赋的能力提供一切教育中起发动作用和限制作用的力量，但不能提供教育的目的。天生的冲动与倾向不可能自生自长，应有一定的外部条件。应提供一个适当的环境使可取的倾向得以发展，使不可取的倾向因不用而废弃，"我们的结论不是要离开环境进行教育，而是要提供一种环境，使儿童的天赋能力得到更好的利用"（杜威，1990）[125]。自然发展说的主要缺陷在于，它在强调生长的内在条件时忽视了外在条件。

从这六种批判可以看出：（1）教育与生长的目的在于过程自身；（2）生长是一个持续不断的过程，没有终极的目标；（3）生长是机体与环境（内在因素与外在因素）相互作用的过程和结果，相互作用的两个方面缺一不可；（4）生长是面向将来而不是追溯过去的。本书后面对生长的条件、内容、方向、过程等的讨论将进一步阐明杜威的这些论点。

总之，生长体现出一种新的发展观。

这种新的发展观是杜威民主理想的反映。儿童个体的充分生长并不仅仅是达到社会目的的一个手段和工具，它本身便是民主主义的要求（杜威，1958）[100]，而充分生长又能更好地促进民主主义的理想。胡克说为了生长的教育和为了民主的教育是并肩前行的，正是从这个意义讲的。

这种新的发展观是对旧教育的否定。旧教育消极地对待儿童，不尊重儿童的需要和兴趣，学校的重心可以在任何地方，却唯独不考虑儿童的心理需要与能力，生长论则要求尊重儿童，使一切教育和教学合于儿童的心理发展水平与兴趣、需要的要求。但这种尊重绝不是放纵，杜威明确地讲："如果只是放任儿童的兴趣，让他无休止地继续下去，那就没有'生长'，而'生长'并不是偶然的结果。"（杜威，1981c）[36] 激发兴趣不等于放任兴趣，这是杜威与进步主义教育实践的一个重要区别。

这种新的发展观是建立在新的心理学和人性论的基础之上的。杜威认为，新心理学与旧心理学的不同表现在三个方面。其一，旧心理学把心理看作和外界直接赤裸裸地联系的纯个别事件，新心理学则把个人的心理作为社会生活的一个功能——它既不能自己起作用，也不能自己发展，需要社会媒介不断刺激，并在社会供给中寻求它的营养；不能把心理当作个人的占有物，心理是在社会的和自然的环境中发展起来的，各种社会需要和目的在形成心理方面的影响最为有力。总之，心理发展是一个内外相互作用的过程。其二，旧心理学只是认识的和智力的心理学，非智力因素如兴趣、需要等处于派生的地位，新心理学则将人的认识发展与需要、兴趣结合起来。其三，新心理学把心理理解为一个过程—— 一个生长的过程，不是固定不变的东西。而旧心理学则认为心理就是心理，人人生来都自己有这么一套智能，儿童是小大人，将儿童心理与成人心理等同起来。新心理学则相信心理是不断成长的东西，在本质上是不断变化的，在不同的时期表现出各种不同的能力和兴趣的形态。依照新心理学，生长就是一个内外交互作用的、不断发展变化的过程，儿童的生长具有不同于成人的特点，应尊重生长过程中儿童的需要和兴趣。有的学者指出："杜威关于教育讨论的出发点是，心理不是一个固定的实体，而是一个生长的过程。"（博伊德 等，1985）[396]

杜威的生长论还建立在人性论的基础上。他认为生长、教育之所以可能，就在于人性是可变的。杜威认为："在某种意义上，人性并不改变。我不相信能证明：人们的固有需要自有人类以来曾改变过，或在今后人类生存于地球上的时期中将会改变。"若变了，本性就不成其为本性了。但人性的种种表现是可变的，现实的人的行为是人与现实社会相互作用的产物，人性的表现方式有赖于社会、文化的性质。杜威所言的人性可变正是从这个意义上讲的。他指出，如果人性是不变的，那么就根本不需要教育了，一切教育的努力都注定要失败了。因为教育的意义就在于改变人性以形成那些异于朴质的人性的思维、情感、欲望和信仰的新方式。所以，人性不变的理论是在一切可能的学说中最令人沮丧和最悲观的一种。如果逻辑地贯彻它，它将意味着个人的发展在其出生时即已预先决定的一种学说，其武断性将赛过最武断的神学的学说。人性是否可变不是杜威关注的焦点，他认为"问题将不在人性是否能改变，而在它在目前的情况下应怎样被改变。这个问题最后是最广义的教育问题"（Dewey，1938b）。这样一来，杜威就把本性改变、生长问题与现实的社会文化条件联系起来了，他关注的是本性改变和生长向什么方向进行以及本性改变和生长应具有哪些内容。这就不仅仅涉及生长的条件问题，更涉及生长的内容与方向问题。

二、生长的条件

与动植物的生长类似，人的生长与发展不是自为的，必须有条件，杜威说，"发展是一个特定的过程，有着它自己的规律，只有适当的和正常的条件具备时才能实现"，"没有一个东西能够从无中发展出来"。（杜威，1981i）[85-86] 杜威认为儿童的生长与发展既需要内部条件，也需要外部条件。

儿童生长的内部条件可归纳为儿童的兴趣、本能、依赖性和可塑性以及已形成的习惯。在《学校与社会》中，杜威提出生长的基础是四种本能或兴趣：谈话或交际方面的兴趣、探究或发现东西方面的兴趣、制造东西或建造方面的兴趣以及艺术表现方面的兴趣，他认为"儿童的生动活泼的生长是依靠这些天赋资源的运用获得的"（杜威，1981c）[38]。在《民本主义与教育》中他又提及，生长之所以可能，在于儿童具有"依赖性"和"可塑性"。儿童在未成熟时具有依赖性，"未成熟状态就是有生长的可能性"，这种可能性就是积极向前发展的潜力、能力和趋向；而可塑性"就是养成倾向的能力"。在生长过程中，儿童已经获得的知识、能力、经验等是否也是进一步生长的条件呢？杜威认为是，他把这些条件统称为习惯。习惯虽指动作上的流利，经济与效率的增加，也指理智的与感情的倾向的养成。（杜威，1990）[52] 习惯使我们能控制和利用环境。教育的意义，就是要使人获得"能够使他们自己适应于环境"的种种习惯。习惯是生长的表现，是先前生长的结果，又是后来的生长的条件，具有承前启后、继往开来的性质。

　　总之，在杜威看来，生长的内部条件是指儿童现有的生理心理水平（兴趣、能力和后天形成的习惯等）及其发展的可能性（可塑性）。但只有内部条件还不够，生长还须有外部条件，即社会性的环境。杜威提出的"学校即社会"集中地反映了生长所必备的外部条件。杜威曾说："天赋能力是始基，是起点，它们不是目的且本身不能决定目的，外部的环境条件是人的各种内在可能性得到发展的不可取代的手段。"（Dewey，1934a）杜威认为，每个人都必须在社会的媒介中才能获得生长，最合适的心理学是一种社会心理学，"这种心理学，不同于对行为的生物学描述"（简·杜威，1987）[20]。杜威的《人性与行为》就是一部社会心理学著作。福克斯说得直截了当："杜威关心的，是从社会怎样对个人的心灵起作用，个人的心灵又怎样反过来在社会中并对社会起作用的角度，来看个性心理学。"（福克斯，1988）[441]

　　儿童的生长就是内部条件与外部条件相互作用的结果。如不顾及内部条件，生长就失去了基点；如不顾及外部条件，生长就失去了情境和内容，就成为抽象的真空中的东西。杜威对生长内外条件的看法，实质上就是对儿童身心发展内外因关系的看法。杜威非常重视内因，反对传统教育对内因的漠视和压制，但同时也重视外因，认为学校中社会精神的匮乏会造成教育上的巨大浪费。内外因皆重，并认为儿童的生长和发展是内外因相互作用的结果，这些都有一定的道理，在当时亦有深刻的社会意义。

　　杜威也看到了内因是一个先天与后天因素的复合体，先天遗传因素（冲动或本能）只是内因的一个方面。发展心理学认为，遗传是最原始的内因，解剖生理结构是儿童心理发展的第一层内因，与生理结构相应的机能是第二层内因，过去经验或已有的心理发展水平（包括年龄特征）是儿童心理发展的第三层内因，主观能动性（可塑性）是最高层次的内因。当儿童已经具有一定的个体经验，过去的经验和已有心理发展水平则成为主要的内因。外因与内因无截然的界限，外因通过现有内因而起作用，而现有内因又是在过去的外因影响下形成的（如杜威的"习惯"就是如此）。这些与杜威的看法都是相近的，说明杜威在讨论儿童发展的条件时确有不少灼见。

但是，在考虑生长的条件时，还有三个问题需要解决：一是如何看待内部条件中的"本能"；二是在理论认识上，杜威偏重内部条件还是外部条件；三是杜威如何看待不同个体之间生长条件的差异。

杜威多次提及"本能"，也曾提及"与生俱来的能力"，他有时将本能与兴趣、能力互换使用。本书认为不能对杜威的"本能"做一般意义上的理解，杜威不承认人生而具有某种观念或能力，他反对笛卡儿的天赋观念论，也反对洛克认为人天生就有种种能力的形式训练说。他所说的本能或与生俱来的能力是指儿童生而具有的构成儿童生长发展最原始基础的一些"有效的冲动"（杜威，1981c）[36]，也就是儿童与生俱来的一些最基本的生物性条件，且这些条件仅是儿童生长所赖的内部条件的一部分而不是全部，这样似乎更合乎他的本意。

至于第二个问题，本书认为杜威比较辩证地处理了内部条件和外部条件的关系问题。尊重儿童是杜威教育理论的特色，对教育的社会性的强调同样也是杜威教育理论的重要特色。他说，"教育过程有两个方面：一个是心理学的，一个是社会学的。它们是平列并重的，哪一个也不能偏废；否则，不良的后果将随之而来。""不能把教育看作是二者之间的折衷或其中之一凌驾于另一个之上而成的。"（杜威，1981b）[2]一般而言，要比较内外因之间的相对作用的大小是相当困难的，原因就在于个体发展不是内外因相加的结果。外因不同会产生不同的内因，内因不同，同一外因可以产生不同的结果，机械的对比常常会导致严重的错误。但从本质上讲，杜威较重视内在心理条件。"心理学方面是基础的。儿童自己的本能和能力为一切教育提供了素材，并指出了起点。"（杜威，1981b）[2] 心理学方面较社会学方面是更为基础的东西。在《民主主义与教育》中，他明确地指出："如果某个社会的成员们要继续生存下去，他们就必须教育他们的新生一代，但作为这个教育任务的指导的将是个人兴趣而非社会需要。"（Dewey，1916c）[4] 生长诚然具有社会性，但生长有社会性并不等于杜威承认生长受制于社会需要，并不等于他承认外部条件决定生长的本质，曹孚曾深刻地指出了杜威在这个问题上的观点的要害："杜威的结论是：儿童是第一义的，社会是第二义。不是社会规定儿童发展的方向，而是儿童决定社会发展的方向。社会不应该规定儿童将来变成这样或那样。相反，儿童的教育应该决定将来社会之是这个或那个。"（曹孚，1989）[25] 教育工作若要取得成效，必须重视儿童身心发展规律，必须注重内部因素。内因是变化的依据，外因是变化的条件，外因通过内因而起作用。但是，儿童接受教育、获得发展的过程，是一个逐渐社会化的过程。因此，内因影响的主要是儿童身心发展的速度和质量，而外因影响的则是儿童发展的社会性内容和实质。决定儿童身心发展本质的是后者而非前者，前者只提供材料，提供发展的可能性，后者则赋予前者社会性内容和发展的现实性。如同朱智贤教授所说的，"儿童心理如何发展，向哪里发展，并不完全由儿童心理的内因本身来决定，而主要是由适合于儿童心理的内因的教育条件来决定"（朱智贤，1960）。杜威重儿童发展的内因是无可非议的，但重过了头，使内因凌驾于社会制约之上，则成为谬误。

第三个问题是：杜威如何看待人与人之间发展的内部条件的不同与外部条件的不同而导致的对个体生长的不同影响？人的发展与生长是受种种因素限制的，不仅受到外部条件的限制（如不同的社会发展水平），还受到个体自身条件的限制（如先天遗传素质的差异、现有心理水平和人的寿命长短等）。杜威当然认识到了这一点，他的要求是：尊重内部条件与优化外部条件相结合。内部条件的不同导致儿童生长中存在个别差异，怎样对待这种差异呢？杜威认为正确的做法不是消除这种差异，而是要尊重这种差异，应使每个儿童在其自身所能允许的范围内达到最充分的生长和发展，以一时的智力测验决定一个人的终身是错误的，因为这种做法没有看到心理是可变的，没有看到生长是一个持续的过程。优异者诚然应得到褒扬，智力较差者也不应受到漠视，都应尽其所能。现有内部条件不佳不应成为提供劣质外部条件的原因。这种要求是具有人道色彩的要求。教育的外部条件的差异丝毫不比内部条件的差异小，贫富差异、种族歧视给不同阶层和种族的儿童的生长带来了很大的差别。杜威要求优化外部条件含两个方面的重要内容：一个是在学校范围内，提供一种雏形、典型的社会生活；一个是在社会范围内，谋求经济、政治、种族的平等，使人人都有同等的受教育的条件，即都有同等的影响生长的外部条件。这种要求是具有平等色彩的要求。人道的要求和平等的要求归根到底是民主的要求，即，杜威是以民主为标尺看待生长的内在条件与外部条件的。

三、生长的内容与方向

在杜威看来，生长体现为身体、知识、能力、道德等诸多方面的生长。"儿童的生长是一个有机整体，包括智力方面、社会方面和道德方面，同样也包括体育方面。"（Dewey，1909）[8] "学习至少包括三个要素：知识、技能和品格。"（Dewey，1985g）[268] 因此，杜威指出："生长，或者生长着即发展着，不仅指体格方面，也指智力方面和道德方面……"（Dewey，1938c）[28]

杜威的这些论述没有丝毫新意，是几千年前的亚里士多德早就论证过的。因为人是由身、心两方面构成的，而心又含智力因素与非智力因素两个层面，因此个体人的发展（或生长）的内容当然就包括身体、知识、智力、情感等方面。

然而，不同的时代对这几个方面的发展有不同的要求，杜威的卓越之处在于他描绘了工业化、民主化的现代社会对人的生长与发展内容的新要求。本书第一章对这种新要求做了详尽的叙述，笼统言之，这种新要求是：应具有民主精神与民主素质；应具有良好的职业能力；应具有新个人主义的道德风貌；应具有良好的公民素质；应掌握智慧的方法，具有解决实际问题的能力。因此，在杜威那里，生长的内容不是虚无，杜威对它的论述亦不是泛泛空谈，生长在杜威那里有其切实的内容。儿童的生长与发展主要就是上述几个方面的生长与发展，具有强烈的社会性和现实针对性。

生长和发展还有一个方向的问题。杜威认为，生长应有一个起始点，同时也应有一个归宿点，发展作为一种持续的运动应有一个社会性的方向和目的（Dewey，1934a）。杜威还明确指出生长应有一个社会性的目的，"在进步的生长中，教育可以使个人的能力得以解放，而且这种生长是指向社会性目的的"。（Dewey，1916c）[115] 这个社会性目的就是其民主主义的理想。布鲁巴克认为杜威有明确的社会定向："他明确地拒绝了进步教育者的无指导的、甚至于无限制地自我表现的目的。相反，他明确地指出需要成熟的成人对儿童的正在萌发的能力给予方向进行帮助。对杜威早期著作的考察，可以进一步证实这个结论，即杜威是有强烈的社会定向。他的早期著作《学校与社会（School and Society）》，以及他的经典著作《民主主义与教育（Democracy and Education）》都雄辩地证明，他希望个人的目的基本上是受工业和政治的社会效率的需要所制约的。"（布鲁巴克，1989b）[417]

生长的方向问题与教育目的问题密切相关，下文还会详述之。

有人认为"生长"就是率性发展，就是要求给予儿童自由，因此在杜威那里，教师的作用是次要的。这不合乎杜威本意，杜威认为教师在儿童生长中应发挥比在旧教育中更大的作用（Dewey，1934a）。儿童的生长应是在教师指导下的一个过程，"教育上的问题在于怎样抓住儿童的活动并予以指导。通过指导，通过有组织的使用，它们必将达到有价值的结果，而不是散漫的或听任于单纯的冲动的表现"（杜威，1981c）[33]。教师因其更多的经验，理应在儿童生长中发挥重要作用，教师"具有更成熟的、更丰富的经验以及更清楚地看到在任何所提示的设计① 中继续发展的种种可能，不仅是有权而且有责任提出活动的方针；……只要教师了解儿童和教材，就不需要害怕任何成人强加什么东西"（Dewey，1985g）[266]。杜威还特别重视教师在塑造公民、改造社会中的作用，认为教师应走在时代的前面，心目中应有一个社会目标，应积极行动起来纠正社会弊病（Dewey，1935d）。杜威引用埃默森的话表明，尊重儿童的新式教育对教师的素质提出了更高的要求（杜威，1990）[56-57]。总之，教师应对生长予以有效的指导，应使生长具有明确的社会方向。

美国学者阿香博（R. D. Archambault）认为杜威关于教师作用的观点是矛盾的。他认为，在杜威那里，教师在学生学习过程中是起指导作用还是仅仅作为一个中立的促进者，的确是不明晰的（Archambault，1966）[173]。这种看法不是没有根据的，杜威也曾明确讲过："现在的教员应当放弃向导（Cicerone）和指挥官（Dictator）的任务，来执行看守者（Watcher）及助理者（Helper）的任务。"（杜威，1923）[155] 本书认为，杜威此处的重点是批判旧教育对儿童的压制，而且，用现在的术语讲，杜威的目的是要发挥儿童的主体作用，但这与发挥教师的主导价值并不矛盾。杜威一直而且愈来愈强调教师对生长的指导作用。

从文法上看，"教育即生长"是不通的，生长不同于教育，没有学校教育，依然有生长，学校教育并不构成生长的必要条件，二者具有可分离性。但从本质上看，"教育即生长"所揭示的是一种崭新的教育观和发展观，教育的过程

---

① 指课程设计。——引者注

和生长的过程是一个连续的、交互作用的过程，是一个不应使儿童受到压制而应使儿童得到充分发展的过程，这个过程并不是纯生物学的过程，而是一个需要教师、成人指导的社会化的过程。那种认为杜威的生长是与社会无涉的观点是站不住脚的。

杜威讲"教育即生长"是与他对教育目的的讨论并行的，"生长"是杜威教育目的的代名词，为进一步明确生长的内涵，下面将着重探讨杜威教育理论中生长与教育目的的联系。

第二节
生长与教育目的

对于目的和教育目的，杜威在《公众与学校》（1901 年）、《民主主义与教育》（第四章"教育即生长"、第八章"教育上的目的"、第九章"以自然发展为目的和以社会效能为目的"，1916 年）、《教育的目的与理想》（1921 年）、《人性与行为》（第十九章"目的的性质"，1922 年）、《教育中的理想、目的和方法》（1922 年）、《教育的社会目的》（1923 年）、《教育的方向》（1928 年）、《教学职业的责任与职责》（1930 年）、《为什么有进步学校？》（1933 年）、《教育与新的社会理想》（1936 年）等著作与论文中有较为集中而专门的论述，这些集中而专门的论述和散见于杜威其他著作中的更大量的论述是我们理解"生长与教育目的"二者间联系的重要资料基础。

杜威的教育目的理论是杜威教育理论中最为晦涩难解的部分，本节从以下若干方面对杜威的教育目的理论做简要剖析。

一、教育无目的与教育有目的

杜威以所谓"教育无目的论"而著名，他有几句典型的论述：（1）"教育

的过程，在它自身以外没有目的；它就是它自己的目的。"（杜威，1990）[54]
（2）"因为生长是生活的特征，所以教育就是不断生长；在它自身以外，没有
别的目的。"（杜威，1990）[57]（3）"我们探索教育目的时，并不要到教育过程以
外去寻找一个目的，使教育服从这个目的。我们整个教育观点不允许这样做。"
（杜威，1990）[106]（4）"我们要提醒自己，教育本身并无目的。只是人，即家长
和教师等才有目的；教育这个抽象概念并无目的。"（杜威，1990）[114]

　　这几点并不能说明杜威持"教育无目的论"。杜威在这里只不过区分了两种
类型的目的，一种是教育过程之外的目的，一种是教育过程之内的目的，只不
过说明了教育这一活动的目的必须以人为依托。杜威明确承认教育有过程以外
的目的，他认为在非民主社会，目的是强加于教育过程的。（杜威，1990）[106] 杜
威的民主主义理想使他提出了富有民主主义色彩的"生长"作为教育的目的。
但杜威的表述不准确，他把"应然"判断（表述其主观理想）表述成了"实
然"判断，从而招致误解。即：他应把"教育的过程，在它自身以外没有目
的；它就是它自己的目的"表述为"教育的过程，在它自身以外不应有目的；
它应是它自己的目的"；应把"因为生长是生活的特征，所以教育就是不断生
长；在它自身以外，没有别的目的"表述为"因为生长是生活的特征，所以教
育就是不断生长；在它自身以外，不应有别的目的"。这样更合乎杜威的原意，
也更能清楚地表达杜威的理想。

　　至于第四点，只不过是杜威对目的的主体问题做的一点提示。从严格的意
义上讲，所有的目的都是人的目的，没有人的参与和介入，任何活动不仅不会
有目的，而且活动本身根本就不会存在。教育是由人所从事的一种活动，我们
一般所言的教育目的严格讲应是"人通过教育这种活动所要达到的目的"（当
然，这里的人比杜威所提及的"家长和教师"的范围要宽泛得多），实际上，
教育目的所体现的是人的目的，就如同杜威所提出的教育目的——生长是他的
主观的目的一样。但在理论和实践中一般不将"教育目的"与"人的目的"做

严格的区分，实际上杜威在很多地方也没做严格的区分，而是大谈教育目的的特征、类型等等。（杜威，1990）[114, 118-119] 因此，没有必要把杜威的"教育本身并无目的"这一句话置于太重的地位，并将之作为杜威"教育无目的论"的重要证据，因为杜威讲这句话时，主要是说明目的是依人而存在的，一切活动（包括教育）的目的都是人的目的，离开了人，教育不仅无目的，而且根本就不会存在。

目的性是人类实践活动的一个根本特性，人的实践活动之所以不同于动物的本能活动，就在于人的一切实践都具有自觉的意图，具有预期的目的。教育作为人类的实践活动之一，也是有目的的。教育目的是教育实践的第一要素和前提，没有教育目的，教育这种活动也就不存在。杜威一生的教育实践与教育理论研究自然且必然也会有他自己改革教育的理想和目的。由之，不少人认为杜威的"教育无目的论"只存在于理论层面，杜威的教育实践却是有目的的。本书认为，这种看法是不确切的。第一，这种看法将理论与实践割裂开来，是杜威所深恶痛绝的二元论的表现。实际上，杜威的理论与实践是统一的，他在理论上所宣扬的，也正是他在实践中所奉行的。第二，杜威的教育实践是有目的的，这谁也不能否认，杜威在理论上也是主张教育是有目的的，他说："教育一事，不可以无目的。无目的则如无舵之舟，无羁之马，教育的精神从何发展，其结果必不堪设想。"（杜威，1981j）[439] 这个目的在杜威看来就是生长（至于这个生长的目的能否有效地指导教育实践，那又是另一回事）。也就是说，在理论上杜威也是主张教育是有目的的。第三，杜威在理论上批判了三种比较典型的教育目的论，批判并不只是否定，也意味着理论上的肯定，意味着杜威在理论上主张教育有目的。第四，如果杜威在理论上承认教育无目的，那么他的整个教育理论既无建立的必要，也无建立的可能。第五，有人认为杜威在从理论上论述教育目的时存在着混乱，一会儿讲有目的，一会儿讲无目的，"据说教育有目的但又没有目的，在前面论述了生长和民主之后，我们就感到这种说法是相当混乱的"（霍恩，1989a）[580]。这只能说明评论者本人没有注意到杜威所表述的语句的真正内涵。

总之，在教育目的问题上，无论在理论上、实践上，还是理论与实践的关系上，杜威的看法都是同一的，这就是主张教育有目的，这个目的就是过程内的生长。本书认为，讨论杜威的教育目的，关键不在于"有目的"与"无目的"的问题，而在于杜威"支持什么目的"与"反对什么目的"的问题。

二、假目的与真目的

霍恩（H. H. Horne）对以生长作为教育的目的提出疑问，他认为，"问题在于我们的生长不止一种而有多种，有正当方式的生长，也有错误方式的生长；有常态的生长，也有变态的生长；在许多犯罪学校中，有许多错误的生长；许多生活乃是歪曲的生长；一些所谓的'新'教育，乃为停止之生长。我们必须建立一个正确的标准"（Horne，1932）[52]。也就是说，生长有不同的方向，必须为生长确立一个正确的方向，确立一个社会标准。

对于霍恩的批评，杜威在《经验与教育》中做出了非正式的答复。杜威也承认一个人有不同的生长方向，"一个人有可能生长成为老练的强盗、恶棍或腐化不堪的政客，这是毋庸置疑的。但就教育即生长、生长即教育的观点来看，问题就在这种方向的生长，一般说来，是促进还是阻碍生长。……只有当按照特殊方向的发展有助于继续生长时，才符合教育即生长的标准"（Dewey，1938c）[29]。

在此，杜威提出"继续生长"作为生长的标准。吴俊升认为，一种坏的生长，并不因其导致了更多的生长或者好的生长而成为好的生长。如某人因窃而致巨富，然后以此财力孜孜以求于学问或从事慈善事业，"窃"导致了好的生长，但"窃"却绝非好的生长。"任何生长不能因量的增加而变其质"，"所以更多的生长，或引致其他的生长，并不能作为衡断生长的好坏的标准"。（吴俊升，1960）曹孚认为，杜威的"这种辩解没有把原来的生长说推动一步。假使你承认，在各种不同的生长之中，有着质的不同，即是有好有坏，那么你必须承认有一种可据之以决定好坏的标准或方向。杜威说，这标准就是'更多的生长'。这等于说：生长需要有一个标准，而这标准就是生长！"（曹孚，1989）[28]

杜威还曾提出"包含最多生长的可能性"（containing the possibility of max-imum growth）作为衡量的标准，美国学者普赖斯（K. Price）认为这依然费解，令人捉摸不定（Price，1957）[63-64]。也许在这里也应当像霍恩给良好教育目的的三个标准加上民主标准一样（见下文），也给生长加一个民主的标准。但蔡尔兹（J. L. Childs）却认为："'生长'的概念，或'教育是它自己的目的'的概念，即使经过民主主义的解释以后，仍然不免若干限制。生长有多种，而教育者必须有衡量生长的标准。我们可以同意杜威的说法，认为凡能导致更丰富的生长而具有促进'一般生长'的倾向的，都是可欲的，因而是好的；可是我们仍然感觉需要确定的标准，使我们可以把那些具有导致更多生长的潜能的经验从那些不具此潜能的经验中分别出来。"（吴俊升，1960）

教育目的是一切教育活动的出发点，又是一切教育活动的归宿，它涉及教育应为一定的社会培养什么样的人的问题，因此教育目的的表述就必须表达出要培养什么样的人这一关键问题。杜威"生长为了生长"能解决培养什么人的问题吗？不能，生长不能作为自身的目的，它本身还需要一个标准，需要别的因素加以规定。因此，尽管杜威给教育提供了一个过程内的目的，但从逻辑上看，它却并不能给人提供一个切实的目的，起不到教育目的应有的作用，它是一个"假目的"。

从过程的角度规定教育目的不能反映出教育的本质特性（培养何种类型的人），不能揭示教育目的应揭示的东西。过程是一种中性物，其性质需要别的因素加以规定。当杜威告诉我们教育的目的是"生长为了进一步的生长"时，似乎是同语反复，我们从中很难获得多少有价值的信息，心中会感到茫然而不知所措。虽然生长是一个"假目的"，但在研究杜威教育目的理论时，我们绝不能完全抛开这个假目的去寻找其"真目的"，然而实际上我们往往都这么做。我们一般的模式是先论证生长不能起到教育的目的的作用，等于没有提出教育目的，然后突然转折，认为杜威还是有目的的，目的是……。这种方式显然是在杜威的生长论与其整个教育理论之间划一道鸿沟，这道鸿沟实际上是划不开的，因为生长是杜威教育理论的一个核心概念，是与其整个理论融为一体的。我们认为，生长有其丰富的内涵，杜威的生长的目的沦为"假目的"，主要在于他规定教育目的的方式和角度与我们不同。生长具有社会性的内容和方向，这才是生长的实质，我们规定教育目的一般都是从这个角度着手的，但杜威不从这个角度而从过程本身来规定，他将儿童生长的过程看得比实质更重要，将过程凌驾于实质之上，这是其生长目的论的要害所在。杜威从生长的一个不足以说明教育目的是什么的方面规定教育目的而走向"假目的"，我们要做的是从生长的那些能说明教育目的是什么的方面去寻找杜威的"真目的"，而不应抛开生长去寻找杜威的"真目的"。那样做，即使找到了，最后还要回到生长这个概念上来。如同现在许多学者所做的那样，经过一番努力证明其目的是"假目的"，又抛开这个"假目的"，经过一番努力后终于发现杜威要培养的是掌握科学探究的方法、具有解决实际问题的能力、具有良好的民主素质、具有宽泛的职业素质的人，认为这就是杜威的"真目的"，这没有错。但这个目的与生长是什么关系？杜威会怎么看待这个目的？对这些问题不少研究者显然持回避态度。本书认为，这几个方面所揭示的内容就是生长的中心内容，杜威会认为这几个方面是从属于生长的过程的，是有待于进一步"生长"的。这说明杜威的问题不在于他是否承认这几项内容的重要性，而在于他根本就不从这个角度看待教育的目的，他的强调变化和过程的哲学不允许他这么做。生长不是单面的，而是一个多面体，讨论杜威的教育目的必须找准分析生长问题的恰当角度，否则就会误入歧途，不仅会落入杜威的圈套，更会落入自己的圈套。

三、个人与社会

杜威提出一个良好的教育目的须有三个标准：第一，根据受教育者的特定个人的固有活动和需要（包括原始的本能和后天获得的习惯）；第二，具有灵活性，不是呆板固定的，能因时而化，适应变化了的条件，对具体的活动过程有指导意义；第三，是教育过程内的目的，是一种期待的目标（ends in view），是某个过程的终结，但不是整个过程的终结，某个期待的目标实现了，又有一个新的过程、新的目标需要完成，目的应是处于过程中的具体的东西，而不应是抽象的和终极的。在杜威看来，以儿童的生长为教育的目的合乎这几条标准，生长论最重要的一点就是对儿童的包括本能在内的需要、兴趣和能力发展的尊重；生长的目的是教育过程之内的目的、具体发展阶段的目的，具有灵活性；生长的目的强调生长的连续不断的过程，不是终极性的。

但显然杜威在这里没谈社会这一重要因素。教育目的之"良好"与"不良好"是相对于一定社会、一定文化的价值观而言的，脱离了具体社会条件而侈谈好与坏没有什么意义。杜威所提出的三个特征并不足以构成良好教育目的的充分条件。一个以窃为业的人，以盗为乐，以盗为目的，而且盗技高超，他行窃能满足自己的需要，已形成的行窃技术对以后的行窃亦有助益。这完全符合杜威所说的良好目的的几个条件，但行窃却绝非好的目的，以至于霍恩认为需要增加一个衡量的标准："为了正确地制订一个目的，我们至少要增加第四条标准，这就是一个好的目的是促进民主的目的。"（霍恩，1989b）[566]

由此很容易得出这样一个结论：杜威的生长是以本能为基础的、与社会无涉的生长，生长论颇似天性展开说和自然目的论。这种看法不正确。生长不是与社会无涉的，生长的外部条件、生长的内容、生长的方向皆具有社会性，甚至生长的内在条件也具有社会性。在杜威的理论中，生长的内在条件可归纳为儿童的兴趣、本能、依赖性、可塑性以及后天形成的习惯。且不说人的与生俱来的一些生理特征与冲动就已含有人类文明积淀的痕迹（杜威也认识到这一点），后天形成的习惯则毫无疑义地具有社会性。

无疑，生长不是自然发展，生长具有强烈的社会性。在杜威看来，使个人得到充分生长、全面发展是民主主义社会对教育的要求（杜威，1958）[100]，同时通过教育所获致的个人的充分生长、全面发展又成为促进民主主义社会发展的重要工具。杜威将个人生长与民主的社会目标看作一致的东西，在民主主义的旗帜下，在"教育即生长"的口号下，个人与社会的对立、个人本位论与社会本位论的对立、社会效能论和文化修养论的对立归于消失。

可见，杜威并不是不谈社会，并不是不谈社会与个人的关系（甚至还相当辩证）。重要的是弄清楚杜威所谈社会的性质以及个人与社会关系的性质。

杜威对个人与社会关系的认识有诸多不足：其一，杜威所讲的个人与社会不可分离，互为规定，是一种对个人与社会关系的表象的描述，他没从经济关系这一深刻的、具体的、历史的角度去看待这一关系；其二，在教育上，他的个人社会关系论的实质是想通过教育促进儿童的充分生长，然后改造社会，使社会进步，他视教育为改造社会的根本手段，其社会改造论属改良论；其三，杜威一方面讲社会条件不能决定教育目标（杜威，1932）[85-86]，一方面又认为教育批判和教育建设需要"一种特定的社会理想"（杜威，1990）[105]，杜威一方面认为生长的教育目的只有在真正的民主社会中才能达到（霍恩，1989b）[558]，一方面又认为真正民主的社会只有通过教育、通过儿童的生长才能达到。"谁不亟欲知道哪一个一定应该在先，或者其中一个不存在是否另一个能出现啊！"但杜威却始终"没有解答我们提到的两难之境"。（杨，1988）[465]在此，杜威陷入了18世纪法国唯物主义者那样的怪圈。

那么，教育目的到底是由个人（受教育者）还是由社会所决定的呢？杜威没有讲清楚这个问题。杜威讲个人的自然倾向不能提供教育的目的，又讲社会不能决定教育的目标，他的答案是教育目的是由教育过程自身所决定的。当然这有一个前提——必须在民主主义社会。那么专制社会里存在的外在于教育过程的目的是由什么决定的呢？杜威认为是由外部命令决定的（杜威，1990）[106]，实质上是统治阶级决定的。这不就等于承认了教育目的的社会决定性了吗？当然杜威反对这种外在的目的，但主观上反对并不等于客观上不存在。

　　教育目的，不论主观上提出的还是客观上存在的，都是社会存在的反映。教育目的虽然在表现形式上是主观的，反映提出者的主观愿望，但却是针对现实并在现实的基础上提出的，它往往反映现实的不足与匮缺。如同杜威所说，"我们往往根据当时情境的缺陷和需要来制定我们的目的"，"在一定的时期或一定的世代，在有意识的规划中，往往只强调实际上最缺乏的东西"。（杜威，1990）[118] 杜威提出"生长目的论"，要求尊重儿童的心理水平，正说明在教育实际中对儿童的心理水平不够重视，正说明民主的社会理想对教育的制约性；杜威力求培养的那些素质（尤其是职业素养、民主素养、科学方法的掌握等）也都是由当时美国经济工业化、政治民主化的社会现实所决定的，是柏拉图所不会提出的，是奥古斯丁所不会想到的。

四、目的与手段

　　杜威对目的与手段的关系持相对主义态度。他认为，"外部的目的观把手段和目的分离，而从活动内部产生的目的，作为指导活动的计划，始终既是目的，又是手段，目的和手段之间的区别只是为了方便。每一个手段在我们没有做到以前，都是暂时的目的。每一个目的一旦达到，就变成进一步活动的手段。当它标示我们所从事的活动的未来方向时，我们称它为目的；当它标示活动的现在方向时，我们称它为手段。"（杜威，1990）[112]

霍恩认为，对目的和手段必须做出区分，因为"不受欢迎的和不感兴趣的手段，可以用来达到受欢迎的和使人感兴趣的目标"，也就是说，当人从事不感兴趣的活动时，目的与手段就存在分离现象。因此，手段与目的不是一致的。霍恩进一步指出，如果手段和目标可以完全成功地结合起来的话，逻辑上的结果"就会只给我们手段而没有目标，或者把手段当作唯一的目标"，因为杜威推崇变化，一个变化导致另一个变化，没有穷极。霍恩还认为，在杜威理论中，民主是一个理想，假如将来它终于实现了，这个实现了的目的又是谁的手段呢？霍恩指出这是相对主义的目的与手段的关系论无法回答的。（霍恩，1989b）[567]

霍恩的这几点批评软弱无力。第一，杜威明确承认目的与手段存在分离现象，他讲手段与目的的合一是有条件的，是当目的从活动内部而非外部产生时出现的。因此，关键问题应是：当一个目的是内在的目的时，即当一个目的是活动者自己的目的时，目的与手段是否合一？本书认为，在这种情况下，有时是合一的（如一位文学爱好者看他爱读的作品），有时也是分离的（如一位病人为病愈而服苦药）。第二，即使如霍恩所假设的，手段与目的能完全结合，按杜威变无终极的理论，也只能得到无终极目的而不能得到无目的的结论，无终极目的与无目的不能等同。事实上，马克思主义也认为终极目的是不存在的，但马克思主义并不因此否定其他目的的存在。第三，霍恩假设民主有朝一日终于完全实现了，这种假设不合杜威本意，因为在杜威看来，没有终极的东西，民主也永无完全实现之日，"民主"是一个内涵不断变化、外延不断丰富的东西，不是一蹴而就甚至几蹴而就的东西。他曾明确地指出民主也是变动的。（杜威，1965）[29, 35] 民主的目的是什么？杜威会很容易地回答：为了获得进一步的民主。就如同他认为"生长的目的是为了更多的生长"一样。

但这并不是说杜威没有不足之处，他认为当目的为内在的目的时，目的与手段是合一的，这种认识以偏概全，这是其一；其二，他用词含混，如"每一个手段在我们没有做到以前，都是暂时的目的"，让人不知所云；再如，他说当一个东西表示活动的未来方向时就成为目的，而表示现在的方向时就成为手段，实际上，"活动的未来方向"与"活动的现在方向"很难说有什么区别。

从杜威整体的理论看，重手段是其工具主义的典型表现，工具主义甚至可以表述成"手段主义"。他重教育这一重要的改造社会的工具也是重手段的表现。将目的与手段相对看待旨在让人们不再像过去那样耽于编织美妙的、遥远的幻想，而应踏踏实实地去付诸现实的、切近的行动，去寻求达到目的的方式与手段。杜威在《哲学的改造》中认为："只有学习一心坚持尊重物质即事业成功积极和消极所系的条件的人，才是忠实尊重目的和志向的人。自命抱着目的而轻视实行手段，是最危险的自欺。教育和道德到了它们也晓得一心一意地注意手段和条件（人类所久已轻视为物质的机械的事物）的时候，才可以走上化学工业和医术为它们自己所开拓的同一发展途径去。如果我们以手段代替目的，我们就陷进道德的唯物论去。但我们只注意目的而不注意手段，便堕入感情主义，在理想名下我们倚靠运数和机会和魔术或戒律和说教，不然也落于狂热主义，这会造成无论牺牲多大也要达到既定的目的。"（杜威，1958）[39] 杜威在《人性与行为》的绪论中指出："只有当人把居间行为认真地当作目的来看待时，他才不至于在改变习惯的任何努力中白白浪费时间。在一切居间的行动中，下一个行动是最重要的。第一个或者说最近的手段就是要发现的最重要的目的。"（Dewey，1930b）[35] 杜威在《教育科学之源泉》（1929 年）、《教育与我们目前的社会问题》（1933 年）等著述中也表达了相同的看法。美国学者宾克莱（L. J. Binkley）这样转述杜威对手段的认识："我们之所以对社会还没有做任何系统的改造，原因就在于我们对社会改造的那些手段没有予以重视。杜威坚持说，我们必须真正关心手段的问题，否则我们决不会取得任何进步。实际上，只有在认识到我们所要走的下一步是最重要的一步时，我们才有可能在改善人类条件方面取得较大的进展。"（Binkley，1969）[20]

更为重要的是，将目的与手段相对看待在理论上还具有浓厚的人道主义和民主主义色彩。杜威指出，如果目的是强加于、外在于活动的，"活动就只是获得某种别的东西的不可避免的手段；活动自身没有意义，无关重要。和目的比较起来，活动只是不得不做的苦事；这是在达到目标以前必须通过的事情，只有目标才是有价值的"。他认为"目的和手段分离到什么程度，活动的意义就减少到什么程度，并使活动成为一种苦工，一个人只要有可能逃避就会逃避"。但当目的内在于活动过程中时，活动本身就是"有意义的"，"活动的每一阶段有它自己的价值"，活动者从中会获得精神的内在满足，这时活动本身既是达到某种目的的手段，又是目的与意义本身。（杜威，1990）[112] 因此，杜威关于目的与手段的理论意蕴很深，它体现的是一种将工具价值与内在价值或者说将工具主义理论与人道主义精神相互结合、相互融汇的理想，体现了杜威理论的核心精神。

上面是从理论上讲述其目的、手段论，下面从实际的角度讨论之。不少人认为杜威的理论有空想主义色彩，如同吴俊升所指出的："杜威在教育上，似乎悬着一种太高的理想，不易圆满实现。要实现其理想，必须具备若干先决条件。"（吴俊升，1960）这说明杜威在理论上提出的教育理想（不论是民主，还是生长、生活、经验改造等）与社会所能提供的现实手段存在着分离现象，说明其理想在由一种主观可能性向客观现实性外化的过程中存在着难以克服的障碍。这些现实手段的匮乏主要包含两个方面：一是合适的师资，一是充分的设备和学校建筑。正如胡克所论及的："适当的条件为学生少的班级，各式各样的设备，具有实行进步教育的熟练技术的好教师，习于传统教法的在职教师的训练，更多的教职员，以及在课程适当地方需要的自由：这些乃是绝对需要的先决条件。如缺乏此等条件，进步教育乃是一种骗局和一出滑稽戏。"（Hook，1945）这种要求对于杜威同样切实。因此，杜威虽有崇高的理想，但却无切实的手段，且由于手段匮乏（不仅指物质方面的，还指教师素质方面的）而导致其理论被误解、被扭曲，从而对实践产生了消极的影响。这让要素主义认为，杜威和进步教育运动虽标榜民主，但其不注重系统知识学习的实际做法却使美国教育水平下降，使美国的民主政治秩序受到"极权主义"的挑战，实质上帮了民主的倒忙。（巴格莱，1980）[157-160]

目的是由于人对现实不满足而产生的，人们提出目的后必定不满足于目的存在的主观状态而力图实现它。但目的的实现不仅取决于提出目的的前提和根据，而且取决于实现目的的手段。人们有时对目的的考虑是严肃的、认真的，但对手段却往往采取轻率的态度。殊不知这种对手段的轻率，实际上也就是对目的的轻率。有些目的即使符合规律和事物的发展趋势，如果不具备相应的手段，也是不能实现的。只有当实现目的的手段已具备或经过努力能够创造现时尚缺的手段时，目的才是能够实现的，才是具有现实性的。因此，重要的是把目的同手段统一起来。既要根据客观规律提出正确的目的，又要根据客观条件积极创造现实的手段。（夏甄陶，1982）[350-351] 杜威提出了其改革教育的宏伟理想，也提出了一些必备的条件，但他在理论上提出的这些条件现实是无法满足的，也就是说杜威的理想（目的）与现实条件（手段）之间存在着矛盾。理论上的完美与崇高绝对不能取代现实中的匮乏和不足。

五、一般的目的与具体的目的

布鲁巴克认为，杜威是靠每一个情境决定教育目的的，因此在杜威那里，有很多具体的目的，并且这些目的和生活情境一样是变动不居的，杜威"没有提出教育目的的一览表"，"他能对全部的教育目的做出唯一的概括，可以用三段论的形式来叙述"。（Brubacher，1966）[19-20] 这个三段论和吴俊升提到的三段论基本一致，都是说杜威把其教育目的归结为过程内的目的，归结为生长。这是杜威对教育目的的最一般的概括。

杜威不一概反对一般目的的存在，对一般目的持讨论态度，认为有些一般目的是抽象的、脱离实际的，应予以否定，但"一个真正一般的目的，能开拓人们的眼界；激发他们考虑更多的结果（即联系）"，反而是有助于实际的。杜威也把一般的目的称作综合性的目的，并认为这种一般的、综合性的目的不止有一个而是有多个，这些目的并不都是对立的。他指出，虽然"当我们实际上有所作为时，我们必须在一个特定的时间选择一个特定的行动，但是无论多少综合性的目的，都可以同时存在，并行不悖，因为它们不过是对同一景色不同的看法。……一种目的的说法，可以暗示另外一些问题，要求进行别的观察。因此，我们的目的愈一般愈好。一种说法可以强调另一种说法所忽略的方面"。（杜威，1990）[116-117]

在《民主主义与教育》第九章中，杜威认为三种教育的一般目的（即由自然提供的目的、社会效率作为目的、文化作为目的）各有损益，他从中吸取了有价值的合理的东西而剔除了其中他认为的狭隘的错误的方面，得出的结论是：教育目的必须顾及个人的天赋，教育应尊重个人的能力与兴趣，在此基础上，塑造人的职业能力和良好的公民素质，使人的个性得以充分发展，从而求得社会效能，更好地服务于民主社会。杜威对三种教育目的理论的批判和吸收所体现的精神与前面讲到的生长论是一致的。虽然杜威没有明确地讲生长是一般目的，但从其理论整体来看，这时讲的三个一般目的是从属于生长这个"更一般"的目的的。这三个一般目的更鲜明地揭示出生长这个更一般的目的的一些基本要求和基本内容。就同德智体美劳五方面发展能更清楚地揭示"全面发展"这个概括的概念一样。

从杜威的理论和其教育实验中，我们也能找到一些关于培养人的较具体的要求，但杜威对这些具体的要求要么谈得甚少，要么将其归属于生长和生长的过程之中，他谈得最多的还是那个最一般的概念——"生长"，直到晚年写《经验与教育》时还是如此。这也许和杜威强调变化与过程有关系，因为在他看来，拟出一个细目就意味着呆板和固定，就意味着缺乏灵活性和变通性。

这对实践是很不利的，因为生长是一个抽象的、不能自明的概念，既然作为一个指导教育的目标，就应将之明确并具体化，只有这样才有益于实践并有益于目的自身。加拿大学者塔巴指出，"为了使目标成为实践的指导，就必须把它们转化成明确的定性的内容"，"任何一个未加限制的目标，要么必然仍旧是一个总括性的术语，要么必然充满了由个人的偏爱和信念所赋予它的各种不同含义"。（塔巴，1989）[620] 虽然杜威赋予了"生长"很严肃的社会性，但由于没有对它加以较具体的限定，在实践中许多进步主义教师对生长做了各不相同的主观理解，这是导致进步教育失败的一个重要原因。

将一般的目的分解，在西方教育史上是早已有之的做法，在近代，斯宾塞将生活划分为五种并视教育为完美生活的准备，就是一典型例证；在杜威活动的时代，将一般的目的予以分解的例证不胜枚举，其中较典型的有二：一是作为团体的美国教育协会于1918年提出的七项教育目标，一是教育学者博比特（F. Bobbitt）于1924年在其《如何编制课程》一书中所提出的十类目标，他将人们的生活分成十大类，认为这十大类的活动便构成教育的主要目标，他还嫌分得不够细，又将之进一步划分为831个小目标（林本，1989）[642]，博比特的这种分析方法被称为"工作分析法"（job analysis method），他"把这种提出教育目的的方法看作是一种促使教育适应变化着的生活需要的充分的努力"。（塔巴，1989）[619]

虽然博比特强调他的这种划分是为了使教育能更好地适应变化着的生活的需要，但塔巴却认为，博比特的工作分析法所"包含的生活哲学是生活一成不变的哲学，甚至在生活的非常细小的方面亦是一成不变的"，将生活的各个方面加以细致的描绘，如同描绘一张施工的蓝图，然后让学校这个"工厂"按蓝图去铸造学生，完全把教育当作一种技术，忽视了个人的主动性，抹杀了个人积极参与教育过程的权利，将个人置于完全被动的地位，"这些全是典型的机器时代的观点，并没有看到时代的变化方面。它们也典型地代表了这样一种思维方法：从一个运动变化的全过程中孤立地抽出一些横断面，然后给它们以最终的和终极的地位"。博比特的做法"适用于对人类经验的静态保存（static preservation）"，而教育基本上是一种演进的过程，"目的是演进着的，而不是预先存在的。目的是演进中的教育过程的方向的性质"。（塔巴，1989）[622-625]

也就是说，博比特对生活过细的描绘反而使动态的生活变得静止和僵化。那么，一般的目的具体化到什么程度才能既不流于呆板又能益于一般目的的现实化呢？这是一个非常微妙但又十分重要的问题。

博德（B. H. Bode）对工作分析法的批判也许能给我们一点启示。他认为，即使用这种列表列出重要性各不相同的全部价值是可能的，这种一览表在转变为教育目标时，也并不能给教育以应有的指导，因为它将被迫面向整个生活，没有给鉴别性的选择提供方法。这种对生活价值不加批判的探讨，也是对教育的价值和目的不加批判的探讨，这样的探讨缺乏评价和组织思想原理的核心基础，而没有这种核心基础，要对生活是什么、它要求什么、教育应追求什么这样一些问题得出清晰而完整的观点，是不可能的。[①]

教育目的源于生活，但又不应被生活的洪流所淹没，而应高于生活，将生活中的各种价值分出主次轻重，并找出核心作为目的的基础。塔巴认为："过于抽象和间接的而在现实中又没有任何重要意义的概括，以及缺乏任何统一概括和原理的具体的、特定的目标，都不能作为指导教育的适当基础。教育要在人类经验中成为一种建设性的因素，必须靠具体、实际的局势孕育出来，在这当中能够根据一般原理去了解具体细节，在这当中也能依靠概念和逻辑联系对细节和具体要素进行组织。因此，对教育目的的阐述，就是要把具体现实同总的原理、指导思想和概念结合起来。"（塔巴，1989）[630] 塔巴的这个结论或许对

---

① 参见 Bode B H. Modern educational theories [M]. New York: Vintage Books, 1927. 第4—5章。

解决教育目的中一般与具体的关系有裨益。

通过以上分析可以看出，也正如布鲁巴克所指出的，杜威"不以斯宾塞和完满生活的目的为出发点，也不以七项主要教育原则的创制者及工作分析为出发点。对他而言，完满生活的各种范畴根本不是目的，而仅仅是检验教育是否获得平衡和调和的一种有用的方法"（Brubacher，1966）[19-20]。在杜威看来，生活的各种划分只是生长的内容所要表述的，而内容又是从属于过程、有待于进一步发展与生长的。他没有对一般的目的予以具体化是有其理论上的原因的，然而这却会对实践造成不良的影响。

六、过程之内的目的与过程之外的目的

杜威极力主张教育过程之内的目的而极力反对教育过程之外的目的。有人因此认为杜威抛开社会就生长谈生长的目的，就教育谈教育的目的，将教育和生长看作一种自为的东西，看作可由教育自身规定的东西。但这种看法显然又不符合杜威教育理论的整体精神，因为杜威十分强调教育的社会作用。这就产生了矛盾和混乱。

本书认为，这种矛盾和混乱的产生是由于对杜威的"过程之内的目的"和"过程之外的目的"两个概念做了错误的理解，而认为杜威所说的"过程之外的目的"就是"社会对教育所提出的要求"，从而根据杜威否认过程外的目的而推断出杜威反对社会对教育施加影响。

实际上，杜威并未将"社会性的"都看作"过程外的"，杜威在理论上将社会对教育的影响分成两种：一种是在非民主社会强加给个人及其活动的；一种是在民主社会照顾到个人心理水平并促进其生长、发展的。前者对于教育过程而言属于外部的目的，后者则属于过程内的目的。过程内的目的并不是说不顾及社会，因为它本身就是民主社会的要求。过程内的目的具有两个方面的价

值：内在价值与工具价值（或者说内在目的与工具目的），内在价值是指因为顾及了受教育者的心理水平、兴趣需要等，受教育者从活动中就能获得满足，活动本身具有重要意义，而不仅仅是达到其他目的的手段；工具价值是指活动过程之外的价值。杜威企图通过儿童的充分生长和发展达到社会的改造，其意蕴即在于此。杜威并不是要把这二者分开，因为他一向反对非此即彼的哲学，只不过他将过程内的目的的内在价值看得比工具价值更重要、更根本罢了。"无论何人，不论是农民、医生、教师或学生，如果不知道他所造成的对别人有价值的东西只是有内在价值的经验过程的副产品，他就没有领会他的职业。为什么有人认为一个人必须在以下两种情况中作出选择：是牺牲自己去做有益于别人的事情呢？还是牺牲别人，以求达到自己独有的目的呢？"（杜威，1990）[130]转换成通俗的说法就是，不论什么人从事哪种职业，兴趣是第一位的，而金钱、名声则是次要的，是副产品，如果人仅为追逐名利而从事自己毫不感兴趣的职业，"他就没有领会他的职业"，就不能从生活和职业中获得乐趣。当然，杜威并不是只强调内在价值，工具价值也是重要的，但它是从属的。在教育上，儿童的生长、生活、经验改造是第一位的，社会的改造是第二位的，前者是后者的基础，没有个人生长，何言社会改造？

　　因此，有几点需要澄清。（1）杜威所讲的内在的目的——生长，虽然在逻辑上不能成为一个有效的目的，但它并不是不顾及社会的要求与社会的需要，其内容和背后的目的都说明它不仅具有内在价值，还具有工具价值，内在的目的并不仅仅具有内在价值，内在的目的与工具价值绝不是对立的，在杜威看来，具有内在价值的东西反而最具有工具价值。（2）我们一般将过程外的目的等同于社会对教育的要求，并认为杜威也这么看，实质上，按照杜威的本意，过程外的目的肯定是社会对教育的要求，但这种要求是强加的，杜威认为社会对教育的要求还有非强加的、照顾到儿童身心特点、照顾到教育自身特点的一面，民主这一社会理想对教育提出的要求就具有内在性，就属于内在的目的。也就是说，社会的目的并不都是过程外的。与过程内的目的相对立的东西不是社会而是社会的强制。当我们讲内外可以相合也可以相违，并以此批判杜威时，实质上却是拿自己的观点批判我们自身对他的曲解。（3）过程内的目的的工具价值是指向过程之外的，但它不是外在的目的。外在的目的在杜威那儿有特殊的含义，诚然工具价值具有社会性，但具有社会性的东西在杜威看来不都是外在的。

关键在于，对什么是"内"、什么是"外"，我们与杜威的理解不同。我们一般认为，"内"是顾及个人心理的且是与社会无涉的，"外"则是指社会的，社会与个人可以相融也可以相对，外与内可以相合也可以相违；而杜威的"内"则是顾及个人心理的同时又与社会密切相联的，"外"则是违反个人心理而由社会强加给个人的，外与内是对立的，二者之间没有"交集"。因此，杜威对内外的理解与我们一般对内外的理解不同，这两种理解虽有交义，但也有区别。从我们的理解去阐释分析杜威的"内""外"而不看杜威的本意，不出乱子才是咄咄怪事。因此，杜威研究中的一些混乱是我们误解了杜威而造成的，不是杜威本人所导致的。

但这并不是说杜威关于"教育过程内的目的"与"教育过程外的目的"的论述没有缺陷。

其一，他提出的过程内的目的——生长并不完全在过程之内。生长和民主是一致的，如果生长和民主在目前还没有达到，目的就不在过程之中，即使部分的目的不在过程之中，它还是目的。目的是有待于过程去实现的理想，它与过程有联系但又高于过程，对过程起着指导作用。"目的并非全在过程之中，除非是从理想的意义上说，或是联系到将来的情况。"（霍恩，1989b）[561] 生长的目的不是全在生长的过程之中的，因为作为目的的生长或进一步的生长无论在质上、量上，还是在时间先后上，都与现时的生长有区别，作为目的的生长是有待于现在的生长过程去完成、去达到的东西。当然，从生长的时间河流看，不论在前的生长还是在后的生长，作为一个指导性的东西，相对于过程而言又具有一定的独立性和外在性。我们并不否认生长的客观性，但现实的生长肯定是有待进一步丰富和拓展的，那个丰富和拓展了的生长可以说是现在生长的目标或目的，而这个目标肯定不是现在的生长所充分具有的，而是有待实现的，这就说明这个目标的实现是在某一过程终结时才能达到的，相对于这一过程而言，这个目的肯定是外在的。当然，这里的"内"与"外"只是一个目的的两个方面的表现，是针对教育过程讲的，与前面论及的两种对"内"与"外"的看法不是一回事。这是讲的内与外的统一，不是杜威所讲的合于儿童心理水平的过程内的目的与违背儿童心理发展的过程外的目的的统一，也不是指追求个人价值的目的与追求社会价值的目的的统一，不是就目的的性质（如好坏正误等）讲的，而是就目的的运动方式来讲的，有些形而上的意味，与亚里士多德论述"四因说"有些相似。

其二，他没有看到过程内外的目的相互转化的可能性。杜威划分内外的标准是看这一目的是否符合人的需要与兴趣，符合的就是过程内的，不符合的就是过程外的，但人的需要与兴趣是变化的，所谓喜新厌旧、见异思迁，说的就是这层意思。当人的需要与兴趣改变了，有些本属过程外的目的（儿童不感兴趣的）就变为过程内的目的，有些本属过程内的目的（儿童感兴趣的）就变为过程外的目的。霍恩曾言："一种外部的目的，只要它代表了真正的和正确的理想，那么通过改变个人对它的态度，它就会成为内在的目的。"（霍恩，1989b）[566] 因此，杜威大可不必对过程外的目的时时戒惧，应看到此时外在的东西到彼时可转化为内在的东西，反之亦然。

其三，过程内的目的并不都是好的目的。杜威认为好的目的必须是过程内的目的，而过程内的目的的尺度是是否合乎人的需要兴趣，这就等于说目的的好坏的尺度是由人的需要、兴趣所决定的。虽然杜威认为过程内的目的有社会价值，但却将社会建立在个人的基础上，这与他的改良论是一致的。他忘记了个人恰恰是由社会所决定的，人的需要和兴趣有先天的成分，但却是后天的影响赋予它们现实性。由于人各式各样，因此好的目的不止一个。杜威关于良好目的的三特征以及对过程内的目的的推崇主要是从个人的角度、从一个目的对个人是否有效（即对个人的活动是否有内在推动力）的角度来论教育目的的，社会在其中也起作用，但居于次要地位。杜威首先从"心理"的角度评价教育目的。但"心理的"并不等于好的，或者说过程内的并不都是好的，因为有些人的需要和兴趣是危害社会的，同样，好的也不一定都是过程内的，当一个人提出了一个好的教育理想，但大多数人对此理想不理解，因而漠然置之，这个理想在杜威看来肯定是过程外的目的，若此时实施该理想，势必曲高和寡，不会有什么成效。但这些没有成效的目的却是一些好的目的，只是条件尚不成熟而已。所以，判定一个教育目的的好坏与判定一个目的是否有效不是一回事，杜威混淆了二者；以个人为尺度去判断一个目的的优劣与以社会为尺度去判断一个目的的优劣也不是一回事，二者有根本的区别，杜威虽也能较辩证地看待个人与社会的关系，但他将个人看得比社会更重要，本末倒置，从而入于歧路。人的主观对目的的拟订、选择、排斥都是由社会所决定的，而不是反过来，主观不是在真空中的东西。

其四，杜威强调过程内的目的同上面提到的手段与目的的统一论和对预备说的批判都反映出杜威的民主主义与人道主义精神，强调过程内的目的从一定意义上说是杜威哲学理论与教育理论最具魅力之处，但杜威强调得过了头。对人的兴趣、需要的尊重是文明、进步的标志，尤其是民主、人道的标志，但对社会中的有些人，尤其对那些危害社会、贻害公众的犯罪分子，是不能任其兴趣、需要发展的，对这些人是决不能温情脉脉地、无条件地讲民主主义与人道主义的，现实社会不是天堂，不是理想国，不是乌托邦，它充溢着各式各样的阴暗与罪恶。教育的确应以心理为起点、为前提，但教育更应以正确的社会价值评价为标准、为尺度。

我们在此可以暂时抛开杜威关于过程"内""外"的具体的语言内涵与具体的语言情境而思考这样一个更具普遍性的问题：一般而言，教育的目的，比如说全面发展的教育目的，是在教育的过程之内还是在教育的过程之外呢？

本书认为，教育的目的既在过程内又在过程外。说在过程内，是因为儿童诸方面的发展有儿童的天赋生理心理特征作基础，遗传决定了人发展的自身条件，也决定了人发展的限度，人不能发展那些本性天赋中所不具可能性的东西，也就是说，遗传不是一无所有，发展也不是无中生有，从柏拉图、亚里士多德到现在，历经多少岁月，人们都是从身心两个大方面（具体言之，是从德、智、体、美等方面）来讨论人的发展的范围，千变万化，不离其宗。儿童是教育过程的参与者，儿童诸方面发展的可能性已潜藏于儿童身心之中，因此说目的在过程中，这是其一。其二，教育过程的组织（包括师资分配、建筑设备使用、课程安排等）是为教育目的的贯彻服务的，这种组织与教育目的所规定的儿童各方面的发展是相对应的，从这个意义上讲，教育目的也已潜藏于过程之中。其三，我们所说的儿童的"发展"（或"生长"）不是一个固定的概念，儿童发展的诸方面是需要不断发展的，在现实条件下，儿童不仅具有发展的可能性，而且已具有了发展的现实性，他已具有了一些知识、能力、品德、艺术素养和身体技能，我们不能搞虚无主义，认为现在全面发展的目的尚未达到，儿童现在根本就没有全面发展，这样看就是割裂过去、现在和未来的内在联系，割裂了儿童发展的连续性，否定了教育的可能性和必要性。从理论上看，儿童永远不可能达到绝对的"全面发展"，但儿童现实所具有的各种知识、技能、能力、素养等是儿童诸方面发展内含于过程之中、具有现实性的明证；当然，这种现实存在的范围、程度、质量等与更高的发展目标相比还是有待进一步拓展和提高的。确切地说，发展的目的已部分地、现实地存在于教育过程之中。

说教育的目的在过程外的原因有三。第一，现时的发展相对而言不是完美的，而是层次较低的，是有待于通过教育的过程去完善和提高的，虽然过程之内已蕴含目的实现的可能性，甚至还有一定程度的现实性，但可能性不等于现实性，一定程度的现实性也是教育的过程为达到更高程度的现实性所要否定的，目的是外在于过程的。第二，虽然从整体上讲、从逻辑上讲，发展是隶属于时间的，是绝对离不开时间的（犹如运动不能离开时间一样），没有时间，就没有生长和发展这种运动形式，生长和发展是永远隶属于时间历程的，但过程与历程不是抽象的概念，生长和发展是过程的转化历程，过程转化是连续性与阶段性的统一，发展的目的虽不能超越整个连续的时间历程，但相对于某一具体的阶段性的过程，又是外在的。第三，也是最为基本的，不论是教育目的还是其他任何目的，主要的属性不在于时间性，不在于其不断转化的性质，其主要作用是对过程、历程予以内容与实质的规范和指导，它主要说明过程应怎样和不应怎样，应增益什么和应禁绝什么，在这个意义上，所有的目的都是在过程外的，这一点正是杜威所不够注意的。

因此，教育的目的既在教育过程之内又在教育过程之外，是内与外的统一。

七、变化与终极

强调变化和过程是杜威哲学与教育理论的一个典型特征，这一特征在其教育目的理论中尤其突出。可以说杜威的生长的目的沦为假目的的理论的根源就在于他对变化和过程的强调。

杜威重视变化和过程，受达尔文影响较深。他认为《物种起源》的出版"体现了一场理智的革命"，他说："在自然和知识的哲学里已经统治了两千年的那些概念，……是建立在凝固的和终极的超越性这个假定上的；它们是建立在把变化和起源看作缺陷和不真实的标记上面的。当《物种起源》对于绝对永恒的神圣方舟进行抨击，把曾经认为是固定的和绝对的各种形式看作发生着和消逝着的东西时，就带来了一种思维形式，这种思维形式最后必然改造了认识的逻辑，也就因而改造了对于道德、政治和宗教的探讨。"（杜威，1981k）[109]杜威所指的新的思维形式就是一种对变化、发展、过程等观念的强调，就是一种对恒定、静止、终极等观念的废弃。

杜威认为古代的贤哲所崇尚的是不变化的永恒，"哪里有变化，哪里就有不稳定，而不稳定就是有所缺欠、不备、不完的证据"。但现在不同了，"变化已不会被人家看作美德的衰落，实在的缺损，或'实有'的不完的表征"，变化"成了预示一个更好的将来的先知者。变化已与亏损或没落分离，而与进步联合"。古人认为"完全而真正的实在必是不变的、不可移易的"（杜威，1958）[57-63]，然而，"现在成为'实在性'或存在的功能（energy of being）的标准的已不是'固定'，而是'变化'了"（杜威，1958）[32]。

古之贤哲也使用变化、发展的概念。杜威认为，他所主张的变化、发展与古人不同。在古人的哲学思想中，"有许多字眼念出来像是近代的。如在亚里斯多德的思想里面所谓可能性、所谓发展等等，往往令人误用近代的意义去解释它们。但这些字眼的意义在古代和中世的思想里已为一定的条理脉络严密地限定了。所谓发展，只是种的一个特殊体内所起的变化过程，只是由栎实而至栎树的一种预定运动的一个名称。……所谓发展、进化，它的意义决不是新形式的起源或旧种的转化，像现代科学所解释的那样，其实只是变化的预定的圆周上的一种单调的回转"。（杜威，1958）[30-31] 这种变化仅是一种循环，而不是杜威所主张的"继续不断的螺旋形"的上升（Dewey，1938c）[97]；是"在一定限界内的变化"（杜威，1958）[30]，而不是无处不在、无所不包的变化；是走向终极目标的变化，而不是持续不断的无定的变化。归根到底，变化是属于不变的，而不是反过来。

在杜威看来，变是绝对的，不是有所保留的、羞羞答答的，世界的最大特点就是不定性。这种强调变化、过程的思维方式在杜威教育目的理论中有充分的体现。杜威反对教育预备说和展开说，因为在他看来，将来是变动不居的、是不可知的，让儿童为不可知的未来做准备、给儿童树立一个固定的目标是荒谬的。"教育即生长"则不然，生长是为了获得更多的生长，没有终极目的，"重要的事情是生长的过程，改善和进步的过程，而不是静止的成果和结局"（杜威，1981f）[248]，生长的目的流于假目的的根本原因就在于太过强调过程。

生长诚然是一个不断变化、不断转化的过程，但杜威对变化和过程的哲学认识有失偏颇，这直接影响到他对生长过程的正确认识。

首先，过程转化是阶段性与连续性的统一，杜威过分强调了连续性而相对忽视了阶段性。[①]

生长是一个变动不居的连续的过程，前一阶段的生长构成下一阶段生长的手段，下一阶段的生长又成为再下个阶段生长的手段，以至永远，无有穷尽。教育是一个永远不息的历程，"目标，是决不会有固定的最后形式的，就是暂且的或一时的固定形式，也不会有"（杜威，1932）[86]。杜威对目的与手段的相对主义态度，对经验的连续性原则的强调都反映了这一点。

其次，过程转化是稳定性与变动性的统一，杜威过分强调了变动性而忽视了稳定性。

杜威强调变，但变向何方，他没有明确的规定，变无定向，变的结果是不可知的。这是他受进化论影响的结果。布鲁巴克认为，达尔文的进化论没有明确的方向，没有最后的目标，其发展是无限期的，这样，世界的最大特点就是适应性、过程和不确定性，似乎一切都贬为流动和相对的状态，其或然性使人

---

① 但这绝不是说杜威从没论及或从未意识到儿童生长与发展的阶段性的存在，这里说的"忽视"是相对而言的。如杜威 1898 年在《大学初等学校》中将 4—13 岁的儿童的生长划分为三个阶段；1929 年在《教育连接之原理》中，认为儿童随年龄不同有不同的特点，而人们对儿童发展知之甚少，他要求加强对儿童发展和生长过程的研究。此文还讨论了儿童生长过程中的"成熟"问题，并提出"最大限度之继续生长"（the maximum of continuous growth）的概念。

冒危犯难。阿德勒（M. J. Adler）等永恒主义者认为，进化理论是一种好的科学，但不是好的哲学，这一学说所内含的流动性和相对性是对文化的威胁。（布鲁巴克，1989a）[371-373] 永恒主义认为教育的最后目标应基于人的天性，人的天性世代不变，故目标亦应恒久不变，他们认为，"除非追求一个确定、永恒不变的理想，否则对教育所做的努力不仅缺少安全，也不可靠。假如所追求的理想，不时地在改变，那么人便会感到一种摆脱不了的焦虑，而这种焦虑，会啮蚀人的一切努力。看来或许有些矛盾，但实际上一个不变的目标，不但不抑制人的能力，而且使它更为自由"（布鲁巴克，1989a）[330-331]。这种看法是从一个极端走向另一个极端。

坎德尔（L. L. Kandel）将杜威的变化观视为"无定论"，他于 1943 年所著的《无定教》（*The Cult of Uncertainty*）深刻地批判了杜威的无定论，认为杜威的生长乃"无方向的生长"。由于无定论否定稳定性与必然性，坎德尔认为这会引起犬儒主义、怀疑主义乃至虚无主义。博德认为生长论会使教师陷入迷乱，他建议教育应将"生长"这一名词完全搁置不用。

一个有效的教育目的必须具有稳定性，若只承认变动性而忽视稳定性、阶段性，就无法考察儿童现时发展的状况，也无法为某一阶段的儿童制定一个有效的而又在一定时期保持稳定的良好的教育目的。霍恩认为生长需要一个目的，认为"我们不应对'目的'二字感到害怕，我们需要一个工作的目的，如果目的有价值，就必须尽力完全实现它。……追求一个通向静态生活的目的，并无危险"。（Horne，1932）[53]

杜威的无定论不足以指导实践，而永恒主义又走向另一个极端，这样就形成了矛盾。布鲁巴克的观点或许对解决这种矛盾有益。他认为，变化不仅是我们心理世界与生物世界的重要特点，也是我们这个社会的主要特征，变不可否认，但一切并不以同样的速度变化，"站在变化较慢或较少的事情方面观看流动的本身，便能够测量出稳固性"（布鲁巴克，1989a）[371]。因此他认为"站在相对的观点，及接受进化论的观点，并不必要使人一定放弃其哲学的稳固性"（布鲁巴克，1989a）[371-372]，关键在于搞清楚变化的秩序是什么。实际上他是在将变动性与稳定性调和起来，他认为稳定性是必要的，稳定性同变动性一样，也是实在的一个共同特点："的确，一切呈现，假如没有某种程度上的一致，就不能有预测，也无法制定标准。假如不能预测学生要做或当做的标准，教育就几乎不可能。因而我们可以假定，程度上的稳定，也是实在的一项共同特点。"（布鲁巴克，1989a）[369]

第三，过程转化是有限性和无限性的统一，杜威过分强调了无限性而忽视了有限性。

与强调变无终极一致，杜威过分强调生长的无限性、目的的无终极性，以至于脱离了人的生长过程，脱离了具体的人的教育过程。

到底有没有终极的目的？马克思主义认为，"实现了的目的是一个有限的具体的目的，体现这个目的对象物又往往成为达到别的目的的工具、材料或起点，如此递进，以至无穷。目的总是具体的、有限的，没有什么绝对的终极目的"（夏甄陶，1982）[481]。全面发展这个目的是不是终极的呢？实践和理论证明，全面发展是一个历史概念，不同时代有着不同内容、不同质量的全面发展，在无限的历史长河中，其含义不断变化、不断完善和丰富。可以这样讲，教育目的提供的是一个指导的原则，而非一个永恒的固定不变的铸模。但就全面发展将会一直作为教育的指导原则看，它也具有终极意义，因为尽管发展的内容、程度、质量会有些变化，但目的还是"全面发展"而不是别的东西。但这显然不是从发展的时间历程这个角度讲的，而是从把它作为一个宏观的指导原则这个角度讲的。

如此看来，杜威反对终极目的并没有什么错误，他错在强调生长的无限性的同时，忘记了在具体的历史条件下，对于具体的教育而言，生长是有限的。在具体条件下，生长需要一个固定的、具有相对终极意义的目的或目标。学校教育是有一定时限的，其教育对象也是具体的个人。为了使教育富有成效，学校必须制定一个标准，并要求儿童离校时达到这个标准。这个标准在杜威看来可能是固定死板的，但它却意义重大。这个目标针对儿童所受的学校教育而言，具有终极的意义。

总之，教育目的是稳定性与变动性、有限性与无限性的统一，从严格的时间意义上讲，教育的目的不具有终极性，但就一个针对某一过程的具体的教育目的而言，教育的目的却是稳定而有限的，具有相对的终极性质。若把目的作为一个指导原则看，则目的具有永恒、终极的性质。当然，即使把目的作为一个指导原则看，它也是不能脱离时间历程的，这里所做的区分只是一个问题的两个方面之间的区分，不是绝对的，而是相对的。

在杜威的教育理论中，有没有稳定的因素，有没有不变的具有终极性的东西呢？有。第一，杜威能建立起一个理论体系，这本身就说明杜威肯定稳定性的存在。若万物时时刻刻变动不居，则反映现实存在的理论也变动不居，令人无从把握，形成的任何理论也无法应用于现实，因为现实早已变得面目全非。但实际上并不是这个样子，而是变中有静，有稳定性的因素。理论都是以承认一定的稳定性为前提的，理论（尤其是杜威的教育目的理论）是从过去吸取养料，针对现在并指向未来的。若否认了稳定，就否认了理论存在本身。第二，杜威所论述的连续性原则中蕴含着稳定性，连续发展意味着变化与变异，但之所以能"连续"，说明其中有某种稳定的东西。杜威主张的经验的连续不断的改造以及儿童的持续不断的生长与发展本身都含有一定的稳定性。否认了稳定性，也就否认了连续性。第三，杜威的理论有着浓厚的乐观主义精神，他认为经过教育的改造，社会也会得到改造，社会将变得更加美好、更加民主。如果从他的变无定向、未来不可知的理论看，这种乐观主义是没有丝毫道理的，是与未来不可知论相矛盾的。这说明杜威在其文字深处或者说在其心灵深处是承认变中有稳定性的，那就是：未来的理想社会还同现在一样是一个民主社会；

科学探究的方法不仅现在适用于自然与人事，将来也同样适用，并且能像现在一样取得积极的成效。第四，从某种意义上讲，生长的目的在杜威那里，是一个不变的目的。在杜威看来，生长对教育而言，是一个不变的、不可移易的指导原则，现在如此，将来亦然。尽管其质、量、程度、范围有变化，但目的还是生长。如同布鲁巴克所说的："所谓进步教育，只应该是说向着人格发展的完美上努力，并且这一目的是绝对而不变的。"（布鲁巴克，1989a）[373] 第五，不承认稳定性，目的寸步难行。教育总是现在的、现实的，但目的是指向将来的、是前瞻的，否定了稳定性，就否定了现在与未来的联系，就否定了现在所培养的人的素质对将来的适应性。杜威所要培养的人所具有的民主素质、职业能力、解决问题的能力等方面，若要在将来见成效，就必须肯定现在和将来之间发展的稳定性和一定程度上的一致性。实质上，杜威在骨子里是肯定这种稳定性和一致性的。

八、生长的目的与全面发展的目的

在杜威看来，生长是一种理想的个体发展方式，生长即理想的发展，那么，杜威"生长"的目的与我们所讲的"全面发展"的目的有何区别呢？

杜威讲"教育的目的在于充分生长"，我们讲"教育的目的在于全面发展"，对比之下可发现，这两种表述在形式上是非常相似的，杜威所说的充分生长和我们所说的全面发展都是指构成人的身心的各个方面在社会条件下的拓展与完善。

我们常常指责杜威的"生长的目的是进一步的生长"不正确，那么，全面发展的目的又是什么呢？"全面发展的目的是更进一步的全面发展"这种表述难道有错误吗？我们也可以像指责杜威一样扪心自问，"发展的目的是发展"能表达出教育目的应表达的东西吗？这时我们会发现不能。但我们可以说，"发展"的内容本身就已说明要培养哪些素质了。那么生长呢？生长的内容本身不也可以说明要培养哪些素质吗？

这时我们会发现，"发展"同"生长"一样，或者说"全面发展"同"充分生长"一样，都不是自明的概念，都是需要经一番分析后才可明晰的概念。全面发展的内容固然能说明培养目标，充分生长的内容难道就不能说明培养目标吗？都能，但首先却需要说明"发展"和"生长"的内容是什么。我们以往讨论杜威的教育目的时，总是在"生长的过程"这个角度流连忘返，却不去讨论对于理解教育目的来说最关键的生长的"内容"问题。

前面我们提到了这样的问题：全面发展的目的是什么？也许有人认为提这个问题纯属多事之举，因为已经讲了教育的目的是全面发展了，再追问"全面发展的目的是什么"就有些脱离教育目的问题的讨论而具有诡辩的性质了。从时间历程上看，全面发展的目的当然是更进一步的全面发展，但这已经不是讨论教育培养什么人的问题了。也就是说，这个问题是一个多余的问题，很易使人迷入歧途。若这样看，霍恩追问杜威"生长的目的是什么"会使问题的讨论复杂化并走向歧路，霍恩实质上应问杜威"生长的目的要求培养什么样的人"，如同我们问"全面发展的目的要求培养什么类型的人"一样。

霍恩的问题是一个不恰当的问题，是一个本来就不该提的问题，它起了错误的导向作用，使后人在研究杜威的教育目的理论时，甚至使杜威在批驳它时，都被它牵着鼻子走，这转移了人们的视线，偏离了教育目的应关注的中心问题。与教育目的息息相关的东西主要是生长的内容和发展的内容，而不是生长和发展的时间历程。

教育目的反映提出者的社会理想，而社会理想又基于对现实的反思与批判。杜威的社会理想是民主主义，人的充分生长是民主主义的根本要求，杜威并不仅仅把生长的理想局限于儿童，也扩及成人，儿童的生长和成人的生长同样重要，只不过方式有差异。杜威反对当时存在于工业界的不平等现象，要求进行新的职业教育来改造社会，认为教育改造的最大问题是如何使工人喜欢其职业本身，而不把职业、把劳动、把生活视为苦事，视为达到其他目的的手段。用教育的术语讲，成人也有一个生长的问题，同儿童一样，成人的兴趣和需要也是应予以满足的，这是民主主义最基本的要求。这样，个人就不仅仅是达到社会目的的手段，他本身就是目的，在教育活动中儿童需要、兴趣的满足和职业活动中成人需要、兴趣的满足，这本身就是最重要的目的，这也就是我们前面提到的过程内的目的、内在价值、"现在"的意义等所表述的东西。当然，需要和兴趣的满足还具有工具价值，但它是次要的。从这个意义上讲，杜威的教育目的理论反映了他的民主主义与人道主义的社会理想。

为我们的全面发展的教育目的奠定理论基础的是马克思，马克思的社会理想是共产主义，马克思主义是为了实现共产主义，而共产主义是以"每个人的全面而自由的发展为基本原则的社会形式"（马克思 等，1972）[649]。马克思是从纵深的历史角度提出全面发展的理想的，但在现实性上，其主要着眼点却是为了克服资本主义条件下因劳动分工所造成的劳动异化。在自由资本主义条件下，劳动者仅仅是为了换取生活资料才被迫去劳动，而且分工使人限定在愈益狭小的领域，使人的发展愈益片面。理想的劳动是"真正自由的劳动"，"在这种性质的劳动中，人运用的不仅是肉体的力量，而且发挥着精神的力量；不仅表现出对自然的理性知解力，而且表现出对美的感悟力和创造力。因此，人不再是把劳动的需要当作外在生存的必需，而是作为主体的内在冲动予以积极地实现。人在劳动中感到的将不再是辛劳乏味，而是创造的乐趣，是对他的全面性、普遍性和创造性的卓越证实"（丁学良，1983）。这时劳动不再是受外在目的强制非做不可的事，而只是劳动者从活动过程中所体验到的、由内在喜悦所引导而自由地进行着的活动，劳动成为人生的第一需要，而绝不是让人亟欲逃避的苦差。人的发展既是社会发展的手段，又是社会发展的目的。要求人的彻底解放、要求人的全面发展是马克思共产主义理想的核心内容。

　　尽管杜威和马克思提出各自理论的时间、地域有差异，但他们面对的都是自由资本主义，都看到了由资本主义带来的繁荣与罪恶，他们都以克服这种弊端与罪恶为己任，现实的背叛是从人的处境（不论是成人的还是儿童的）开始的，理想的建构是以人的完善终结的。马克思提出全面发展的理想并不仅仅是从经济的角度出发，杜威提出生长的理想也并不仅仅是从教育的角度出发，而是他们的整个理论的总体理想、根本理想使然。

　　然而，理想的表面趋同并不等于理论的实质是相同的，杜威的理论与马克思主义理论有本质的区别。首先，马克思代表的是无产阶级的利益，杜威代表的是美国中产阶级的利益①。其次，马克思要求摧毁资本主义制度，杜威则是为了维护和完善资本主义制度。复次，在实现理想的途径和方式上有根本的差异。杜威认为，民主主义的理想只能用民主主义的方式去实现，而非马克思所主张的用暴力的、革命的、经济变革的方式去实现。杜威希图通过"革心"来改造社会，本质上是18世纪法国唯物论者"意见决定世界"的变种，是典型的改良主义唯心史观。意见又由谁决定呢？杜威有时认为社会环境对个人具有决定力量，这就陷入鸡生蛋、蛋生鸡的怪圈。马克思主义是用"实践"概念击破这个怪圈的。杜威理论中有一个与实践颇似的概念——"经验"，杜威的确也凭此概念对思想史上形形色色的"二元论"进行批判，力图克服机械唯物论与客观唯心论的对立，但他的"经验"实质上是主观唯心主义的，不能够完成打破这个怪圈的神圣使命。教育只是人类实践活动的一部分，与社会基本矛盾运动对社会变革所具有的决定作用相比，与社会实践对人的改变所具有的巨大影响相比，教育的力量毕竟是较小的，事实上，教育还是由他物决定的东西。正是在此意义上，曹孚认为："教育，从其最广意义讲，是人的改变。但教育所能做到的只是小规模的改变。"（曹孚，

① 参见《大转折的年代》中对进步主义运动性质的有关论述。

1950）也正是在此意义上，丁学良认为教育不是实现人全面发展的根本途径（丁学良，1983）。

由此可见杜威教育目的理论的改良主义性质。杜威的理想（不论是社会理想还是教育理想）是美好的，但实现理想的方式却是历史唯心主义的，在政治上，则是反动的。

因此，尽管从表层看，杜威的"生长"的理想与马克思的"全面发展"的理想有诸多相似点，但二者所反映的社会本质却是截然相反的，研究杜威的教育目的理论时，对这一点绝不能熟视无睹，更不能避而不谈。

美国教育家迈耶尔说："顶好使自己立刻摆脱'教育目的'这样的事。对于这个课题的讨论，属于人类最乏味、最不可能有结果的追求。"（转引自蒂尔，1990）[226] 的确，教育目的问题的讨论涉及许多复杂的因素，很使人伤神费力，讨论杜威的教育目的理论更是如此。其理论本身就扑朔迷离，加上后人对它又有各种各样的误解和曲解，讨论时首先要做的是理论清理工作，以恢复杜威的本来面目，这样就使得本节的讨论不可能站在较高的基础上，所做的一些工作就显得琐杂而零碎。

本节从教育无目的与教育有目的、假目的与真目的、个人与社会、目的与手段、一般的目的与具体的目的、过程之内的目的与过程之外的目的、变化与终极、生长的目的与全面发展的目的等八个方面讨论了杜威的教育目的理论，基本的结论是：杜威在理论上是明确主张有目的的，他理想中的目的就是过程内的目的——生长；但这个目的只是从生长的过程这个角度而不是从生长的内容这个角度规定的教育目的，因而不能回答教育目的应回答的问题，它是一个假目的；生长不是自为的，生长是民主的要求，也是达到民主的手段，生长的外部条件、生长的内部条件、生长的内容、生长的方向皆具有社会性，生长不是与社会无关的纯生物性发展，生长所体现的是个人本位与社会本位对立的消融；过程内的生长的目的还体现了目的与手段的统一，杜威重视手段不仅是工具主义的体现，也是其人道主义、民主主义的体现；生长是杜威对教育目的所做的最一般的概括，但由于杜威未将生长做较具体的分解，致使生长成为一个难以把握的概念，不利于指导实践；杜威所言的过程内的目的有其特殊的意义和深刻的内涵，对它的曲解使人们不能正确、完整地理解杜威教育目的理论的核心意义；杜威强调变化和过程，反对终极目的的存在，他对过程哲学的认识有误，生长的目的成为"假目的"与此相关；杜威认为理想的发展是生长，他的生长的目的与马克思的全面发展的理想有相似之处，但却有本质的差异，生长目的论是杜威历史唯心史观的集中反映。

概括地讲，杜威的教育目的理论着力于怎样使教育目的更民主、更人道，而不受外在的强制；着力于怎样使教育目的更有成效，而不流于美好的空想。但他最后却走向了改良论。民主主义、工具主义、改良主义是理解杜威教育目的理论的三个关键点，少了任何一点都会影响理解的全面性与丰富性。

在讨论上述问题时，本书并不只限于杜威的教育目的，而是力图走出杜威教育理论特有的语义氛围，从一般的意义上或者说从教育哲学的意义上讨论教育目的问题，从中得出的几点粗浅的认识是：教育目的是人对客观现实不满的主观反映，既具有客观性，又具有主观性，而且目的的实现既需要客观条件，又需要主观努力，应是主观与客观的统一；教育目的的拟订既应顾及社会需要，又应顾及儿童个人的需要、兴趣和切身利益，应是个人与社会的统一；不应只重视构建目的本身，还应重视手段在目的的实现过程中的作用，应是目的与手段的统一；教育目的是有层次的，为益于实践，既要有一般的目的作为指导原则，又应将一般的目的分解为适当的指标，应是一般与具体的统一；教育目的既应注意教育过程的内在价值，又应重视教育过程的工具价值，应是内与外的统一；教育目的既应有灵活性，能因时而变化，又应有稳定性，使教育有章可循，应是变化与稳定的统一；教育目的既应关注将来的情势，又应充分利用现在的种种可能性，应是现在与将来的统一。

通过上述两节内容的讨论，可知"杜威所理解的生长概念并不是简单的，为了要理解这个概念在杜威思想中的中心意义，作某些分析是必要的"（胡克，1963）[264]。本章对生长的分析所得出的基本认识是：生长论既体现了一种新的发展观，也体现了一种新的目的观，总之体现了一种新的教育观。这种教育观既建立在新的心理学、人性论的理论基础上，又建立在新的工业化、民主化社会的现实基础上。生长这一概念有其丰富的内涵，人们对这一概念多有曲解、误解之处，这妨碍了对生长的认识的深化。胡克曾大段阐述过"生长"的丰富含义，本章便以他的论述作结语。胡克是这样讲的："显然，在杜威看来，生长是一种包括得很广的目的，而不是一种单一的、排他的目的。生长包括一切积极的理智的、感情的和道德的目的，这些目的表现于每个人的好的生活和好的教育的自在的安排——在技术和能力、知识的欣赏、估价和思想方面的生长。然而，在杜威看来，列举这些目的是不够的；这些目的必须和个人发展着的能力、习惯和想象力发生活生生的、密切相联的关系。我们并不是通过崇拜价值而成长，而是通过在日常行为中实现这些价值而成长的。即使价值是共同的，实现的形式却是个人的事情。生长有不同的速度和不同的方式；但当这些不同的建议和方式扩大我们的力量到最大限度去成长时，它们都是我们达到成熟的途径。我们成熟，就是要达到这样的程度，即在我们关于世界、同伴和自己的知识基础上，形成合理期望的习惯——要达到这样的程度，即能够应付永恒变化的环境，对新经验加以说明，同时既要避免由于刻板生活变成僵化，又要避免盲目冲动的发作。因此，杜威把和真正的、需要的教育等同起来的生长，就是在生长的极大多样性（理智的、感情的、道德的）中间变化方向的简述。因此，它排斥了妨害或颠倒在生长巨大多样性中的发展方向的那些生长——它排斥了在偏见、武断、憎恨，使人厌恶的威望权力、地位等方面的生长；甚至也排斥了那些加重一个不是要训练成靠知识卖技的人的精神负担的杂乱知识的生长。更重要的是，这就清楚地说明为什么在生长方面，杜威会成为特殊的、狭隘的行业主义和单纯的职业教育的批判者，这也就说明了为什么杜威会主张一切人获得普通的和全面的教育。"（胡克，1963）[265-266]

　　生长的丰富内涵，的确一言难尽！

第三章

教育与经验

"教育即经验的改组与改造"是杜威教育理论中的一个重要命题。早在1897年，杜威就在《我的教育信条》中指出，教育应该被认为是经验的继续改造。其后，杜威在《学校与社会》（1899年）、《儿童与课程》（1902年）、《我们怎样思维》（1910年）、《明日之学校》（1915年）、《民主主义与教育》（1916年）、《哲学的改造》（1920年）、《经验与自然》（1925年）、《芝加哥实验的理论》（1936年）、《经验与教育》（1938年）等著作和其他一系列文章中，对经验的性质以及经验与教育的关系做了进一步的阐述。

经验在教育中的地位举足轻重，杜威认为，"一切真正的教育从经验中产生"，"教育是在经验中、由于经验、为着经验的一种发展过程"，经验"决定教材、决定教学和训练的方法以及决定学校的物质设备和社会组织"。杜威指出，"在各种不确定的情况下，有一点是可以永久参照的，那就是教育与个人经验之间的有机联系。或者说，新教育哲学信奉某种经验的和实验的哲学"。（Dewey，1938c）[12-14] 本章分三节讨论教育与经验的关系，第一节陈述"教育即经验的改造"这个命题的含义，第二节陈述经验与教材的关系，第三节陈述经验与教学方法的关系，最后做一小结。

第一节
"教育即经验的改造"的性质

一、经验的含义

有人认为"经验"是杜威哲学中最含糊的概念（鲍戈莫洛夫 等，1985）[21]，这在一定程度上说明了杜威理论中"经验"概念的复杂性。

杜威的经验概念明显地受到达尔文进化论的影响。杜威视经验为机体与环境之间交互作用的过程和结果。在《民主主义与教育》中，杜威认为，经验包含一个主动的因素和一个被动的因素，这两个因素以特有的形式结合。只有注意到这一点，才能了解经验的性质。从主动的方面来说，经验就是尝试，从被动的方面来说，经验就是经受结果。我们对事物有所作为，事物反过来对我们有所影响，这是一种特殊的结合。经验的这两个方面的联结，可以测定经验的效果和价值（杜威，1990）[148]。在《经验与自然》中，杜威认为，"经验"这个词属于詹姆士①所谓的"双义语"，它既包括人们所做的、所遭遇的事情，也包括人们怎样活动和接受活动，即包括各种经验的过程。经验既指耕种的土地，

---

① 詹姆士（W. James，1842—1910 年），美国实用主义哲学家。

播下的种子，割下的庄稼，日和夜、春和秋、干和湿、热和冷的变化，以及人们观察、恐惧、期望的东西；它也指那个耕种和收割的人，那个工作、享乐、希望、畏惧、筹划、求助于巫术或化学的人，那个垂头丧气或得意洋洋的人。它之所以是"双义的"，原因就在于它是一个原始的整体，它不承认任何行动与材料、主体与客体的区分，而把双方都包括在一个不可分割的总体之中。（杜威，1981a）272-273

　　杜威的经验概念重视"过程"的观念，杜威说："经验首先是一个经历的过程，是维护某种事物的过程；是忍受和激情的过程，是爱好的过程。"经验的事物是从属于过程的，"经验……首先是与活动相联系的经历……有机体的机能所处理的事物是过程、动作中的事物"（Dewey，1917）。杜威认为一切经验，从而一切事物都是作为过程、活动而产生并作为过程、活动而存在的。物质和精神、自然和经验、对象和主体、环境和机体的区别皆可归结为过程和动作的区别。美国哲学家谢尔登说："杜威并没有忘记心身之间存在种种真正的区别，在认识的主体和被认知的事物之间存在真实的差别……究竟上述那些根深蒂固的区别是什么呢？它们是过程的区别、行为、功能、动作的区别。……事物的区别就是行为的区别、作用的区别。"① 因此，杜威的经验哲学是一种过程哲学。

　　经验的外延十分宽泛，"经验包括梦、不适、疾病、死亡、劳动、战争、迷惘、语义双关、谎言和谬误，它包括各种先验论体系以及经验主义体系；还包括巫术和迷信，以及科学"；"经验有政治经验、宗教经验、审美经验、工业经验、智力经验、我的经验、你的经验"。（Dewey，1925）10、15 以至于有人认为，实际上在杜威那里，在经验之外没有任何东西，可以与经验对立的只有"无"。这种认识并不恰当，经验虽然内容十分广泛，但却不是包容一切的。既

---

① 参见谢尔登《二元论的克服》，载《新共和杂志》杜威 90 诞辰纪念专刊。

然经验是机体与环境因素的交互作用，离开了机体或没有与机体发生相互作用的环境因素是不能称为经验的；交互作用本身就是对经验外延的一种限制，"不相关联的动作和不相关联的感受都不成为经验"（杜威，1958）[46]。

二、杜威对传统"经验"的改造

经验是西方哲学史中的一个重要概念，"经验主义在哲学史上有着悠久的传统"（Dewey，1940b）。但杜威的"经验"既不同于古代的经验，亦不同于近代的经验，他的经验是一种经过改造的新经验。而给杜威的这种改造以动力的是达尔文的进化论。

杜威对传统经验概念的改造主要体现在以下几个方面。

第一，克服了经验与理性的对立。在西方哲学发展史上，经验作为一个与理性、知识对立的概念而受到轻视，因为人们认为："关于经验，有某些在道德上危险的东西，例如肉欲的、好色的、物质的和世俗的兴趣这类词语所暗示的意义；而纯粹理性和精神则意味着道德上某些值得赞扬的东西。此外，经验总是和变化中的东西、和无法解释的变幻莫测的东西以及形形色色变化多端的东西有着根深蒂固无法根除的联系。经验的材料本来就是变化无常和不可信赖的。经验是混乱的，因为它是不稳定的。"（杜威，1990）[279-280] 理性主义（不论是旧的还是新的）以此为由，认为若使经验摆脱混乱、孤立及易走向不道德的局面，必须诉诸统一、完整而纯洁的理性。杜威对传统的理性持否定态度，认为它"过于鲁莽、浮夸、无责任心和呆板"，并"陷于绝对论"。这种理性给经验加上一个比事实更为好看的外观，以一个单纯、统一和普遍的外表掩饰实际经验的缺陷与弊病，如同给一个丑陋的人套上一件漂亮的衣服，追求的是虚饰而非实际，结果不仅自欺，而且欺人。理性主义认为理性诸概念是自足的，从而是超乎经验之上的，自然无须确证，亦无从得到确证，杜威因之认为这种理性是一种无责任心的理性；理性主义自满于这种假定，于是不积极从事具体的观察和实验，蔑视经验，贬低经验，使自身与实际隔绝，杜威因之认为这种理性也是一种消极退隐的理性。

杜威理论中的经验与理性的含义皆不同于传统。经验不再是通过感官被动获得的一些散乱的感觉印象，而是机体与环境相互作用的过程。在此过程中，机体不仅受环境的塑造，同时也对环境加以若干改变，"经验变成首先是做（do-ing）的事情"（杜威，1958）[46]。在经验过程中，我们不只是蹈袭既往，或等候意外事件来推动我们变化，我们还利用我们的既往经验，来造就新的、更好的经验，"于是经验这个事实就含着指引它改善自己的过程"、"所以经验就此可以说是建设的自律的"。经验自身含有结合和组织的原则，而无须一个外在的所谓理性来提供这种原理。在杜威那里，理性不再是一个抽象的体系或某种神秘的官能，而是一种"智慧"，一种使经验（或做、行为等）更富成效的"智慧"。因此，这种理性是一种新理性。杜威说："理性就是实验的智慧，是照着科学的模样孕育出来、用以创造社会艺术的，它必定要做些事。它从因无知和意外而凝成习惯的过去的束缚解脱人。它拟出一个更好的将来，并帮助人去实现它。而它的作用又常在经验中受着检验。所订的计划，即人计划作为指导改造活动的诸原则，并不是独断的。它们只是假定，是要施诸实际，以验其对指导我们目前的经验是成、是败、而可以随时加以修正、补充或撤销。我们可以叫它们做行动纲领，但它们既是用以维系我们未来的活动，道以绳墨免其妄作的，它们是很灵活的，智慧并不是一旦得到就可以永久保用的东西。它常常处于形成的进程中，要保存它就要随时戒备着，观察它的结果，而且要存着虚心学习的意志和从新调整的勇气。"（杜威，1958）[51-52] 这种新的理性与新的经验不是对立的，而是统一的，经验的过程同时也是一个运用智慧的过程。杜威在《民主主义与教育》中深刻论述了感性和理性在经验改造中的作用，他说："没有通过感觉器官的积极反应而区别出来的个别，就没有认识的材料，也没有智力的发展。没有把这些个别放在从过去广泛的经验所提炼出来的意义背景之中——没有利用理性或思维——个别就只是一些兴奋或刺激。感觉论学派和理性论学派的错误，同样在于每一派都没有认识到感觉刺激和思维的作用在应用旧经验于新经验，从而保持生活的连续性和一致性时，都与改组中的经验有关。"杜威还说："'理性'正是利用一种能力，利用先前经验的材料来认识新的经验材料的意义。一个有理性的人对直接接触他感官的事件，习惯于在它和人类共同经验的联系中进行观察，而不是把它看成一个孤立的东西。"（杜威，1990）[359]

第二，拓宽了经验的外延。西方近代哲学（尤其是英国经验哲学）往往视经验为认识的一个阶段，将经验与感性认识相联系，经验论遂成为一种感觉论、一种认识理论。在近代哲学中，认识论占有重要地位，知识（认识）的价值、起源成为讨论的中心问题，作为"知识门户"的感觉在认识论的讨论中亦占举足轻重的地位。感觉相对性被对立的理性论和感觉论拿来作为攻击对方的武器，理性论者用它毁谤感觉的不确定性，认为通过它不能达于确定的概括性认识；感觉论者用它轻蔑对待所谓绝对的知识，认为一切都是冒充的。杜威认为，新的经验概念使近代认识论关于各种认识问题的讨论失去意义，知识依然很重要，但现在首要的事实和基本的范畴是"在利用环境以求适应的过程里所起的有机体与环境间的相互作用"（杜威，1958）[46]，知识是从属于这个相互作用的适应过程的，知识的来源问题更是次一等的问题。知识不再是孤立、自足的东西，感觉也失去其作为知识门户的地位，而成为行为的刺激。眼或耳的感觉并不是世间无足轻重的事情的一种无谓的知会，而是因应需要以行动的一种招请或引诱。它是行为的引线，是生活求适应环境的一种指导因素。它在性质上是触发的，不是辨识的。经验论者和理性论者关于感觉的知识价值的争论全部归于无用。关于感觉的讨论是属于直接的刺激和反应的标题底下，不是属于知识的标题底下的。感觉是行为的一部分，不是认识的一部分，杜威是从一个新的角度看待认识与知识问题的。经验不再像旧认识论那样被视为感觉作用和感性认识，而是一种行为、行动，它当然含有知的因素，但在此之外，喜怒哀乐、酸甜苦辣等因素也是经验的构成部分。经验不再仅仅是与认识有关的事情，认识的、情感的、意志的等理性、非理性的因素皆涵盖在内。在教育上，学生"从做中学""从经验中学"就不仅仅是学知识，经验成为儿童各方面发展和生长的载体。知识在经验中获得；科学思维方法也是在经验中习得；影响品德的最佳方式在于给儿童提供一种社会性的经验的情境而不是说教；职业准备的最佳方式——间接准备，也是通过一些经验性的作业达成的。可以说儿童各个方面的生长皆是于经验中获得的。更重要的是，"教育即经验的改造"中的"经验的改造"也不再只是知识的积累，而是构成人的身心的各种因素的全面改造、全面发展、全面生长，以至于杜威认为可以把"生长的理想归结为这样的观点，即教育是经验的继续不断的改组和改造"（杜威，1990）[81]。因此，在讨论杜威教育理论时，只把经验同知识、同认识联系起来是远远不够的，在探索经验与课程、教材的关系时尤应注意此点。

第三，杜威强调了经验中人的主动性。感觉主义经验论把经验看作一个被动的认识过程，洛克的"白板说"是典型的例证。杜威则认为经验是一个主动的过程，"不单是有机体受着环境的塑造"，还存在着有机体"对环境的主动的改造"。（杜威，1958）[45] 他认为"忽视经验的根深蒂固的主动的和运动的因素，是传统的经验哲学的致命缺点"（杜威，1990）[285]。杜威指出，始于近代的直观教学法和实物教学法是以感觉主义的经验论为理论基础的，在实践中，"'直观教学'往往把感觉活动孤立起来，把它作为目的本身。实物愈孤立，感觉的性质也愈孤立，感觉印象作为知识的单位也愈清楚。这个理论不仅使教学向机械孤立的方向发展，把教学降为感觉器官的体操（用处就像任何身体器官的操练，但只有这种用处），而且忽视思维。根据这个理论，感官观察无需和思维联系；事实上，按严格的理论，在感官观察以前，思维是不可能的，因为思维只是所接受的感觉单位加以合并和区分，它不进行任何判断"（杜威，1990）[284]。近代经验主义具有被动性、片面性、孤立性、机械性，杜威认为尽管它对学校的课程和教育方法有一定的影响，但这种经验主义"不能提供一个令人满意的学习过程的哲学"（杜威，1990）[286]。因此，需建立一种新的经验主义哲学作为教育的基础。

1917 年，杜威在《哲学光复的必要》中从五个方面清晰地勾勒出新旧"经验"的不同。（1）按照正统的观点，经验主要被看作一种关于知识的事务。但是，如果不是用陈旧的眼光去看，它显然就是一个活人与其自然的和社会的环境所发生的一种相互作用。（2）按照传统，经验（至少主要）是心理的事物，完全为"主观性"所沾染。其实，经验提示其本身的是一个真正客观的世界，它进入人的行为和遭遇，并通过人的反应而发生种种变化。（3）就既有的学说承认纯粹现在以外的任何事物来说，它仅仅考虑了过去，对已经发生的东西的记载，即与过去的关联，被认为是经验的本质。经验主义被认为是与已经"给予"的东西相关。其实，活的经验是实验的，是一种改变已给予事物的努力。它的特征在于它具有一种投影作用，伸向那未知的东西，联络未来是其突出的特色。（4）经验主义的传统专向个体主义。一切联系和连续被认为是与经验无关的东西，是不可靠的真实性和副产品。但是，如果把经验当作应付环境并力图控制环境使其朝向新的方向，这种经验就包含了种种联系。（5）按照传统的概念，经验和理性是绝对对立的东西。就推理不是重复过去已有的东西来说，它是超出经验以外的。因此，它要么是不正确的，要么是作为一种冒险的方法，我们借此把经验当作一块跳板，跳到一个不变的事物和其他自我的世界中。但是，在摆脱了旧概念所加的那些限制的经验里面则充满了推理。显然，没有推理就没有自觉的经验；反省是生来就有的、不间断的。（Dewey，1917）

杜威对经验的改造实际上反映了他在哲学上（尤其在认识论方面）克服行

为与认识、经验与理性、客观与主观、情感与理智等二元对立的努力。① 这对我们深刻理解他的课程论与教学方法论大有神益。

三、经验的原则

并不是所有的东西都可以称为经验，并不是所有的经验都有教育意义。杜威认为，相信一切真正的教育从经验中产生，并不意味着一切经验都真正地具有或相同地起着教育作用。经验和教育不能直接彼此等同。因为有些经验是不利于教育的。任何对经验的继续生长起着抑制或歪曲作用的经验，都是不利于教育的，有些经验甚至还具有错误的教育作用，所以，仅仅强调经验的必要性还不够，还应注意经验的性质，应对经验予以选择。因此，"以经验为基础的教育，其中心问题是从各种现时经验中选择那种在后来的经验中能富有成效并具有创造性的经验"（Dewey，1938c）[16-18]。

有价值的经验必须有衡量的标准，杜威提出经验的连续性原则和交互作用原则作为衡量标准。从理论根源上看，这两个原则脱胎于黑格尔和达尔文的学说，杜威说，"就更加专门的哲学问题而言，在我早期的辩证法信念被怀疑论所取代之后，黑格尔学派所强调的连续性和交互作用的思想，在经验主义的基础上对我继续产生影响"。（简·杜威，1987）[20] 但黑格尔对杜威的影响只是一种思维形式的影响，达尔文的进化论才使杜威的经验论具有其独特的个性。

经验的连续性原则意味着每种经验既从过去经验中采纳了某些东西，同时又以某种方式改变未来经验的性质。"教育即经验的不断改组和改造"从字面上看，主要揭示的也是经验的连续性原则。经验的连续性或经验的不断改造的意思是："经验作为一个主动的过程是占据时间的，它的后一段时间完成它的

---

① 参见杜威《民主主义与教育》第二十五章第一节。

前一段时间；它把经验所包含的、但一直未被察觉的联系显露出来。因此后面的结果揭示前面的结果的意义，而经验的整体就养成对具有这种意义的事物的爱好或倾向。所有这种继续不断的经验或活动是有教育作用的，一切教育存在于这种经验之中。"（杜威，1990）[84] 可见，连续性原则揭示的是经验改造过程的前瞻性。如同杜威所言，"完成和终结了的事物之所以具有影响未来的意义，并不是由于它自身的缘故。简言之，是因为它还没有全部终结。因此，预期是较回忆更为基本的，投入未来是较之召唤过去更为基本的，前瞻是较之回顾更为基本的……于是经验的意义就必须是前瞻的"（Dewey，1917）。这种连续性、前瞻性的作用在于增加指导或控制后来经验的能力（杜威，1990）[82]。

有两种活动不具有连续性，不足以提高人的进一步经验的能力，因之不具有教育作用。一种是任性的活动，这种活动不顾及后果，回避把行为和行为的结果相联系，是一种漫无目的、杂乱无章的活动。一种是机械的活动，这种活动不能使人对活动的意义和联系有新认识，它只是限制而不是开拓人的行为的范围。环境是会改变的，我们行动的方式也必须改变，以便成功地保持和各种事物的平衡联系，孤立的、一律的行动方式在紧要关头会造成惨重的损失。因此，经验的连续性改造不仅需要人投入情感，还需要人投入智慧，无情、无知的活动不是有教育意义的经验。传统教育的很多做法不合于连续性原则，因而对学生的发展不具有积极的促进作用。制定许多规则要求学生照做，甚至在学生做了之后，也不引导学生去发现规则的意义以及方法与结果的联系；传统教育鼓励消极地吸收，"死读书，读死书"，形成机械的技能，使教学和学习活动成为一种呆板的活动。这些皆不利于经验的连续改造，不利于儿童的持续生长（杜威，1990）[82-83]。

不具有连续性的活动不能称为经验，故而更谈不上有教育意义。那么，具有连续性的经验是否就一定具有教育意义呢？经验有好坏之分，连续性也有好坏之别。经验不论好坏高下优劣皆有连续性，由之又引申出经验的方向与对经验的指导问题。杜威说，"在任何情况下，（经验）都有某种连续性，因为每种经验对于各种态度都能产生较好和较坏的影响"，有时，"经验连续性原则可能使一个人局限于低级的发展水平，限制其以后的生长能力"。因此，"经验的价值只能由它所推动的方向来评判"。那么，在儿童经验的改造中，谁来把握方向性呢？杜威认为教育者责无旁贷："教育者的任务就在于看到一种经验所指引的方向。如果教育者不用其较为丰富的见识去帮助未成年者组织经验的各种条件，反而抛弃其见识，那么他的比较成熟的经验就毫无作用了。不考虑经验的推动力，并且不按照它所推动的方向去评判和指导经验，便是不忠实于经验的原则"（Dewey，1938c）[29-33]。因此，连续性不仅仅是一个时间概念，经验的连续性不仅仅涉及时空问题，也存在一个经验的内容与方向的连续性问题。（Scheffler，1966）[101-102]

　　另一个原则就是经验的交互作用原则。"交互作用"（interaction）就是我们在讲述经验的定义时所揭示的机体与环境的相互作用，"这个原则赋予经验的客观条件和内部条件这两种因素以同样的权利"（Dewey，1938c）[38-39]。交互作用原则强调经验过程中人的主动性。与教育相联系，这一原则要求教育过程中教育者应尊重儿童的身心发展条件与水平，顾及儿童兴趣，提高儿童参与教育过程的积极性、主动性。而这一点正是传统教育所欠缺的，"传统教育的问题，不在于它着重控制经验的外在条件，而在于对也能决定要有什么样的经验的内在因素太少注意。这就从另一个方面违反了交互作用的原则"（Dewey，1938c）[39]。

　　交互作用原则也强调经验过程中"客观条件"的重要性。杜威认为，教育者的主要责任是要认识到现实中的哪些周围事物有利于引导经验的生长。最主要的是，他们应当知道怎样利用现有的自然和社会环境，从中吸取一切有助于形成有价值的经验的东西。那么，"客观条件"到底包含哪些内容呢？杜威说，在教育上，"'客观条件'这个短语涉及广泛的范围。它包括教育者做了什么和做的方法，不仅包括说了的话，还有他们说话的音调。它包括设备、书籍、仪器、玩具、游戏等。它包括和个人交互作用的各种资料，最主要的是个人所参与的情境中的整个社会背景"（Dewey，1938c）[43-44]。因此，客观条件并不仅指占有一定空间的可视的物质条件，还指精神条件。总之，客观条件是指对经验者（儿童）发生影响的一切外在条件。客观条件的选择对于教育、对于经验的改造无疑会有巨大影响。客观条件的选择也不是随意的，必须顾及经验交互作用另一方面的条件，"选择客观条件的责任同时意味着承担了解当时学生的需要和能力的责任"。传统教育存在的主要问题，不在于没有提供经验的客观条件，而在于提供的这种客观条件"没有考虑到创造经验的另一个因素，即受教育者的能力和要求"（Dewey，1938c）[45]。传统教育提供的外部条件——抽象的教材、死板的教法是与儿童的兴趣、能力不相符合的，这些条件使儿童受到压制，因此，机体与外部条件难以有效地交互作用以形成有价值的经验。进步教育走向另一个极端，它提供的外部条件——不加约束的无目的、无计划的自由活动，使儿童放纵无羁，因之它与儿童的内在条件亦难有效地交互作用以形成有价值的经验。教材与教法是教育中构成儿童经验的客观条件的最为重要的方面，杜威对传统教育和进步教育的批判说明杜威对二者的课程论和教育方法论皆有不满之处。杜威认为，"教材和教法的任务在于使特定的个人在特定的时间产生出有教育价值的经验"（Dewey，1938c）[45]。杜威对课程论与教育方法论的讨论也是围绕这个中心要求展开的。

四、"教育即经验的改造"的含义

有些论者或者将杜威理论中"经验的改造"视为一个直接经验的累加过程，或者将其视为一个经由直接经验获取间接系统知识的过程，又或者将其视为一个知识积累的过程。这些认识都是片面的。

　　既然经验是一种机体与外部环境间的交互作用，那么经验的改造就是这种双方的交互作用的改造，就是二者关系的改造和优化。分析地看，这种改造既包括对经验者的机体内在因素的改造，即经验过程产生的结果会对机体身心产生影响，导致其变化；也包括对经验中的外部条件（环境）的改造，即经验过程中机体对环境有积极的作用与影响。

　　在教育上，经验的改造主要是指对经验者的机体内在因素的改造，即对学生（儿童）的主观世界的改造，既包含身的改造，也包含心的改造。其中主要的是对心的改造，对儿童的精神世界的改造，即对儿童现有经验的改造，这种现有经验是原来动态的经验过程留下的结果、形成的积淀，用杜威的术语讲，是"习惯"，是"旧经验"，是"原来的经验"；用现代术语讲，是儿童现有的心理发展水平；通俗地讲，是儿童目前知识、能力、技能、品德等方面的实有状态。

　　因此，教育中经验的改造主要就是指对儿童身心构成各个方面的改造，实际上，经验改造的过程也就是儿童身心诸方面全面、充分生长的过程。

　　这样看来，"经验"一词就有了两种词性，一为动词，指相互作用的动态的经验过程；一为名词，指动态的经验过程造成的结果，这种结果又分为两个方面，一是对机体造成的结果，一是对环境造成的结果。教育中"经验的改造"就是指通过新的动态的经验过程改造原来的动态的经验过程对机体造成的结果，即在经验（动词）中改造经验（名词），以新的经验过程、新的交互作用改造儿童原先的经验。从经验中学、从做中学的目的在于改造旧经验，使之更丰富、更完备。

　　我们一般将杜威的经验改造理解为直接经验的改造，实际上，这种改造过程本身就含有知识与理性（智慧）因素，这些知识与理性因素是儿童理解、驾驭新经验过程的重要条件。动态的经验过程不是儿童通过感官消极被动获得感官的印象的过程，而是一个运用智慧与思维积极行动的活动过程，感官与感官作用只是这个活动过程的一部分。这个动态过程不仅检验原先机体具有的理论认识是否正确，而且通过抽象、概括等形成对事物的新的理性认识。因此，教育中"经验改造"的过程绝不仅仅是直接经验累加的过程，也绝不仅仅是形成感性认识的过程。

有些人超越了这种认识，认为经验的改造中含有知识与理性的因素，经验的改造是学生获取知识的一个认识过程，而且进一步认为这一认识过程是一个由感性认识到理性认识的单向运动过程。本章认为，首先，经验有丰富的内涵，含知、情、意、行诸多方面，经验改造绝不仅仅是一个认识过程，认识过程仅为经验过程的一部分；其次，即使是作为经验过程一部分的认识过程，也不是像有些人认为的那样是一个由感性认识到理性认识发展的单向运动过程，而是一个感性认识与理性认识交互作用的过程，因为从时间先后方面看，在直接经验时，经验者头脑中就已具有一些旧经验、旧认识，这些旧经验、旧认识中含有理性认识的因素，因此，当现实的动态的经验过程发生时，是旧经验（包括其中的理性认识）与环境发生作用，而不仅仅是眼、耳等感官与环境发生作用，且作用的结果不仅仅是通过眼、耳等感官获取一些感觉印象，而主要是对原有经验（包括其中的知识与非知识因素）总体的改组和改造。这种改造使原来经验中的知识因素受到检验，使之更加完善，更能对未来的经验过程起作用。经验的改造之所以有连续性，原因就在于此。只把经验改造视为由感性到理性的过程是对连续性原则的否定，因为有一个问题是不好回答的，这个问题就是：在获取了理性认识并在人脑中形成积淀之后，经验的改造是否每次都还从"零"开始、从感觉印象开始？显然，这是那些视经验改造为从感性认识到理性认识的单向运动过程的人无法回答的。因此，连续性原则本身已内含经验改造的知识与理性的原则。

既然教育中经验的改造主要是儿童已有经验的改造，那么，要使这种改造更有成效，就必须注重为新的经验过程提供好的条件，总的要求和本书在讲生长的内外条件时讲的要求是一样的，即尊重内在条件、优化外部条件。儿童已达到的身心发展水平是一种现实存在，教育与经验的改造必须从这种现实存在出发，不顾这种现实存在的状况，无视这种现实存在的特点，都将会使动态的经验过程受到限制，减弱经验的教育意义。优化外部条件的目的是更好地促进儿童身心向更高的水平发展，但若不与内在条件相互作用，优化本身就失去了意义。优化外部条件，提供合适的教育条件（不论是"教育即生活"、"学校即社会"，还是"从做中学"）意味着改善相互作用中的客观条件，意味着未来产生的新的经验将建立在新的更好的客观条件的基础上。虽然优化外部条件本身不能产生好的经验，但却能使好的经验的产生具有可能性，具有潜在的现实性。

经验的改造还包括对环境的改造，这是经验过程中机体的主动性的显著体现。没有这一方面的改造，经验的改造就成为被动、消极的东西。而且，如果经验的改造仅限于对机体的改造，那么这种改造也就失去了社会意义和社会价值。经验的改造不是个体（机体）自身的事情，其改造之动力来于外，其改造之结果作用于外，所谓精神的改造可转化为物质力量就含有这层意思。学校教育的意义何在呢？其意义在于，在学校里通过尊重内在条件，优化外部条件，使儿童的旧经验得到改造，形成新经验，即形成新的精神状态，也即形成进一步经验过程的内在条件，并使儿童能以这种新的内在条件作用于不尽如人意的外部社会条件，以革弊除旧，改造外部社会环境，使之更趋美好。因此，经验的改造具有鲜明的社会性，杜威明确地指出："经验的改造可能是个人的，也可能是社会的……。进步的社会力图塑造青年人的经验，使他们不重演流行的习惯，而是养成更好的习惯，使将来的成人社会比现在进步。"（杜威，1990）[84]杜威还探讨了经验与民主的关系，他认为可以用哲学的术语来阐释民主的信念。民主意味着对人的经验能力的坚信，这种能力产生目的和方法，并通过这些目的和方法使未来的经验更有条理、更丰富，对民主的信仰就是"对经验和教育的信仰"（Dewey，1939）。有人这样评论经验的性质："经验的核心是社会性的。"（Phenix，1966）[42] 这些说明的都是同一个道理，即经验改造的目的不仅在于改变个人，还在于改造社会，即通过经验的改造，培养新人，革新社会。这与本书第一章和第二章的结论殊途同归。

总之，经验和经验改造的过程是一个连续性的交互作用的过程，经验的改造不仅是个人的，还是社会的。学校中经验的改造主要是塑造儿童的新的经验，即新的知识、能力、品德、态度等精神因素，而不仅仅是积累知识（不论这种知识是感性的还是理性的）。塑造新经验需要有一定的内在的与外部的条件，而塑造的目的则在于改造社会。

第二节
经验与教材

杜威的课程论和教材观是其哲学上的经验论在教育上的具体体现，也是对其"教育即经验的改造"的教育信条的进一步表述。

一、对旧教材的批判

杜威指出："假使我们希望学校适应现在的社会，则旧式学校中间有三件事体一定要改变：第一，校中所用的教材，第二，教员处理这些教材的方法，第三，学生处理这些教材的方法。"（杜威，1923）[153] 杜威要求改革教材和教学方法，说明他对旧教材和旧教法有不满之处。

杜威对改革课程教材提出三项要求。

其一，新教材应是合于儿童心理需要、兴趣与能力的。在杜威看来，传统教育的课程是由前人所积累起来的系统的间接经验构成的，是一种符号和文字构成的系统，杜威认为传统教育"把成年人的种种标准、教材和种种方法强加给仅是在缓慢成长而趋向成熟的儿童，其所规定的教材、学习和行为的种种方法，不适合儿童的现有能力，二者之间差距极大。这些教材和方法，超出年轻的学习者已有的经验范围，是他们力不能及的东西"（Dewey，1938c）[4]。也就是说，这种课程不合乎心理学的要求，不能满足儿童的需要、兴趣，也超出了他们的能力接受范围。（Dewey，1898）杜威指出，"我们学校的各种方法以及绝大部分的课程，都是从旧时代承袭下来的，……这种教育大体上只能投合人性的理智方面，投合我们研究、积累知识和掌握学术的愿望，而不是投合我们的制造、做、创造、生产的冲动和倾向"（杜威，1981c）[26-27]。这些课程和方法造成不良后果，代表知识的言辞成为"纯粹感觉刺激，没有什么意义"（杜威，1990）[200]，"学校的教材和学生的需要和目的脱离，仅仅变成供人记忆、在需要时背出来的东西"（杜威，1990）[196-197]。教育因之变得机械和死板，儿童读书也就因此失去了积极的动力，成为一种被迫的不得已而为之的事情，并使那些"即使用最有逻辑的形式整理好的最科学的教材"也失去了应有的价值。（Dewey，1898）（杜威，1981i）[91]

其二，新教材应是统一的，具有整体性，而不是支离破碎的。儿童的生活和经验具有"统一性和完整性"，儿童进入学校，多种多样的分门别类的学科便把他的世界加以割裂和肢解，使儿童对世界的认识失去应有的全面性而流于片面。（杜威，1981i）[62]（杜威，1981c）[77] 因此，新教材应克服旧教材所具有的这种弊端。

其三，新教材应具有社会性。这并不是说旧的以系统知识为表现形式的教材与社会无关，因为系统知识本身就是人类社会日积月累的产物。但是，当这种系统知识在新的社会情境中以不恰当的方式灌输给儿童时，就失去其应有的价值，就丧失了其效用，因而也就失去了其能动的社会作用。"在教材里，找不到社会因素；在教材给儿童所引起的内在感染力里，也找不到社会因素；社会因素完全在外面，在教师身上——在教师的鼓励、训诫、督促和各种方法之中，教师用这些办法使儿童的学习只是偶然受到社会一线曙光照耀的教材。

忘了只有在学科不光作局外学科提出来，而是从各学科同社会生活的关系这一观点提出来时，才能获得最大的感染力和儿童生活的全部意义。忘了要使各学科化为儿童的行为和品性的组成部分的话，就不应把学科光看作一条条的知识来吸收，只能把它们作为现时种种需要和目的的有机组成部分来吸收才行——这些需要和目的又是社会的。"（杜威，1981c）[67-68]① 在《民主主义与教育》中，杜威专列一章讨论"教材的社会性"问题，认为"一个课程计划必须考虑课程能适应现在社会生活的需要；选材时必须以改进我们的共同生活为目的，使将来比过去更美好"，"承认教育的社会责任的课程必须提供一种环境，在这种环境中，所研究的问题都是有关共同生活的问题，所从事的观察和传授的知识，都能发展学生的社会见识和社会兴趣"。（杜威，1990）[204-205]

那么，什么形式的教材才能满足这几个方面的要求呢？那就是活动性、经验性的主动作业。作业的方式很多，"除了无数种的游戏和竞技以外，还有户外短途旅行、园艺、烹饪、缝纫、印刷、书籍装订、纺织、油漆、绘画、唱歌、演剧、讲故事、阅读、书写等具有社会目的（不是仅仅作为练习，以获得为将来应用的技能）的主动作业"（杜威，1990）[209]。这些作业既能满足儿童的心理需要，又能满足社会性的需要，还能使儿童对事物的认识具有统一性和完整性。在这种作业中，心理需要、社会需要、认识的统一性与完整性达到契合。这实际上就是前面讲的个人生活与社会生活的契合，生长的内在条件与外部条件的契合，经验相互作用中的两个因素即机体因素与客观条件的契合。这种契合的目的不仅在于使儿童在现时的生活中、生长中、经验中享受乐趣，还在于达到社会的改造，使生活更美好，使社会更完善。杜威明言："学校所以采用游戏和主动的作业，并在课程中占一明确的位置，是理智方面和社会方面的原因，并非临时的权宜之计和片刻的愉快惬意。"（杜威，1990）[107-108] 在《芝

---

① 原译文不当，引用时依原文稍做变动。

加哥实验的理论》中，杜威指出："所谓恰当的教材，基本的思想是：课程必须不是仅仅作为知识的项目来吸收，而必须作为当前需要和目的的有机组成部分来吸收，而这些需要和目的又是社会性的。"（杜威，1991a）[411]

旧教育中的课本、教科书在课程变革后的地位如何呢？杜威认为，"这种改造工作必须降低纯粹书本式方法——包括教科书——和辩证的方法的位置，使它们成为明智地发展前后连贯和逐渐累积的活动的必要的辅助工具"（杜威，1990）[331]。

从"教育与经验"之关系的角度看，这种改造意味着什么呢？这意味着儿童经验改造过程中客观条件的改变，"交互作用的原则清楚地表明：教材若不适应个人的需要和能力，会使经验丧失教育作用，同样，个人若不适应教材，也会使经验丧失教育作用"（Dewey，1938c）[46-47]。这种客观条件的改变又意味着儿童将获得更好的经验改造，获得更好的生长与发展。可以说，活动性、主动性、经验性课程的引入是经验的选择性（并不是所有的活动都是经验，并不是所有的经验都有教育作用）、连续性和交互作用（主动性和社会性）三个原则的基本要求。

二、直接经验与间接经验

不少研究者从杜威批判旧的以系统知识为表现形式的课程，倡导活动性、经验性的课程出发，认为杜威轻视间接经验的价值，太过于重视直接经验。这种看法是错误的。

1897 年，杜威在《我的教育信条》中以科学为例，阐明了作为间接经验的系统的科学知识对经验改造的作用，"科学之所以有价值正因为它给我们一种能力去解释和控制已有的经验。我们不应当把它作为新的教材介绍给儿童，而应当作为用来显示已经包含在旧经验里的因素，和作为提供更容易、更有效地调整经验的工具"（杜威，1981b）[8]。1898 年，杜威在《初等教育的偶像》中指出书本和经验性的东西同样重要，前者意在使儿童受到"训练"，达到一定的"水准"，后者则在于提供兴趣因素，二者不可偏废，所需要的是"二者的混合体"，既使儿童得到训练，又合于儿童的能力要求，"这是一个重要的教育问题"（Dewey，1898）。1899 年，在《学校与社会》中，杜威主张书本作为经验的一种代替物是很有害的，但"'书本'和读书对于经验的阐明和扩充是重要的"（杜威，1981c）[58]。1902 年，在《儿童与课程》中，杜威认为逻辑的教材和儿童心理不是截然对立的，逻辑的教材本身就是"种族的经验"，是人类经过一代一代的努力而积累起来的结果，"进入儿童的现在经验里的事实和真理，……是一个现实的起点和终点"，二者不是对立的，"儿童和课程[①] 仅仅是构成一个单一的过程的两极。正如两点构成一条直线一样，儿童现在的观点以及构成各种科目的事实和真理，构成了教学。从儿童的现在经验进展到以有组织体系的真理即我们称之为各门科目为代表的东西，是继续改造的过程"。（杜威，1981i）[81] 也就是说，系统知识是经验改造要达到的一个重要目标。1903 年，在《对道德进行科学研究的逻辑条件》中，杜威用哲学语言表述了系统知识的作用，"逻辑的东西是实践的东西的一种内在的或有机的表达，所以当它在实践上发生作用时，它就在满足它自己的逻辑基础和目的"（Dewey，1903b）。1915 年，在《明日之学校》中，杜威讲得更明确，传统课程在实践中确有弊端，但"这不是说教科书应该废掉，不过说要把他的用法改变改变。只把他作为学生的向导，藉以节省时间免除错误。教员与课本不复成为学生唯一的导师；手，眼睛，耳朵，以及身体的全部，都是知识的渊薮，而教员变成发起人，课本变成试验品"。从做中学"这句话并不是以各种粗细手工把'课本的研究'完全代表"，"各种学问——算术、几何、语言、植物等等——本来都

---

① 指系统知识。——引者注

是人类的经验，都是前人所成就的东西一代一代积聚下来的。平常学校的课程，要把前人的经验重新组织一番，使有统系，不是把积聚的琐闻或互相隔离的经验零零碎碎教给儿童。所以儿童平日的经验，和通常的生活，同教室内所学的课程本是同样的东西，不过彼此所代表的部分不同；一个是代表人生最初的步调，一个是代表人生最后的趋向。把这两个看作互相反对，……就是把一种势力的最初倾向和他最后着落弄成互相矛盾；这就是说儿童的本性和他将来的成就彼此冲突，其谬孰甚"（杜威，1923）⁶⁴⁻⁶⁸。①1916 年，在《民主主义与教育》中，杜威阐述了系统知识的特点与作用，认为系统知识不同于意见、猜测和道听途说，是可靠的、无疑的、确定的而不是含糊不清的，系统知识"是一个人处于疑难的情境时可以依靠的已知的、确定的、既成的、有把握的材料，它是心灵从疑难通往发现的一座桥梁。它具有一个知识经纪人的作用。它把人类以往经验的最后成果压缩精简，记录成可用的形式，作为提高新经验的意义的工具"（杜威，1990）²⁰⁰。1938 年，在《经验与教育》中，杜威批判了进步教育实践对间接经验的忽视，明确地说："旧教育强迫儿童接受成人的知识、方法和行为的规则，但是不能因此就认为成年人的知识和技能对于未成年人的经验没有指导的价值，只有极端的非此即彼的哲学才会导出这种主张。"（Dewey，1938c）⁸

总之，在杜威看来，系统知识对经验的改造具有不可取代的指导作用，而且经验改造的重要结果之一就是获取较系统的有逻辑性的知识，而不是琐杂的感性的印象。也就是说，系统知识既是经验改造的一个重要条件，又是经验改造要达到的一个结果。

有些人认为杜威一贯是轻视系统知识的，还有一些人认为杜威后期才开始重视知识的系统性，通过上面的引述可知，杜威在理论上一直是重视系统知识

---

① 引文稍有变动。

和间接经验的。

不仅如此，杜威还看到了直接经验的局限性，认为"直接观察自然比较生动活泼，但是也有局限性。无论如何，一个人应能利用别人的经验，以弥补个人直接经验的狭隘性，这是教育的一个必要组成部分"（杜威，1990）[167]。他还指出："个人直接经验的范围是非常有限的。如果没有代表不在目前的、遥远的媒介物的介入，我们的经验几乎将停留在野蛮人的经验的水平上。……所以我们依靠文字，藉以获得有效的有代表性的经验或间接经验。"（杜威，1990）[246] 在《民主主义与教育》第十六章和第十七章中，杜威讨论了课程中的历史、地理和科学三种科目，认为这些是拓展狭隘的个人经验的重要手段，他说，地理和历史是扩大个人直接经验的意义的两大学校资源，是扩充经验的界限的工具，它们为狭隘的个人行动或单纯的专门技能提供材料，使这些行动和技能有了历史的背景、宽阔的视野和理智的观点，从时间和空间两个方面拓展了个体经验。而科学的目的就是使经验从所有纯粹个人的经验和严格属于直接的经验中解放出来。

一些研究者之所以会对杜威的经验改造理论有不切实际的评论，主要原因在于误解了杜威的"经验改造"的含义，将之视为"直接经验的简单相加"，认为直接经验与间接经验之间有一条鸿沟。事实上，这种观点正是杜威所批判的，如同本章已经指出的，杜威将理性与经验协调起来，认为"理性不是经验以外的东西"、"理性在经验之内运行而不是在经验之外运行，使经验具有理智的或合理的品质"。（杜威，1990）[238] 正是思维使得经验得到不断的有效的改造，才使得经验的连续性原则得以切实地贯彻。理性和思维中有两个关键的因素，也就是抽象和概括，杜威认为正是这二者"使经验从所有纯粹个人的经验和严格属于直接的经验中解放出来"，并认为"除非经验中共同的东西能抽取出来，并且用适当的符号固定下来"，否则，经验的一切价值将随着经验的消逝而消失，抽象和概括将个人经验的净价值提供给人类永久使用。（杜威，

1990）[238-239]

可见，杜威所反对的不是间接经验本身，而是传统教育那种没有成效的、不顾儿童心理水平的传授间接经验的方法。因此，问题的关键在于：怎样既能使儿童最后获取系统知识以作为经验改造和生长、生活的有效工具，同时又不违背儿童的心理发展水平？本书认为，这才是讨论杜威课程与教材思想时应注意的关键问题。

三、经验的转换与知识的组织

杜威提出的"两全其美"的解决方案是：教材心理化和经验的组织。方案的中心在于解决课程问题中的"逻辑的"（系统知识）与"心理的"（儿童已有经验）之间的对立。

杜威认为，儿童的经验和构成科目的不同形式的传统教材之间不存在鸿沟，"在儿童方面，问题是要看到，在儿童经验的自身里，怎样早已包含着正如组织到系统化的科目中去的那些同类的因素——事实和真理，更重要的是要看到，在儿童经验的自身里，怎样早已包含着在发展和组织教材达到现有的水平中已经起着作用的那些态度、动机和兴趣。在各门科目方面，问题是怎样以儿童生活中起着作用的各种力量的结果来解释它们，并发现介于儿童的现在经验和这些科目的更为丰富而成熟的东西之间的各个步骤"（杜威，1981i）[80-81]。儿童的经验是起点，"由成年人和专家编制的教材为教育提出了一个应当不断前进的目标"，但"不能作为起点"。（Dewey，1938c）[103] "因此，就需要把各门学科的教材或知识各部分恢复到原来的经验。它必须恢复到它所被抽象出来的原来的经验。它必须心理化"（杜威，1981i）[89]。这种心理化实质上就是把间接经验转化为直接经验，即直接经验化。

教材心理化的任务需要教师来完成。杜威在《民主主义与教育》中对教师的教材和学生的教材做了明确的区分，认为教师的教材是社会"把要永久保存的文化的重要成份以有组织的形式明白地向教师提出"的，但这种教材中的知识远远超过学生目前的知识水平。因此，教师只注意教材还不够，还应注意教材和学生当前的需要与能力之间的相互作用，应考虑怎样"使学生的经验不断地向着专家所已知的东西前进"（杜威，1990）[193-196]。学生的教材应是经验性的。

将系统的教材转化为经验还不够，"在经验的范围之内搜集学习的材料，这仅仅是第一步，下一步是将已经经验的那些东西累进地发展为更充实、更丰富也更有组织的形式，即逐渐接近于提供给有技能的、成熟的人的那种教材形式"（Dewey，1938c）[87]。

这个过程也就是杜威从 20 世纪 20 年代末起一直反复强调的经验的组织原则。杜威提出的经验的组织原则是与对进步教育实践的批判相伴而行的。1928 年，在《进步教育与教育科学》中，杜威认为进步教育重视个性，但"有时候似乎认为教材的组织顺序与学生个别特点的需要是不相容的"，因而忽视教材的组织、经验的组织，导致教材建设混乱无序，杜威认为"仅仅是去做，不管怎样生动，都是不够的"，"组织与个性的原则绝不是敌对的"，"进行知识组织的原则与进步教育的原则绝不是敌对的"。（Dewey，1985g）[263-265]1930 年，在《新学校中有多少自由？》中，杜威认为进步教育存在的最大问题是教材建设问题，从传统教育漠视儿童、以教材为中心走向另一个极端：以儿童为中心，忽视教材与知识的组织。杜威明确指出，儿童中心的观念是片面的，新教育不但应组织教材，而且应比传统教育组织得更好。儿童的冲动和愿望的发展必须以非个人的、客观的材料为媒介，要使经验得到有条理的、持续的改造，必须慎重地选择和组织材料（Dewey，1930c）。1931 年，在《走出教育中的混乱之路》中，杜威对进步教育的一些课程设计方法提出尖锐批评，要求加强教材的组织，他认为这种组织与传统教育中知识的组织是两种不同的类型，后者的组织是纯粹从书本中、从记忆中达成的，前者的组织则是在特殊的情境中（即直接经验的情境中）对事物的作用与事物间抽象关系的把握，这样就可使经验的改造成为一个持续的、不断发展的过程，而不像"很多的所谓教学设计只有很短的时间跨度"，不利于儿童将经验有系统地组织起来，以达到对事物的系统认识。（Dewey，1985h）[86]1934 年，杜威在《需要一种教育哲学》中指出，仅仅将旧课程废弃不用是一种消极的做法，"在新教育中真正需要做的是对教材给予更多的而不是更少的关注"，杜威认为，要使经验的改造和儿童的生长更有成效、更有连续性，"新教育的过程与旧教育相比需要更多的计划性"（Dewey，1934a）。1938 年，在《经验与教育》中，杜威认为"进步学校最薄弱的一点是关于知识性教材的选择和组织"，认为知识的组织是"一项根本的工作"（Dewey，1938c）[95]。新保守派批评进步主义，主张教育的主要任务是传递文化遗产，原因即在于此。杜威指出，知识的组织"不能以已经组织好的知识为起点"（Dewey，1938c）[102]，那样就回到了传统教育的老路，知识的组织问题应在经验的基础上得到解决（Dewey，1938c）[107]。组织的过程是一个连续不断的、螺旋式上升的过程，也就是经验不断改组和改造的过程。因此，可以说组织原则是服从于连续性原则的，是连续性原则的中坚。杜威指出，那种认为组织是一种与经验无关的原则的看法是不正确的，否则经验就将成为分散而混乱的东西。

可见，杜威很早就对进步教育予以批判，要求加强经验与知识的组织，并不像人们通常所认为的那样，是从 1938 年写《经验与教育》时才开始注意到知识的组织问题的。

经验的组织原则不是孤零零的东西，它赖以存在的基础是经验中内含的理性和思维的因素，是抽象和概括等要素使组织成为可能。因此，经验的组织原则本质上是经验的理性原则，是使经验不断扩展的原则，是使学生的个体直接经验不断趋向种族间接经验的原则。

在《民主主义与教育》中，杜威将学生获取系统知识的过程分为三个阶段，这个过程亦即经验的组织过程："在学生的经验中，教材的发展根据事实可以分成三个相当典型的阶段。在第一阶段，学生的知识表现为聪明才力，就是做事的能力。学生熟悉了事物，就表明他已掌握材料。在第二阶段，这种材料通过别人传授的知识，逐步地得到充实和加深。最后阶段，材料更加扩充，加工成为合于理性的或合于逻辑的有组织的材料——掌握这种材料的人，相对地说，就是这门学科的专家。"（杜威，1990）[196]

杜威将"逻辑的"和"心理的"之间的对立辩证地统一起来，并在儿童的直接经验中找到了二者的契合点。杜威不反对获取系统知识，但关键是用什么方式获得，是后者而不是前者构成了杜威课程理论与传统课程论的主要区别。

四、独特的教学认识过程与间接经验的讲授

有人认为，杜威的课程与教材理论的根本错误在于混淆了教学认识过程与人类一般认识过程的区别。这种看法不确切。

其一，人类的认识过程是从已知到未知的过程，而在杜威的理论中，虽然学生也是从已知到未知，但学生的认识过程是在教师的指导下的认识过程，教师对学生要获得的知识的目标是明确的。具体言之，整个教学认识过程是：教师先熟悉以间接经验为表现形式的系统教材，然后将之心理化，转化为学生的直接经验，再引导学生通过组织原则达到较系统的认识，这个过程是从间接经验到直接经验再到间接经验的过程。整个过程以及过程进行的条件都是在控制之下的，是经过有目的、有计划的选择的。（杜威，1990）[192-206]

其二，也是最重要的一点，人们没有看到我们上面提到的杜威的以经验为基础的课程的教材理论是建立在两个假设的前提之上的：（1）儿童的经验是贫

乏的，不足以理解抽象的系统知识；（2）儿童的心理水平尚未达到理解系统知识的地步。但当儿童经过若干年的积累，经验已不再贫乏，并丰富到足以理解系统知识的程度时，当儿童的心理水平已提高到能理解系统知识的地步时，杜威课程论赖以存在的两个前提就不存在了。在这种情况下，杜威还会反对直接讲授系统教材吗？实际上，杜威不反对直接讲授系统教材本身，关键是在什么基础上讲授、在学生心理发展的哪个阶段讲授。

杜威在1898年为其实验学校制订的《工作计划总纲》中，将儿童心理发展的顺序分为三个阶段，第一阶段从4岁到8岁或8岁半，第二阶段从8岁到10岁，第三阶段始于10岁，持续到13岁。在第一、二阶段，儿童从做中、从经验中学。到了第三阶段则发生重要变化，"儿童获得的技能，应用于明确的研究和思考方面的问题，进而认识到概括的重要性和必要性。当达到这后一点时，明显的中等教育时期可以说已经开始。这第三个时期，也是各方面的工作、历史和科学彼此出现明显分化的时期。在儿童掌握每门学科所使用的方法和工具的范围内，他能一门一门地进行学习，在某种意义上，真正使它成为一门学科。要是第一个时期已经给儿童一个共同的多样的背景，要是第二个时期已经带领他们掌握读、写、算、操作原材料等能力作为研究的工具，那末现在在第三个时期，他们已准备好一定程度的专门化而没有孤立或人为状态的危险"（转引自梅休 等，1991）[42-43]。杜威的这种认识，在实验学校的实践中得到了证实，儿童到了12、13岁，开始用逻辑的观点去看待知识和探求知识，地理、物理、生物、数学、历史、外语等在十一班（14、15岁）皆走向专门化的学习，并采用了以逻辑的形式编就的教科书。（梅休 等，1991）[169-215] 同年，杜威在《初等教育的偶像》中指出，传统教育的一个重要问题是儿童读书无内在动力，但杜威并不反对读书，条件是儿童要到一定的年龄阶段（Dewey，1898）。杜威在实验学校开办六年时著文《手工艺训练在初等学校课程中的地位》，总结了六年来杜威学校的教学计划以及教材的类型和分组的实验，他把教材分为三组：第一组是主动作业，即各种形式的活动、游戏和工作；第二组的教材"给予学生关于社会生活的背景"，包括历史和地理；第三组是"一些给予学生运用理智的交流及探究的方法的科目"，"这些科目构成传统课程的主要部分"。也就是说，杜威将传统课程作为其课程的一个重要组成部分，并认为儿童只有"能自由地使用它们，才能占有文明的智慧的成果"。（梅休 等，1991）[221-222] 1915 年，杜威在《明日之学校》中叙及当时的女进步教育家约翰孙对儿童读书的态度："约翰孙女史说：我们必须要等候儿童的欲望，让他自己觉得学问的需要；时机一到，我们就该立刻设法供给材料，使其欲望得以满足。所以不到儿童的经验和智识已经能够融会各种事物间关系的时候，不叫他去读书。女史竟不准儿童读书太早。他以为到八九岁时，儿童寻求书中奥妙的热心，正如他以前寻求实物一样。在这个时候，他们渐知书中所有知识的用处，并且知道舍此而外，无法求得这种知识。于是儿童自己会去教育自己，我们教他读书就不复成为一个难问题了。"（杜威，1923）[20] 杜威对约翰孙的这种看法和做法是持肯定态度的，尽管二人对儿童何时开始读书的看法有差异。

　　《我们怎样思维》是杜威的一部重要教育著作，它着重讨论了反省思维与教学的关系，该书第一版出版于 1910 年，1933 年杜威做了较大的修订，新增加了许多材料，其中有一章"讲课"（The Recitation）全部是新写的[①]，在这一章中，杜威论述了讲课的作用、讲课的过程以及教师在讲课中的地位问题。这里的讲课实际上是指系统知识的讲授。（杜威，1991b）[217-231] 杜威为什么在 1910 年不谈而在 1933 年谈系统知识的讲授问题呢？

　　本书认为，尽管杜威的课程理论在美国产生了一定的影响，但就其具体实施看，影响的范围并不大，传统的课程及其教学方式依然占有重要地位（范斯科德 等，1984）[29-30]（蒂尔，1990）[226]（康内尔，1990）[607-608]，杜威在 1933 年

---

① 　参见杜威 1933 年 5 月为《我们怎样思维》所作的《新版序言》。

论述"讲课"问题是从实际出发的结果。正如他在《我们怎样思维》修订版中所说："尽管在我们的学校里，直接观察的活动大大地增加了，但教材的极大部分还是从书籍、讲演、口头交谈等其它资料得来的。怎样从人和书本传授的知识中，获得理智的益处，这是一个最为重要的问题。"（杜威，1991b）214

可见，杜威关于以经验为基础的课程和教材理论是有针对性的，它主要适用于初等教育。这一点常被人忽视，并从此得出以偏概全的结论，将杜威的课程论与传统的课程论绝对地对立起来。实际上，这种对立是有限度的，远远没有后人想象得那样大。

但这绝不是说杜威的课程理论与传统的课程论是相同的，二者的差异还是很大的，不仅表现在获得知识的方式上（一是灌输，一是通过经验的组织），还表现在对知识的性质的认识上。传统的课程论将知识视为一个自足的、静止的、完善的符号体系，教学的任务就是吸收这些符号所代表的事实，至于这些东西能否合乎儿童心理、能否具有实际效用（不是那种升级、考试及格、升学之类的实际效用）则是不受关注的，而实用主义对知识的看法与此不同。杜威认为实用主义的认识论，"它的本质特征是坚持认识和有目的地改变环境的活动之间的连续性。实用主义的认识论主张，在严格的意义上，知识包含我们理智方面的种种资源——包含使我们的行动明智的全部习惯。只有已经组织到我们心理倾向中的那种知识，使我们能让环境适应我们的需要，并使我们的目的和愿望适应我们所处的情境，才是真正的知识。知识不仅仅是我们现在意识到的东西，而且包含我们在了解现在所发生的事情中有意识地运用的心理倾向。知识作为一个行动，就是考虑我们自己和我们生活的世界之间的联系，调动我们一部分心理倾向，以解决一个令人困惑的问题"。（杜威，1990）360 即知识的作用服从于经验改造的过程，它指导经验的改造，从而使自身受到检验，并产生新的知识，以进一步指导经验的改造。知识是实用的而不是空疏的，应是不断被经验所修正的而不是一成不变的，应是在经验过程之内的而不是在经验过程之外的，应是与行为密不可分的而不是与行为分离的。

五、杜威课程与教材理论的不足

从理论上看，杜威提出的以经验为基础的课程和教育理论是论证严密、无懈可击的。但若从实践的角度去考虑，则会发现有几个难以解决的问题。

其一，并非所有的系统知识都可还原为直接经验。系统知识的存在形式是逻辑的，其根本特点是具有很大的概括力和包容性，有些系统知识所反映的内容根本不可能还原为儿童个人的直接经验，有些能还原，但在数量和程度上也是很有限的。

其二，教材心理化并不等于教材直接经验化。杜威的课程论有一个基本的假设，即教材心理化等同于教材直接经验化，好像只要将系统知识化作直接经验，就是儿童的心理所能承受和理解的。事实却是，儿童对他本人所直接经验的很多东西是不能理解的，要理解这些东西反而需要系统知识的介入，需要先前形成的经验（并不仅是直接经验）的参与。杜威意在通过直接经验去理解系统知识，但却在一定程度上忽视了直接经验的理解需要以系统知识为条件。

其三，组织原则的贯彻存在困难。怎样将学生的个人直接经验"组织"为较系统的知识，是一个非常难解决的问题。首先，学生的个人直接经验是相当有限的，这就使"组织"立在一个不甚宽厚的基础上。其次，将个人直接经验组织为较系统的知识是要花费相当长的时间的，但学校教育的时限却是短暂的。再次，杜威过高地估计了儿童本人的组织知识的能力和教师指导的能力。

杜威对间接的系统知识厚爱于心，认为"如果传播知识不能使儿童和他的种族之间发生共同的思想和目的，那么，所谓传播知识，不过是徒有虚名而已"（杜威，1991b）[242]。但他所提供的获取知识的方法却难以达到这一目标，手段与目的存在着冲突和对立，使杜威陷入进退维谷的境地。他在晚年清楚地认识到了这一点。1936 年，他在《芝加哥实验的理论》中指出："关于'教材'，迫切的问题是要在儿童当前的直接经验中寻找一些东西，它们是在以后的年代里发展成为比较详尽、专门而有组织的知识的根基。要解决这个问题是非常困难的；我们并没有解决好；这个问题到现在还没有解决，而且永远不可能彻底解决。但是，无论如何，我们曾试图研究这个问题以及这个问题所带来的各种困难。"（杜威，1991a）[409-410] 两年后，他在《经验与教育》中又指出："要找到每个人的经验背景是比较困难的，要发现如何指导经验中已经具有的材料，并把这些材料引导到更大的和更好地组织起来的一些领域之中，也是比较困难的。"（Dewey，1938c）[89] 但是杜威并没有因此而放弃他的以经验为基础的课程和教材观。这也许与杜威重验证的思想相矛盾，因为在他看来，所有理论都是假设，他的课程与教材理论也是一种假设，如果这种假设不能解决问题，则应修正或放弃这种假设，提出新的假设。然而他却始终没有放弃。

杜威不满意传统的课程论，对当时在美国盛行的一些进步主义的课程革新亦持讨论乃至否定态度。1931 年，他在《走出教育中的混乱之路》中指出教育中的混乱主要表现在教材问题上，杜威认为当时盛行的设计教学法、问题教学法和情境教学法等不是传统课程的唯一替代物，设计教学法不是使教育走出混乱的唯一途径，甚至在初等学校中也不是。杜威看到了知识激增、学科分化带来的课程的臃肿与隔离，要求加强知识间、学科间的联系。杜威力图在课程方面走出一条既不同于传统又不同于进步教育的新路，这条新路实际上就是他对经验的组织原则的强调。（Dewey，1985h）[85-88]

吴俊升教授曾深刻指出，以经验来组织教材和以系统知识联系生活经验极为不同。虽然杜威晚年比以往更加注意课程和教材的理论结构，倘若依杜威认识论讲，却仍然达不到以系统知识为教材的高度。倘若注意向学生揭示系统教材，他就不能不修正或取消他那关于经验知识的理论。因为在他那套理论中，知识，特别是系统知识，乃是解决实际疑难的思维活动的次要产品或附带产品。实际上，应当认清科学虽产生于经验，但科学一旦产生之后，它便将摆脱生活经验的局限而独立地向前发展。儿童在幼小时期是从生活经验中领略关于科学的事物的；但以后向他们严肃地教授科学知识，却须通过一条不同的道路。不从原则上认清这种本质区别，纵然着力肯定教材的逻辑体系的重要性，也是无济于事的。（滕大春，1987）

尽管杜威的课程论与教材观有种种不足，但杜威对传统课程及其教学的批判却是有价值的，他提出的解决方案也许不切实际，但他所提出的解决课程与教材问题的思路——既合乎儿童心理水平又能使儿童最后获得系统的知识，并能在理解的基础上有效地应用于生活经验——却是正确的。是否还有合乎这条思路的另外的方案？杜威课程与教材理论对后人的启发作用主要应在这里。

本节关于"经验与教材"的讨论会给人留下这样一种印象，即杜威的经验的改造是一个认识的过程和知识获得的过程，因为本节主要讨论的是知识的获得问题。实际上，知识的获得仅是经验改造过程的一个方面的结果，而不是全部的结果，只是因为课程、教材问题与知识的获得关系最密切，而且是改革传统教育的一个关键问题，因此本节侧重于"经验与知识获得"之关系的讨论。但实际上，从经验中学，绝不是只学知识，这一点前面已讲得很清楚，杜威本人也说得很明白。在《民主主义与教育》中，杜威认为课程与教材必须以儿童目前的兴趣和经验为出发点，但所要达到的目的却是多方面的："须能使学生有处置所遇到的资源和障碍的执行本领（即效率）；善与他人相处的社交能力和兴趣；欣赏艺术佳品，至少能欣赏古典形式的艺术佳品的审美趣味和能力；经过训练后对智慧方法的掌握；对于某种科学成就感兴趣；对他人的权力与要求反应敏感——即有良心。"（Dewey，1916c）[285] 可见，课程与教材所要达到的目的是多方面的，这一点在讨论杜威"经验与教材"的关系时是不应忘记的。这种经验性的课程与教材并不仅仅是手段，其本身就是目的。经验性课程与教材的目的不仅仅有外在价值，还有内在价值，应使每一科目本身成为对儿童有意义的东西，使儿童在学习它的过程中能产生心灵的愉悦和满足，"如果一个科目从来没有因其自身而被学生欣赏过，那么它就无法达到别的目的"（杜威，1990）[254]，这句话说得有些过分，但却说明了杜威对课程的内在价值的强调，杜威力图将内在价值与工具价值结合起来，并将课程是否有内在价值作为"课程评价"的一个重要标准（杜威，1990）[256]。这和本书第一章所讲的"生活的目的在现时的生活之中而非成人生活的准备"以及第二章所讲的"生长的目的的内在性"等是完全一致的，体现出杜威想使教育本身成为一件乐事的指导思想。

第三节
经验与教学方法

与其课程论相应，杜威提出的教学方法是一种"从做中学"的方法，是一种经验的方法、思维的方法、探究的方法，亦即前文提到的智慧的方法、科学的方法。在《我们怎样思维》（1910年）和《民主主义与教育》（1916年）中，杜威对这种方法有较为集中的论述，杜威提出这种新方法不仅建立在对旧方法的批判的基础上，而且有着心理的、社会的、哲学的等诸方面的原因。

一、对传统教学方法的批判

传统的教学方法是一种沿袭甚久、积弊甚深的教学方法，教学活动是在教室这个专门设定的场所里进行的，教师站在讲台上向学生灌输与生活无涉、亦不合于儿童知解力的系统性很强、逻辑性很强的教科书，儿童则坐在固定的位置上，静听和记诵教科书。这种方法是一种典型的以教师、教科书、教室为中心的教学方法，学生、学生的活动、教室以外的世界是没有什么地位的。传统教学方法的目的在于使儿童获取知识，但这种知识脱离生活，不合儿童志趣，导致儿童虽能背诵它、记住它以应付提问、考试和升学，却不能真正掌握它。儿童处于消极的、被动的地位，兴趣、爱好受到剥夺和压制，能力发展与主动性受到压抑和束缚，教室如同牢狱，儿童如同囚犯，教师如同看守，书本如同刑具，教学和学习如同服刑，全无半点乐趣，整个教育、整个学校没有多少生机和活力。"读死书、死读书、读书死"是对旧教育的一个形象而概括的描绘。杜威对传统的教学方法一直是持尖锐的批判态度的，他所要做的变革就是变教师讲授、学生静听的教学方式为师生共同活动、共同经验的教学方式，书本降到次要的地位，活动是主要的，教学也不再限于教室之内。

19世纪后半期，在杜威提出其教学理论前，美国的教学理论受欧洲影响较大，在教学方法方面，裴斯泰洛齐的实物教学与感觉训练法、赫尔巴特学派的五段教学法在美国都有相当的影响，这两种方法相比传统教学有所改观。裴斯泰洛齐以实物教学与感觉训练取代了言语训练和记忆，赫尔巴特学派则使人们意识到教学方法必须以明确的哲学和心理学理论为指导，五段教学法使教师们有法可依，有章可循，大大强化了教学活动。

杜威认为这两种教育史上的"革新"既有长处，亦有不足。

杜威认为，近代的经验主义、感觉主义在反对只重书本知识方面起了直接的有益的作用，认为知识源于人的感觉，把实物和直接观察引入学校，但是直观教学往往把感觉活动孤立起来，把它作为目的本身，从而忽视了思维。这种教学方法在认识论上的缺陷有三：其一，它虽具有破坏性，是批判僵化的理论教条的破坏性工具，但不富有建设性，它在教育上的应用，要么夸大单纯物质刺激的作用，要么单纯堆积孤立的实物的特性，而知识却不同于感觉印象的结合；其二，直接印象虽然生动形象，但也有范围狭隘的短处，在学习过程中，"个人必须从具体的符号进展到抽象的符号，即只有通过概念思维才能理解其意义的符号。学习开始时，过度地专注于感觉的实物会阻碍这种发展"（杜威，1990）[285]；其三，经验是主动与被动的融合，这种方法只强调被动的方面。正因为有这几点不足，"它在教育上的影响限于对旧时的课程注入一个新的因素，偶而改变一下旧时的科目和方法。……它并没有削弱知识性的和抽象的或'理性的'科目的范围"。因此，杜威对这种教学方法持否定态度。（杜威，1990）[286]

杜威指出，赫尔巴特的伟大贡献在于使教学工作脱离陈规陋习和全凭偶然的做法。他把教学带进了有意识的方法的范围，使它成为具有特定目的和过程的有意识的事情，而不是一种偶然的灵感和屈从于传统的混合物。他用教法和教材相联系的观点来阐明教学方法上的各种问题：教学方法必须注意揭示新教材的方法和顺序，保证新教材和旧教材的恰当的相互作用。但赫尔巴特的方法亦有弊端，具体表现为两点：其一，在实践中往往成为枯燥的常规，机械地沿袭指定的步骤，使问题处理缺乏主动性和灵活性；其二，强化了教师的作用，但却低估了儿童的主动的心理因素，尤其是需要、情感、兴趣等因素，教学对儿童而言依然是一个被动的过程。因此，杜威说赫尔巴特的教育哲学依然"坚持古旧的和过去的东西"（杜威，1990）[76]。

从以上分析可知，杜威所希求的新的教学方法是一种主动与被动、感性与理性、知识与情感、认识与行动相结合的方法。笼统言之，这种方法是一种"从做中学"的方法，具体言之，这是一种在经验的情境中思维的方法。

二、教学方法的步骤

杜威所力倡的思维是反省思维（reflective thinking），意指对某个问题进行反复的、严肃的、持续不断的深思，这种思维较之其他在杜威看来是一种最好的思维方式。（杜威，1991b）[1]思维在经验的改造中作用甚大，思维的功能，即在于求得一个新情境，解决困难，排除疑虑，解答问题。一旦问题解决了，情境确定了，有秩序了，明白了，任何特定的思维过程自然结束，要等到一个新的麻烦或疑难情境发生时，才引起新的思维。因此，反省思维的功能，在于将经验到的模糊、疑难、矛盾和某种纷乱的情境，转化为清晰、连贯、确定和和谐的情境。（杜威，1991b）[83]①

这种思维"把我们经验中的智慧的要素明显地表现出来"，它使人的经验、行为、行动具有自觉的目的，顾及行动的后果，使整个行动更加审慎，更趋合理，更富成效。有反省思维参与的行动不同于墨守成规的行为，不同于任性的行为，也不同于"尝试错误"的行为（杜威，1990）[154-155]。墨守成规的行为把习惯的事物作为预料未来可能发生的结果的全部标准，而不顾个人所做的特殊事情的种种关联。任性的行为把顷刻间的行为作为价值的标准，不顾环境条件对个人行为的限制。墨守成规的行为意味着任何事情过去怎么样，现在和未来就得怎么样。任性的行为意味着个人想怎么样就怎么样。这两种行为对目前行动所产生的未来结果都不负责任，而反省思维就是要承担这种责任。任何经验、行为都有"尝试"和"试验"的一面。但尝试错误的经验和反省思维的经验不同，因为二者"所含思维的比例"不同，前者将成功寄希望于偶然的发现，全凭行为与结果之间外部的、表面的连接关系，形成的对事物的认识是表面的、肤浅的、粗糙的，而后者是一种仔细观察、详加分析、充分考察、积极预见的过程。仅仅根据尝试错误法的行动完全受环境的支配，环境可能变化，以致不能按预期的方式行动。但是，如果我们详细了解结果所依靠的条件，我们就能首先关注我们是否具备所需要的条件，这样行为就不容易受一些偶然因素的影响，我们对环境的实际控制能力就可以增进。杜威在《我们怎样思维》中还区分了两种思维，一种是纯粹经验的思维，即一般我们所讲的日常经验式的思维，他认为这种思维具有导致错误观念的倾向，不能适用于新异的情境，具有导致思想懒惰和形成教条主义的倾向。而科学的思维则可减少错误倾向，

---

① 另参见《杜威教育论著选》第 298 页的译文。

让人具有应付新情况的能力，且相信未来，相信通过对现有条件的理智控制能取得进步。实际上，纯粹经验的思维就是尝试错误的思维，而科学的思维就是反省思维。

思维或反省思维的方法就是一种解决经验中存在的问题的方法，一种使人明智地经验与行动的方法。每一思维单位的两端，开始是一个迷惑、困难或纷乱的情境，结果是一个澄清、统一和问题得以解决的情境。前者可以称为反省前的情境，它设定所要解答的问题，从此产生思维必须解答的疑问。在最后的情境中，疑难已经消除，这就是反省后的情境，结果是一种制胜、满足和愉快的经验。思维就是在这两端之间进行着的，共有五个步骤，杜威在不同的著述中多次论及这五个步骤，但用词和侧重点不尽相同，胡适对其做了通俗的诠释，认为这五步分别是：感觉到的困难；困难的所在和定义；设想可能的解决办法；通过推理，看哪一个假定能解决这个疑难；通过观察或试验，证实结论是否可信。（全增嘏，1985）[570-571] 杜威非常重视思维能力的培养，认为"思维就是明智的学习方法"（杜威，1990）[162]，"就是有教育意义的经验的方法"，基于此，他将思维五步法直接运用到教学方法上，认为"教学法的要素和思维的要素是相同的。这些要素是：第一，学生要有一个真实的经验的情境——要有一个对活动本身感到兴趣的连续的活动；第二，在这个情境内部产生一个真实的问题，作为思维的刺激物；第三，他要占有知识资料，从事必要的观察，对付这个问题；第四，他必须负责有条不紊地展开他所想出的解决问题的方法；第五，他要有机会和需要通过应用检验他的观念，使这些观念意义明确，并且让他自己发现它们是否有效"（杜威，1990）[174]。这五个阶段的顺序不是固定的，在实际的思维过程中，五个阶段并不是按一定的次序一个接一个地出现；而且，五个阶段中的每一个阶段均可展开，内部又包含若干个小阶段，关于数字"5"，也并没有什么特殊神秘的意义。"总之，我们指出反省思维的五个阶段，只是一个大概的轮廓，是反省思维不可缺少的几个特质。实际上，它们中间有的可以两段合并起来，有的阶段也可以急匆匆地通过，而谋求结论的重担也可能主要地放在单一的阶段上，使得这一阶段看来似乎是发展不匀称的。在这里，不可能建立一些固定的规则。怎样处理，完全凭靠个人的理智的机巧和敏感性。"（杜威，1991b）[95] 杜威的这种强调意在使教学方法具有灵活性，使之不至于像赫尔巴特教学法那样成为呆板机械的程式。

要正确理解这种教学方法的性质及其与经验的联系，需要特别注意以下几点。

第一，情境的性质。思维起于不确定的情境，培养思维能力首先要提供恰当的情境，"持久地改进教学方法和学习方法的唯一直接途径，在于把注意集中在严格要求思维、促进思维和检验思维的种种条件上"（杜威，1990）[162]。基本的要求是：给学生一些事情去做，不是给他们一些东西去学。这种做的情境应该具有引起思维的性质，即能提供一件非任意的事情让学生去做，足以引起有效的反应。而情境的性质又取决于情境所能提出的或暗示的问题的性质，因此，杜威说："有关提出来引起学习的任何情境或经验的最重要的问题，就是这个情境或经验所包含的问题属于什么性质。"（杜威，1990）[164]

杜威认为，必须区分出两类问题，一种是真正的问题，一种是模拟的或虚幻的问题。这涉及：这个问题是从学生个人的经验的某种情境内部自然产生的，还是只是为了讲授某一学校课题而提出的一个孤零零的问题？它是不是能引起在校外进行观察和从事实验的一种尝试呢？它是学生自己的问题，还是教师的或教科书的问题，或者是因为如果学生不做这个问题，就不能得到所要求的分数、不能升级、不能赢得教师的赞许而给学生提出的呢？传统学校并不是没有对学生提出问题，只是这些问题是从外部强加给学生的，而不是学生自己的。杜威认为，"流行的教学方法""课堂上的教材""教室中的设备和布置"都是不利于儿童思维的发展的，传统教育中"引起的思维充其量是矫揉造作的、片面的"，其结果是儿童在校外有许许多多的问题，但对于学校课堂上的教材却那样惹人注目地缺乏好奇心。根本原因在于"学校缺乏产生真正问题的材料和作业"。因此，杜威要求将经验性、活动性的主动作业引入课程，以使儿童产生自己的问题。这就意味着教学方法的变革，要求课程与教材也做相应的变革。

第二，资料或已有经验的作用。一个人要解决出现的种种困难，要有效地进行思维，必须已经具有或者现在有许多经验。并不是所有的困难都能引起思维，有时困难与学生已有经验相距太远，学生不足以控制这种新情境，往往会不知所措，沮丧泄气。因此，教师应了解学生的现有经验水平和已经掌握的资料（指"各种行动、事实、事件和事物的种种联系"），在此基础上设计困难适中的问题情境，这样才能收到好的效果。"教学的艺术，大部分在于使新问题的困难程度大到足以激发思想，小到加上新奇因素自然地带来的疑难，足以使学生得到一些富于启发性的立足点，从此产生有助于解决问题的建议。"（杜威，1990）[167]

关于资料从何而来，杜威认为，"记忆、观察、阅读和传达都是提供资料的途径"，而且每一种途径获取的资料各占多少比例，也没有硬性的规定，全由手头特定问题的特点所决定。对于熟悉的事物，可用回忆的方式将之回忆出来，没有必要再运用感官进行观察。运用阅读和"讲述"从他人那里获取经验以弥补个人直接经验的狭隘性也是可取的。杜威认为，在解决问题时，在经验改造中，作为资料之一的"知识"是进一步探究的资本，是必不可少的资源。传统教育的弊端不在于运用知识去发展思维，而在于将知识本身视为目的，学生的目标就是堆积知识，以便在课堂提问和考试时照搬，这种静止的、冷藏库式的知识会扼杀思维能力的发展。杜威指出，如果学校提供的知识资料能够让学生在实际中运用，在经验中能发挥作用，那么这种知识资料还是多多益善的。因此，解决问题是有条件的，问题不可能从"无"中解决，知识是重要条件之一，杜威不是将知识与经验对立看待的。杜威明确地说："思维不能在真

空中进行；暗示和推论只能在头脑里发生，而头脑里必须具有知识，把知识作为暗示和推论的材料。"（杜威，1991b）[53]

第三，推论（推理）与假设的价值。在思维中，已经获得的事实、材料和知识都属于现存的、已知的东西，它们能解释问题、阐明问题、确定问题所在，但不能提供答案。思维和经验不可能也不应该停留在这个阶段。要从已知到未知，从未解决问题到解决问题，必须通过推论与假设。"推论总是进入到未知的东西，是从已知的东西产生的一个飞跃。"（杜威，1990）[168] 推论与假设意味着思维的创造性对经验改造过程的渗入，意味着经验的改造不是机械地增加了另一个项目，而是以一种新的性质丰富了经验，使经验真正地有了增长。推论和假设意味着寻求解决问题的答案，这种假设所提供的答案也许不止一个，教师不像在传统学校里那样直接告诉学生答案并让学生记住它，而是积极引导学生自己去寻求答案，并在行动中检验这个答案。

第四，检验假设与观念的意义。假设、推论与经验者头脑中原有的知识一样，都是观念，这些观念正确与否，要通过行动来检验。杜威认为，观念或者理论、思想等是对付经验中情境的观点和方法，它们是经验的中间物，不是最后的目标，在运用以前，它们缺乏充分的意义和现实性，只有应用的行动才能检验它们，只有通过检验才能使它们具有充分的意义和现实性。检验后的观念并不到此终结，它将进入下一个经验过程。杜威所说的检验包含两个方面：一是对人们原有观念（经验）的检验，一是对在原有观念基础上结合新的问题情境形成的新观念（假设）、新推论、新理论的检验。在思维过程中，理论与知识的使用既是解释新经验、新材料的依据，又是形成新理论的素材（Dewey，1941），而且这个过程是一个持续不断的过程，没有绝对的、静止不动的知识。美国学者福克斯指出："在了解杜威对'知识是什么？'的回答时，我们要记住的重要事情是，除了过程，这个问题是没有意义的。杜威认为，除了探究，知识没有别的意义。……当指出那种未确定的情境中的各种要素，使它们成为一个确定的情境，最后成为一个统一的整体时，经历过这个过程的探究者就已经获得了知识，……知识决不是固定的、永恒不变的，它是作为另一个探究过程的一部分，既作为这个过程的结果，同时又作为另一个探究过程的起点，它始终有待于再考察、再检验、再证实，如同人们始终会遇到新的、不明确的、困难的情境一样。"（福克斯，1988）[438-439]

由此，我们可以看到杜威对理论和知识的工具主义、相对主义态度。这种态度在他的《哲学的改造》中表现得更明显，他说："如果观念、意义、概念、学说和体系，对于一定环境的主动的改造，或对于某种特殊的困苦和纷扰的排除确是一种工具般的东西，它们的效能和价值就全系于这个工作的成功与否。如果它们成功了，它们就是可靠、健全、有效、好的、真的。如果它们不能排除纷乱，免脱谬误，而它们作用所及反致增加混乱、疑惑和祸患，那末它们便是虚妄。"杜威进一步指出："能起作用的假设是'真'的，所谓'真理'是一个抽象名词，适用于因其作用和效果而得着确证的、现实的、事前预想和心所期愿的诸事件的汇集。"（杜威，1958）[84] 这意味着杜威所说的观念、理论、假设等的检验的标准是"有效"的，这是一种讲求实际的"求实"态度，但"求实"与"求是"（求真）是否一致，则是一个很值得怀疑的问题。杜威的真理观一直被后人所争论所攻击，不是没有缘由的。

一个思维过程完结后，不但问题解决了，思维者的知识经验也获得了新的内容、新的性质，思维者也就得到了进一步的生长和发展。

对这种思维的方法应做广义的理解，不应把它看作我们一般所言的纯粹思维的方法。实际上，它是一种综合性的方法、行动的方法，因为在这种思维过程中包含观察、分析、综合、想象、抽象、概括等多种能力的运用。

第一，观察能力。观察本身不是目的，它是一个主动的探究过程。"观察即是探索，是为了发现先前隐藏着的、未知的事物，以达到实际的或理论的目的而进行的探究。"（杜威，1991b）[210] 观察应具有科学的理智的性质而不是走马观花式的浮光掠影，杜威指出："学生学习观察是为了（a）发现他们所面临的疑难问题；（b）对观察到的令人费解的特征加以推测，并提出假设性的解释；（c）验证暗示的观念。"（杜威，1991b）²¹³ 观察能发现问题、提供解决问题的资料、提出假设、验证观念，实际上渗透于思维过程的诸环节中。

第二，分析与综合能力。使混乱的事实得以澄清，便是分析，将表面上支离破碎和互不联结的事实连贯起来形成一个整体，便是综合。分析与综合是不可分的，分析导向综合，综合改善分析。杜威还讨论了"教育程序中的分析和综合"，认为，"每当我们评估一件事情时，我们既要选择和强调一种特殊的性质或特点，同时，我们也要用理智的观点把以前分散的种种事物联结在一起"。（杜威，1991b）¹⁰⁷⁻¹⁰⁸

第三，想象能力。想象使人从狭隘的直接经验中解脱出来，"通过想象，符号才能使人了解直接的意义，并和比较狭隘的活动结合起来，使这种狭隘的活动得以扩大和丰富。"（杜威，1990）²⁵¹ 杜威认为并非只有审美经验才含有想象的因素，"一切有意识的经验必定具有某种程度想象的品质"（转引自杨，1988）⁴⁶³。杨（E. L. Young）指出若无"自由行事的想象活动"，就不能解释"科学思维的第四步骤（各种假设的形成和采纳）"。（Young，1972）

第四，抽象和概括能力。"抽象作用就是有意识地从过去经验的材料中选择有助于对付新经验的东西。抽象作用就是有意识地把蕴藏在过去经验中的意义，迁移到新的经验上，加以运用。它是智慧的命脉，是使一种经验有意识地用来指导别的经验。"（杜威，1990）²³⁹ "科学抽象的作用，在于把握任何感觉都不能发现的关系。……在于抓住以前根本没有理解的某些性质或某种联系，并且把它们揭示出来。"（杜威，1991b）¹⁶⁶⁻¹⁶⁷ 杜威甚至说："一种抽象越是理论的，越是抽象的，或离在具体情态中所经验的东西越远，则越适于处置以后可能发生的无限驳杂的事物中的任何一个。"概括是指对抽象出来的理论和观念的运用，"概括和抽象是相对应的东西。概括是抽象作用应用于新的具体经验时所起的作用——扩大抽象作用，藉以阐明并指导新的情境"（杜威，1990）[240]，"它将既往的一个经验的结果转移、引申、适用到新经验的接受和解释去"（杜威，1958）[82]。

综上所述，可知杜威所言的思维过程涉及知识的参与、涉及各种能力的运用、涉及对各种观念与假设的检验，这使得杜威所言的经验的改造不同于一般的经验改造，他的经验更像是一种科学的"实验"，他在很多地方明确指出"经验即实验"（杜威，1991b）[163]，所以，他的经验主义也被称为"实验主义"。欧洲新教育、美国进步教育与杜威一样，皆主张从做中学、从经验中学，但口号一样并不等于要求是相同的，杜威对蒙台梭利的批判、对美国一些进步教育家所提出的教学方法的批判都说明杜威的主张与他们有差异。因此，我们不能对杜威的"从做中学"和"经验的改造"做肤浅的理解。关于教学方法的分析再一次证明杜威的经验改造包含知识、理性的因素，绝非直接经验的简单相加，而是一个不断超越直接经验的狭隘性的过程、一个解决实际问题的过程。

杜威提出的教学方法论所体现的不仅仅是教学方法的变革，也不仅仅是教学论的变革，而是整个教育观念的变革。正是这种新的教学方法揭示了杜威教育理论与传统教育理论的根本区别，这种区别就是以获取知识为目的还是以培养智慧为目的的区别，他指出："知识与智慧的区分，是多年来存在的老问题，然而还需要不断地重新提出来。知识仅仅是已经获得并储存起来的学问；而智慧则是运用学问去指导改善生活的各种能力。"（杜威，1991b）[53] 杜威要培养的是人的智慧，即明智地行为、行动的能力，解决实际问题的能力。传统教育以知识为目的并以知识扼杀智慧，杜威则以智慧为目的并以知识来增进智慧。相对于活动而言，知识永远是从属的。杜威是从更根本的意义上论述教育的。

杜威还将教学方法划分为一般的方法和个人的方法，一般的方法就是杜威所论及的解决问题的五段程式，而个人的方法从严格的意义上讲，并不是"方法"，而主要是指解决问题过程中个人的一些态度。杜威认为，无论对什么事，一个人必须自己做出反应，个人的态度会对一般方法的运作造成或有利或有害的影响。这些个人态度中较重要的有信心、虚心、专心和责任心（杜威，1990）[184-191]。[①] 信心是指一个人对他应该做的事情所持的一往无前的态度，它与左右顾盼、窘困拘束相对立。虚心是指免除偏见、陈规等封闭观念，免除不愿考虑新问题、不愿采纳新观念的习惯，而对新的主题、事实、观念和问题采取包容的态度，具有较强的好奇精神和探求意识，虚心与故步自封、墨守成规、排斥异己相对立。专心就是指全神贯注、专心致志，对某物或某事持一种真诚、热情的态度，它与兴趣上的左右摇摆、心不在焉等相对。责任心指事先考虑任何计划中的步骤的可能后果，并且有意承受这些后果的倾向，它与不考虑行为的后果、逃避后果相对立。这几种态度并不是只属于伦理学的领域，它们在此都是理智的态度。杜威认为，为了形成反省的思维习惯，这几种态度是非常重要的。实际上，这几种态度体现的都是科学的精神和科学的态度，总而言之，是科学思维的一般程式对个人主观态度的要求。个人若具备这些态度，则思维过程会更有成效，若不具备，则往往思维过程会扭曲和变形，达不到应有的效果。

三、以思维方法作为教学方法的动机与不足

杜威对旧的教学方法的批判并不是提倡新方法的最后动机，因为批判是要先以一定的标准为前提的，批判的背后还有更深层的动机。归结起来，杜威以思维方法作为教学方法，其动机有以下数端。

第一，思维方法能满足儿童心理方面的需要，能使教育过程、经验过程自身变得有意义。这个方面的原因是属于心理学范畴的。杜威认为教学"方法的

---

① 另见《我们怎样思维》，1933 年英文版第二章第二小节。

问题最后可以归结为儿童的能力和兴趣发展的顺序问题"，儿童的自动性、表象能力、兴趣、情绪等皆是教学方法应注意的若干方面。（杜威，1981b）[9-10]"从做中学"的教学方法可以顾及儿童的本能兴趣，从而使儿童得到充分的发展与生长（杜威，1981c）[36-42]。为了发展学生的思维，杜威要求学校所安排的作业活动应是"最适合于儿童发展阶段的"（杜威，1991b）[43]。这种对儿童心理的尊重，既有手段价值（工具价值）（因为尊重儿童的兴趣和需要可调动儿童的主动性，使教育活动与经验的改造更富成效），又有内在价值（可以使儿童从教育和经验过程本身之中得到满足、获取乐趣）。

第二，以思维方法作为教学方法是杜威课程论的要求。活动性、经验性的课程和教材必然要求活动性、经验性的教法与之适应，不可能一方面运用活动性的教材，一方面又运用传统的讲授方法。教材和方法是统一的，方法不是游离于教材之外的，"方法就是安排教材，使教材得到最有效的利用。方法从来不是材料之外的东西"（杜威，1990）[176]。本书是将教材与教学方法分开陈述的，陈述中发现很难将二者"真正"分开。杜威认为把教材和方法孤立起来，易滋生许多弊端（杜威，1990）[179-180]，会影响教学的效果。

第三，掌握思维方法（或者说形成新的行为方式）是杜威所要培养的人的素质中最重要的内容。杜威将学生掌握思维的方法置于教育的中心地位，他说，"教育并不只是局限在它的理智的方面，教育还要……有一种有意识的目的，亦即要有一个思想的因素。否则，实际的活动便是机械的、因循守旧的，道德也要流为轻率的和独断的，美的欣赏就会成为感情的冲动"。因此，理智因素应在人的总体素质中居于主导地位，在教育上杜威因之就要求"必须以反省思维作为教育的目的"，"学习就是要学会思维"。（杜威，1991b）[13、64]学会思维是生长的中心内容，是个体经验改造要达到的首要目标。本书第一章的分析表明，民主精神、公民素质、职业能力最后都归结为对智慧方法的掌握，这更进一步印证了此处的结论。

第四，思维方法是革除社会弊端、实现社会理想的最重要手段。这是杜威倡导思维方法的最根本原因。思维方法实际上是一种理智的、求实的、乐观的、积极的行动和行为的方式，它不囿于习俗的樊篱，也不屈从于外在的权威，它直面一切困苦艰难，不气馁，不妥协，不退让，不回避，而是通过各种途径、运用多种能力积极谋求问题的解决。它使人活得更富有智慧，更能控制、驾驭自己和周围的环境，而不为外部谬见和主观偏失所左右。它体现了一种强烈的求实精神，一种诚恳的科学态度。个人有此精神和态度，就不会世故保守，而会勇于开拓和创新，这意味着一个积极的人生态度、一个成功的人生历程。整个社会有此精神和态度，则社会就不会停滞不前，社会弊端就会逐渐减少，社会就会变得更加完善而美好。用哲学的术语讲，思维的功能在于将纷乱的不确定的情境变为条理的确定的情境。用通俗的语言表述，意味着思维的功能在于使各式各样的个人与社会问题得以解决。这种思维方法是民主、自由之理智的基础，是改造社会所依赖的基本手段，这一点在本书第一章已详加阐明，这里不再重复。

第五，倡导思维方法是杜威人道主义精神的基本表现。科学的思维方法在杜威那里是威力无穷、法力无边的，在自然、社会诸领域它都可以一展风采。但这种威力与法力不是超自然的，若追根究底，对科学方法的坚信意味着对人的理性、理智、智慧的坚信，意味着对人的能力、人的价值的坚信，意味着认为人通过自身的努力完全可以改变环境，而不是为环境所左右，意味着一种积极向上的乐观主义态度。问苍茫大地，谁主沉浮？不是上帝，因为上帝已经死了，主沉浮者正是"人"自身。从此可看到，倡导思维方法背后体现出一种强烈的伦理精神，体现出人之所以为人的尊严与自豪，这种对人、人的能力和人的美好未来的坚信也正是民主与自由的伦理基础。对民主的信仰和对科学的信仰在杜威那里绝不是肤浅地联系在一起的。

第六，以思维方法作为教学方法是杜威整个思想体系的要求。杜威的哲学、社会学、伦理学、心理学、教育学皆重视科学方法的作用，科学方法是杜威全部理论的核心。杜威批判斯宾塞将科学狭隘地看作一种结论体系，认为科学方法和精神比科学知识更基本、更重要，杜威积极吸收了培根和洛克关于科学认识、科学思维的成果，认为科学方法是一种最有效、最能使人以最小的代价获取最大收效的方法，是一种使人明智、促人成功的行动方式。杜威希望以此方法打破自然与社会、科学与道德、事实与价值的对立，希望将这种方法应用于社会，使人们少走弯路、少犯错误、破旧立新、移风易俗，建立一个美好的"大同"世界。因此，思维方法（科学方法）绝不仅仅是杜威教育理论中独有的东西。

如此看来，杜威倡导思维方法的确有充分的理由，这种方法的确也有许多可嘉许之处。但并非每个人都赞同它，不少人对此法提出批评，有些批评是由误解和曲解所致，有些则是切中要害的。

不少人以杜威主张经验论、反对给幼童讲授系统知识、驳斥形式训练为由，认为杜威是反理智主义（anti intellectualism）的，里科弗是持此观点的典型代表，这表明这些评论者对杜威的经验改造的性质缺乏深刻的理解，胡克和库尔兹（P. Kurtz）皆认为里科弗等人的指责是毫无根据的。（Kurtz, 1985）[XV-XVI]（Hook，1966）[152] 杜威曾批评过理性主义，但他所批评的理性主义是旧的理性主义，而不是否定一切理性、理智的作用，因为他在反对旧理性的同时，还提倡一种新理性。杜威曾说，"我曾经对理性主义进行了批评"，"但是有人说我已经采取了为传统的唯名论的经验主义所特有的那种轻视思维、理论和抽象的东西的观点，并以此为根据来批评我。这样的一些批评却并没有抓住我的主张"（Dewey，1940b）。有人走向另一个极端，认为杜威不但不是反理智主义的，反而他本人就是一个理智主义者，杜威辩解道："如果说这种方式（实验主义和方法）是理智主义的，则夸大了思想、探究和观察的地位而牺牲了情绪、欲望和冲动的价值，这是不确切的看法。"（Dewey et al., 1933）[314] 杜威本人是非常重视非智慧因素的作用的，他的哲学和教育理论也一直力图克服知识与情感之间的对立，一直反对将思维、理智的活动看作孤零零的、自足的东西。胡克讲得非常明确："杜威所谴责的理智主义是这样的一种观点。这种观点总认为思维是一种自主的活动，与任何兴趣、愿望和爱好无关，观念具有某种魔力的和创造性的力量，这种力量独立于有决定作用的物理的、生物的和社会的物质条件。杜威拒绝接受这个观点，认为它不仅与所有达尔文以后的科学研究的成果不相容，而且也和斯宾诺莎和休谟所建立的心理学真理不相容。"（转引自杜威，1990）[389-390] 吴俊升先生认为，"杜威对于理智有关之事物之立场，既非理智主义，亦非反理智主义。他注意智慧的作用，可是他所指的智慧既不同于希腊哲学家的'理性'（Reason），也不同于经院哲学家的'理智'（Intellectus）。他的智慧乃是一种方法，而非一种实体。而智慧之为方法，乃是实用的（Pragmatic），非是认知的（Cognitive）"（吴俊升，1960）。这种评价是较为公正的。

本书认为，杜威的教学方法有以下几点值得讨论。

其一，知识的地位问题。布鲁纳认为，教育（教学）有双重任务：一是传递某种东西，一是发展人的智慧（intelligence）。（Bruner，1966）[214] 杜威也强调知识的重要性，但主张知识的获得、发展从属于智慧的培养，从属于探究的过程。杜威讲探究、思维要以知识为基础为前提，那么这里的知识从何而来呢？杜威认为可以通过别人讲授、自己阅读得来。如果是这样，杜威就违背了自己反对向学生讲述系统知识的要求，就陷入自相矛盾之中。因为杜威正是为了反对传统的教学方式才提出"从做中学""从经验中学"的，他认为知识的获得若不以儿童的经验为基础，就失去了价值，然而杜威同时又认为，做和经验要取得成效，却又必须以儿童具有一定的知识为前提。到底是知识在先还是经验的过程在先？杜威没有讲明白这个问题。这个问题实际上是获取知识与发展能力的关系问题，杜威反对把二者割裂，力图将二者结合起来，这是对的，但结合不是以一个取代另一个，不是将一个凌驾于另一个之上。所以，尽管杜威极言系统知识的作用，但怎么样才能获得系统知识，在他那里始终是一个悬而未决的现实问题。智力发展或者说智慧地解决问题是需要以系统知识为基础的，没有知识作为素材、原料，思维和智慧只能是空谈。曹孚的评论一针见血："要批评杜威的这种理论，我们找不出比孔子的话更好的话来：学而不思则罔，思而不学则殆！用杜威主义做教学方法论指导原则的学校，教出来的学生，一定犯着'思而不学'的毛病。"（曹孚，1989）[54]

其二，认识的途径问题。福克斯将杜威与布鲁纳的教学论予以对比，认为："布鲁纳与杜威在他们关于认识的途径或方式的单一性还是多样性的争论上有不同的见解。布鲁纳指出不止一种，应该按照要取得的知识的类型，采用适当的一种，虽然他没有充分发展这一论点。杜威坚持只有科学的方法才是认识的途径，虽然在这点上是有争议的，杜威在他所有的著作中，从来没有令人满意地证明过，依靠科学的方法能够应付'隐喻语法'中提出的问题，甚至能够应付归类为社会科学（用他们的标准尺度来说）的学科。"（福克斯，1988）[445]哈迪（C. D. Hardie）认为："我敢肯定我们中的大多数人都清楚，如果用设计教学法教学，我们知识中的相当一部分是不会被获得的。"（Hardie，1966）[120-121]柏克森（I. B. Berkson）也认为，科学的方法、智慧的方法"并不是对所有的认识类型都是有效的"（Berkson，1966）[103]。还有两个更为严重的问题。（1）解决问题与获取知识并不总是一致的，有些问题解决后，人虽能从中获得一些观念，但这些观念并不构成真正的知识，或者说获得的一些观念是人们早已熟知的常识，无多少价值。（2）杜威强调的是提出假设解决问题，有时会出现这种情况：问题的解决方式有多种，此时多种假设都是有效的，这里就又产生了一个对知识的甄别问题。有时候错误认识也有助于问题的解决，如崇信上帝可解决一些人的信仰危机，但这种错误认识却绝非正确的东西。有用的并不都是真理。尽管杜威在这一点上没有詹姆士那样主观、那样露骨地宣称"有用就是真理"，但他对效用的强调、对知识的工具主义的理解，也是受到很多的指责的。（Dewey，1941）（詹姆士，1979）[33-38]

其三，问题存在的普遍性问题。杜威将思维过程、经验改造过程、知识获得过程皆与解决问题相联系，似乎问题无处不在，实际上有那么多的问题吗？谢弗勒（I. Scheffler）对杜威的"问题"提出疑问：是否所有的问题都有答案？是否所有答案都有价值？是否所有的问题都是真的？将教育局限于"问题的解决"是否低估了教育的价值？谢弗勒认为，教育不仅应促进学生的思维能力（improve thinking），更应拓宽学生的视野（create wider perception），不应将教育的任务只限制在问题的解决上。（Scheffler，1966）[108-109] 本书认为，问题的情境不论经过多么精心的设计，情境中的"问题"对广大无边的知识的包容度、涵盖力都是很有限度的，只将知识的获得和儿童的充分全面的生长寄托于、依赖于"解决问题"的过程，是远远不够的。

其四，思维方法（或科学方法）的作用问题。杜威寄予科学方法太高的期望，认为通过它可以改变整个社会，认为只要通过教育将这种方法植入人心，社会的彻底改造就可以达成，这是改良主义社会观的体现。对此本书已做过详尽分析。

本章三节的讨论都是为了揭示"教育即经验的改造"的性质，第一节的讨论主要是从哲学的角度，第二节是从教材的角度，第三节是从教学方法的角度。在经验的改造中，教材的作用在于提供一个合于儿童需要的"客观条件"，而教学方法的几个步骤实际上也就是对经验改造过程的详尽描绘。从讨论中可以发现，教材是从属于教法的，或者说知识、认识是从属于经验改造的过程、从属于行动和探究的过程的。活动是主，读书是辅，杜威在其教育理论中是先讲教法而后讲教材的。杜威强调经验的连续性和交互作用原则，在教育上这两个原则又进一步体现或分化为经验的选择性、组织性、主动性、社会性诸原则，这些使得杜威教育理论，尤其是课程论与教学方法论既不同于传统，也不同于当时盛行一时的欧洲新教育和美国进步主义教育。因此，杜威在教育理论方面所做的批判工作既是历史的，又是现实的；既是理论的，又是实践的。杜威在破旧的基础上立新，力求克服传统教育的弊端并解决现实教育（尤其是进步教育）中存在的问题。杜威观察、解决教育问题的思路，如力图克服传统教育和进步教育、新教育各自的极端性，力图调和知与行、经验与理性、知识与情感、心理程序与逻辑程序等方面的对立，对我们仍有很大的启发作用。人们往往对杜威的"经验改造"的含义缺乏深刻的认识，以至于对杜威的"教育即经验的改造"这个命题有不少曲解、误解之处，从而将教育和经验改造视为一个只与认识有关的活动，甚至将之视为只是一个直接经验积累的过程，没有看到经验的改造过程亦即儿童身心诸方面生长和发展的过程，知识的获得甚至思维能力的增进只是其中的一些方面，经验改造还包含品德的形成、审美能力的发展、信仰的养成等非常重要的方面。

尽管杜威解决了一些老问题，但同时也带来了一些新问题。悦耳动听的理论毕竟不等于富有成效的实践。"教育即经验的改造"的理论，尤其是与之相关的课程理论和教学方法理论有许多不足之处，归结起来主要还是一点：知识的获得问题。杜威没有通过经验的改造理论切实地解决这个问题，因此他对传统教育的批判就显得底气不足、力量不够。杜威何以后来又被人批判，新传统派教育理论何以能够崛起，与杜威理论的不彻底性、不切实性不无关系。

更重要的是，从理论基础上看，杜威的经验改造理论是以其哲学上的主观唯心主义经验论和工具主义真理观为基础的。杜威一再强调经验就是主体与对象、有机体与环境的一种相互作用，作用与反作用不可分割，形成一个统一的整体。杜威认为这种经验观是哲学上一场"哥白尼式的变革"，或者说"哲学的改造"。经过这种变革和改造，关于经验与自然、精神与物质何者为第一性，以及主观如何认识客观、精神如何认识物质之类的传统哲学的基本问题就不存在了，唯物主义和唯心主义的对立也就消失了。在此，杜威像许多现代西方哲学家一样，利用经验和认识过程中的确存在的主体与对象相互依存的关系，来否定对象的客观的、独立的存在。其实，前者是第一性的，是后者的基础，抛弃了这个基础，归根到底将导致主观唯心主义，杜威的经验论就是如此。但应注意的是，与詹姆士等人相比，杜威在经验论上的主观唯心主义倾向并不十分明显，而且杜威在对经验的许多论述中，往往力求避免主观唯心主义。如他在《经验与自然》中的几段话就颇能说明问题，他说，"被经验到的并不是验经而是自然——岩石、树木、动物、疾病、健康、温度、电力等等"；"没有一个忠实于科学结论的人会否认经验作为一种存在，乃是只有在一种高度特殊化的条件下才发生的事情，例如它是发生于一个有高度组织的生物中，而这种生物又需要有一个特殊的环境。没有证据证明无论在任何地方和任何时间都有经验"（杜威，1960）[3-4]；"经验事物的世界包含着不可信赖、不可预见、不可控制和危险的东西……虽然来自过去的神秘莫测的后果困扰着现在，未来却更为神秘莫测而充满风险，因此，现在是令人忧心忡忡的"，人对世界怀有恐惧是不足为奇的，这种"恐惧不论是本能的还是后来产生的，都是环境的作用所致。人害怕，是因为他生存在一个可怕的、恐怖的世界之中，世界充满风险，危机四伏"（Dewey，1925）[42-43]。因此，有的学者指出："杜威当然明白，人不能从无中创造世界或经验，经验里是有某种不依赖人也不受人支配的东西的。有机体适应环境的全部问题之所以发生，正是由于这个环境存在着。它向有机体提出了某种要求，对它是不能置之不理的。无论杜威怎样坚持有机体与环境牢不可破的统一，坚持环境作为环境只存在于同有机体的相互作用之中，他毕竟不能不承认，环境或经验的某些方面或特点具有强制的力量，就这一意义而言，它们是不依赖有机体或主体的。"（鲍戈莫洛夫 等，1985）[25-26] 杜威的经验的"交互作用"（interaction）这个词本身也是将主体与客体做出区分的结果，到了晚年，杜威也感到"interaction"这个词易授人以把柄，于是欲以"transaction"这个更模糊的词取而代之。（Dewey et al.，1946）所以，杜威的主观唯心主义和近现代的一些主观唯心主义是有不少差异的，我们讲他的经验是主观唯心主义的，是"从归根到底的意义上"说的（刘放桐，1987），毕竟按马克思主义的观点看来，他否定了经验是客观对象的主观映象。虽然这种经验论并不阻碍杜威在教育理论方面得出一些积极的结论，但还是会对其教育理论有一定的消极影响。

杜威的真理观是工具主义性质的。在他看来，一切陈述、命题都是假设，其是真是假，要看他们能否起到工具的作用，能否使行动成功。杜威认为，副词"真"（truly）较诸形容词"真"（true）或名词"真"（truth）都更加重要，这说明杜威所重的是行为的功效，他是在操作的、动态的、效用的意义上理解真理的。詹姆士在《实用主义》中说过，"如果关于上帝的假说能够令人满意，那么这一假说就是真理"。杜威会不会同意这句话呢？不会。杜威将他的真理论视为一种"符合论"，即工具与目的、观念与效果的符合，但杜威指出，他所说的工具与目的符合，其中的目的并不是纯粹的个人目的；所说的真理乃是观念成功的效果，也不是詹姆士所说的令人满意的个人的主观的东西。这里必须从解决问题、克服困难中的作用来看真理，因为问题及其解决具有客观性，因此解决问题的工具也有客观性。杜威曾言："真理被看作一种满足时，常被误会为只是情绪的满足，私人的安适，纯个人需要的供应。但这里所谓满足……包含公众的和客观的条件。"（杜威，1958）[85] 可见杜威讲真理时并不完全否认客观性，而是力图将工具性与客观性结合起来。

但是"有用的"与"真的"并不总是能画等号的，也就是说，虽然杜威的真理观强调知识的效用，具有强烈的求实精神，而且也顾及客观性问题，但它还是有缺陷的，力图将工具性与客观性即把效用性与真理性结合起来是对的，但"结合"绝不同于"等同"。这种真理观在杜威的教育理论，尤其在教学理论中有非常鲜明的反映，杜威对系统知识在经验改造和在教育过程中的作用的看法、对教学方法的设计、对"教育即经验的改造"这个问题的认识都与这种真理观密切相关。杜威强调"从做中学""从经验中学"，工具主义性质的知识观与真理观是其重要基础。这就使得经验的改造的过程和教育、教学的过程带有一定的功利色彩。

还须指出的是，杜威的经验的改造最终意图不是个人的改造，而是社会的改造。哲学的改造、教育的改造、个人的改造、经验的改造最后都归结为现实的改造、社会的改造。因此，在杜威那里，并不只是其社会政治理论和教育目的理论具有改良主义性质，其经验改造理论亦具有改良主义性质，经验改造理论只不过是社会政治理论和教育目的理论的哲学表述。

因此，尽管杜威的"教育即经验的改造"理论十分关注教育问题，但不论从其哲学与社会学基础看，还是从对其自身的分析看，它都绝不仅仅是一种教学理论，实际上是从哲学的角度对其整个教育理论的系统而集中的表述。

如果用最简略的语言表述杜威"教育即经验的改造"这个理论的主旨及得失，可以这样讲：传统的教育是教授学生知识，一般的教育革新是教给学生获取知识的方法，即教学生怎样学；杜威的"教育即经验的改造"则是要教给学生行为与行动的方法，即教学生怎样做。本书的意图，并不是要将这三种主旨不同的教育方式或教育观念分出个优劣高下，实际上，这三种方式是相互补充的，而且都是必要的。杜威的最大失误在于过分强调了"教学生怎样做"，而相对忽视了"教授学生知识"和"教学生怎样学"。当然，"做"是重要的，但没有知识作为必要的基础，一个人可能既不知道去做什么，更不知道怎样去做！

结　语

　　本书是将杜威的"教育即生活""教育即生长""教育即经验的改造"三个命题分开论述的，实际上这三个命题有密不可分的内在联系，生活、生长、经验三个概念更是息息相通，生活的过程、生长的过程、经验（或经验改造）的过程在杜威那里都是同一个东西，都是指机体与环境相互作用的动态过程。"教育即生活"要求教育既顾及儿童之生活（反对"生活准备说"）又顾及社会之生活（提出"学校即社会"）；"教育即生长"要求既顾及生长的内在条件（本能、兴趣、能力、习惯、依赖性、可塑性等）又顾及外部条件（尤其是社会性条件）；"教育即经验的改造"则要求既顾及机体的内部条件又顾及外在的"客观条件"。这三个命题揭示的教育观是完全相同的：教育不仅应尊重儿童的需要、兴趣和能力，同时也应为促进儿童这些心理因素的发展提供外部条件，尤其是社会性的条件；儿童的教育、儿童的发展应是一个社会化的过程，应是一个使儿童身心不受压抑的过程，而且儿童的教育和发展还有明确的社会定向，"教育即生活"揭示出教育是实现民主主义这一社会生活理想的最佳工具，"教育即生长"揭示出儿童的生长的根本目的是"扶植社会"，"教育即经验的改造"揭示出教育不仅是改造个人的手段，更是改造社会的手段。教育归根到底是培养人的，而培养人又是为一定的社会服务的。杜威的根本意图在于通过教育这种手段培养新人，以造就一个比现实社会更好的新社会。在杜威那里，不论是理论的改造、教育的改造，还是人的改造，最后都走向社会的改造。

杜威要求教育既要尊重儿童，又要联系社会。很多人都赞同这种看法，但却视尊重儿童为实现社会目标的手段，将儿童仅看作工具，而把社会看作目的。尊重儿童只是一种权宜之计，不是目的的一部分，而是实现其他目的的手段。这种看法也有一定的合理性，但若以此来诠释杜威的理论，则是非常片面的。对杜威而言，强调儿童的心理因素既是手段又是目的。说是手段，是因为尊重儿童心理可使教育活动更有成效，更有工具价值；说是目的，是因为杜威要使教育活动本身（不论是生活、生长还是经验）成为儿童感兴趣的东西，使儿童在其中享受到种种乐趣，而不仅仅是为达到别的目的不得已而为之的事情。同样，对杜威而言，强调社会的方面也不仅仅是目的，他的心理学是社会心理学，儿童的教育和发展是不能离开社会性的条件的。因此，杜威心目中理想的"教育"是：教育本身对儿童就是有意义的，就是儿童感兴趣的，就具有内在价值，尊重儿童并不仅仅是出于功利的原因；同时，教育又是在社会条件下进行的且指向社会性的目标的。这就是杜威的三个命题揭示的最基本的内容。也就是说，三个命题既揭示了教育的手段，又揭示了教育的目标，亦即揭示了杜威整个教育理论的基本框架。

从表面上看，本书第一章"教育与生活"主要论述了职业教育、道德教育等问题，第二章"教育与生长"主要论述了教育目的问题，第三章"教育与经验"主要论述了课程与教学方法问题，但这绝不是说"教育即生活"只与职业教育、道德教育有关，绝不是说"教育即生长"只与教育目的有关，也绝不是说"教育即经验的改造"只与课程和教学方法有关。实际上，这三个命题中的任何一个都有很大的包容性和很强的涵盖力，以任何一个命题为主线都可以展开杜威的整个教育理论。第一章"教育与生活"不仅讨论了杜威的职业教育和道德教育思想，还讨论了课程论（使儿童个人生活与社会生活得兼的、使"教育即生活"和"学校即社会"得以切实保证的课程）、教学方法论（科学方法的社会价值）、教育目的论（为美国民主社会培养具有民主精神、具有公民素质、具有新道德观念、具有职业能力、掌握科学方法的人），从最根本的意义上讲，第一章的内容所回答的正是杜威的教育目的是什么这个问题，虽然第一章的题目及其下面的一些子题目从未明确提及"教育目的"四个字。第二章"教育与生长"所讨论的不论是生长的条件、内容、方向，还是生长与教育目的的联系，实质上都是从儿童发展这个角度对第一章内容的重新阐述，所讨论的生长的内容（即儿童诸方面的发展）在第一章已详叙，所论述的教育目的问题在第一章中已结合美国社会生活的变迁做了阐述。生长既与教育目的有关（第二章主要讨论的就是此点），也与课程有关（课程是儿童生长的外部条件）、与教学方法有关（儿童的生长主要是在探究过程、思维过程中获得的，对科学思维方法的掌握是儿童生长的最重要内容），还与职业教育、道德教育等有关（正是通过这些，儿童才能获得较全面的生长而不使生长流于片面）。第三章"教育与经验"所讨论的内容亦涉及杜威理论的方方面面。经验是一个范围很宽的概念，虽然在第三章中主要讨论"课程"与"教学方法"的问题，但"教育即经验的改造"这个命题绝不仅仅与教学论有关系，经验的改造既包含知识的改造，亦包含身体的改造、能力的改造、品德的改造，而且改造绝不仅限于对教育者的身心方面的改造，还涉及对社会的改造。因此，杜威的整个教育理论，包括教育目的论、课程论、教学方法论、职业教育论、道德教育论等，皆可在"教育即经验的改造"这个命题的分析中找到令人满意的答案。

不能对杜威的三个命题及本书对它们的讨论持片面的理解，表面上看，似乎"教育与生活"主要揭示了教育的社会发展方面的目的，"教育与生长"主要揭示了教育的个人发展方面的目的，"教育与经验"主要揭示了实现这两种发展的手段和途径。实质上却不是如此，虽然三者的侧重点以及讨论所选择的角度不一致，但都是为了说明杜威的教育观，不仅目的是相同的，它们的内容所反映出的实质亦是一致的。之所以将职业教育、道德教育等放在"教育与生活"中讲，将教育目的放在"教育与生长"中讲，将课程论与教学方法论放在"教育与经验"中讲，是因为它们彼此之间有着更为直接而密切的联系。

三个命题揭示了杜威的教育观是一种崭新的教育观，这种教育观建立在对前人学说的系统的批判的基础上，建立在杜威的新的经验论、人性论、心理学、政治观的理论基础上，建立在新的民主化、工业化的现实基础上。这种教育观的核心体现在社会政治方面是倡导民主主义，力图调和个人与社会的冲突；体现在哲学上是批判各种二元论，力求克服各种二元对立；体现在经济方面则是要求加强广义的职业训练，希图以之克服工业社会的不足；体现在文化上则是倡导科学方法，企图以之破除陈规陋习，建立一种新文化，实现美好的社会理想。这种教育观的基本要求是实现教育的内在价值与工具价值的结合，使教育过程本身既是有乐趣的，有益于儿童个人的；又是富有实效的，有利于国计民生的。这种教育观的直接的根本的目的是通过活动性、经验性的课程和教学方法使学生掌握科学的思维方法，这个目的居于其他所有目的之上。这种教育观体现了现实主义与理想主义的结合，它源于现实又高于现实，希望通过教育这种手段使不完美的现实走向完美的理想之境。这种教育观的根本缺陷从教育上看，在于没有将系统知识的地位切实地重视起来，因而并不能从根本上解决教育问题；从哲学上看，在于它以主观唯心主义经验论和工具主义认识论以及相对主义世界观（认为变无定向，否定必然性）为基础；从政治上看，在于它体现了改良主义的历史观。这种教育观的历史价值在于它在立足于新现实、新理论的基础上，宣告了教育理论旧时代的终结和新时代的开始。

　　追究杜威理论的本意，研究和评论杜威，最根本的原因在于他的理论对于我们今天的教育理论与教育实践还有借鉴意义。虽然杜威理论中有不少不足之处，有些不足之处甚至还是致命的，虽然杜威生前死后遭到不少批判，但这些并不能抹杀他在教育思想发展史上以及其理论对现实的重要意义。在美国，杜威被认为是进步教育理论的最主要代表人物，这种认识无可非议，可非议的是将杜威的理论与进步教育的实践混为一谈。实际上，理论与实践是有区别的，实践在许多方面偏离了杜威的理论并引起杜威对实践的批判。许多批判者将杜威与进步教育实践混为一谈，将实践所导致的不良后果归咎到杜威头上，并因此抹杀杜威在教育理论上的深刻洞见。这种全盘否定的做法无疑是错误的。杜威提出并讨论了许多基本的教育问题，也许他提供的解决问题的方案并不切实，但他提出的这些问题以及他提出的解决这些问题的思路，直到今天仍然是有启发意义的。美国学者克雷明认为："在进步主义派提出的问题中，在他们建议的解决办法中，许多是没有时间性的。"蒂尔认为，杜威、克伯屈、博德等人提出的基础问题如"什么是教育的目的？""学校计划应该建立在什么基础上？""这些目的和基础都明确后，学校应教什么？"都并没有过时，不会消亡，也不会被扼杀，20 世纪 50 年代和 60 年代美国的"新的教育技术学的倡导者们，各种形式的教育组织的倡导者们，对学科结构进行研究的拥护者们，早晚得正视这些不可回避的问题并考虑所提出的可能解决办法"。蒂尔指出："进步主义教育运动的那些解释者所提出的中心问题和为我们时代寻得切实可行的答案所作的有关贡献，并没有过时。它们一定并且必将继续存在下去。它们终久将象观念世界中所常见的一样，以现代教育的种种新建议的形式，以靠我们的前辈而建立起来的新综合的形式，具体表现出来。过于性急的掘墓人以及当前那些掘墓人的安慰者，随着 20 世纪的前进，将会发现他们误认的死尸恰恰具有极为强大的生命力。"（蒂尔，1990）[221, 227]

　　那么，对于现在而言，尤其是对于我国教育而言，杜威教育理论中富有生命力的东西到底是什么呢？本书认为，富有生命力的东西不在于杜威所提出的某一具体的教育建议，而在于其教育理论所反映的总体精神。杜威的教育理论，尤其是他提出的三个教育命题要解决三个重要的问题：（1）教育与社会的脱离；（2）教育与儿童的脱离；（3）理论与实践的脱离。他提出的各种理论、各种设想从某种程度上可以说都是为了克服这三种根本弊端。从"教育即生活"（含"学校即社会"）、"教育即生长"、"教育即经验的改造"三个命题可明显看出杜威为纠正三种脱离所做的巨大努力。这三个问题不仅存在于杜威的时代，而且现在乃至将来依然会存在，这三种脱离可以说一直困扰、困惑着每个时代的教育决策者、教育实践者和教育研究者。今天，我国社会正发生巨大的转折，在这个转折时期，教育与社会变革、教育与个人发展、教育理论与社会现实及教育现实的关系也应有一个新的情势和新的面貌，教育实践和教育理论也应做相应的变革。我们今天所处的社会背景与杜威当时的社会背景是有制度和文化上的差异的，因此，杜威提出的一些看法也许并不合乎我国国情，但他解决问题的思路和理论所反映出的总体精神，如，要求加强教育、学校与社会生活的联系，使学校不只是消极地适应社会的变化，而且要积极参与社会生活的优化；要求尊重儿童心理发展水平，使教育过程既具有成效，本身又有乐趣；要求加强理论与实践的联系，使理论在实践中指导实践并使自身受到检验和发展等，对我们依然有很大的启发。而且，杜威在具体论述中所提出的不少观点，例如要求克服个人与社会的对立，要求以道德文化的力量加强对市场经济的规范与调控，要求培养一种新型的人以适应变世，要求将教育的工具价值与内在价值结合起来，要求克服教育和教学中知识与行为、知识与道德、理智与情感、感性与理性诸方面的对立等等，对我们的启发也不是枝节的，而是具有重大理论价值与实际意义的。本书认为，杜威教育理论中有很多值得"拿来"的东西，我们对此发掘得还很不够。

　　杜威的教育理论在 20 世纪的东西方有着广泛而深刻的影响，这种影响并不是其理论中的某一具体论点导致的，而是其理论的总体精神和基本观点引致的。杜威既是一个批判者，又是一个被批判者，他对别人（包括前人和与他同时代的人）的批判以及别人对他的批判皆扩大了杜威理论的影响。他人对杜威的批判（不论是在杜威生前还是死后）本身就说明杜威所具有的影响力，但批判亦有优劣高下之别，有些批判是切中要害、实事求是的，有些则是牵强附会、不着边际的，类似于"关公战秦琼"式的"歪批三国"。歪批意味着误解和曲解，导致误解和曲解的原因很复杂，但其结果却是一样的，那就是阻碍研究的深化。

　　生活、生长、经验三个概念以及相应的三个命题在杜威教育理论中居于中心地位，但人们对它们的误解和曲解也非常大。本书的主要意图在于通过对杜威著述的较系统的、历史的分析，力求把握杜威教育理论中三个概念和三个命题的真正含义，从而把握杜威教育理论的本意，并在此基础上对杜威教育理论的利弊得失做出一些评判。把握杜威的本意是对杜威理论进行深刻评判的前提，舍此前提，必走歧路。

　　杜威评判了他人（包括前人和与他同时代的人），他人（包括与他同时代的人和后人）也评判了杜威。本书既要评判杜威对他人的评判，也要评判他人对杜威的评判，更要对杜威本人进行评判，因此，所做的工作是繁重而琐杂的，是为进一步的研究做铺垫的，至于本书所做的评判是否客观公允，还有待他人来评判。

引文参考文献

一、中文参考文献

巴格莱，1980. 要素主义者的纲领 [M]// 华东师范大学教育系，杭州大学教育系. 现代西方资产阶级教育思想流派论著选 . 北京：人民教育出版社 .

鲍戈莫洛夫，梅里维尔，纳尔斯基，1985. 现代资产阶级哲学 [M]. 上海：上海译文出版社 .

博伊德，金，1985. 西方教育史 [M]. 北京：人民教育出版社 .

布鲁巴克，1989a. 教育目的的基本理论问题 [M]// 瞿葆奎 . 教育学文集：教育目的 . 北京：人民教育出版社 .

布鲁巴克，1989b. 西方教育目的的历史发展 [M]// 瞿葆奎 . 教育学文集：教育目的 . 北京：人民教育出版社 .

曹孚，1950. 关于费尔巴哈的提纲第三条与教育 [J]. 新教育，1（4）.

曹孚，1989. 杜威批判引论 [M]// 瞿葆奎，马骥雄，雷尧珠 . 曹孚教育论稿 . 上海：华东师范大学出版社 .

陈峰津，1977. 杜威教育思想之研究 [M]. 台北：台湾商务印书馆 .

蒂尔，1990. 进步教育果真过时了吗？ [M]// 瞿葆奎 . 教育学文集：美国教育改革 . 北京：人民教育出版社 .

丁学良，1983. 马克思的"人的全面发展观"概览 [J]. 中国社会科学（3）：127-153.

杜蒙德，1984. 现代美国：1896—1964 年 [M]. 北京：商务印书馆 .

杜威，1923. 明日之学校 [M]. 民国 12 年版 . 上海：商务印书馆 .

杜威，1932. 教育科学之源泉 [M]. 天津：人文书店 .

杜威，1958. 哲学的改造 [M]. 北京：商务印书馆 .

杜威，1960. 经验与自然 [M]. 北京：商务印书馆 .

杜威，1964. 自由与文化 [M]. 北京：商务印书馆 .

杜威，1965. 人的问题 [M]. 上海：上海人民出版社 .

杜威，1981a. 经验与自然 [M]// 赵祥麟，王承绪 . 杜威教育论著选 . 上海：华东师范大学出版社 .

杜威，1981b. 我的教育信条 [M]// 赵祥麟，王承绪 . 杜威教育论著选 . 上海：华东师范大学出版社 .

杜威，1981c. 学校与社会 [M]// 赵祥麟，王承绪 . 杜威教育论著选 . 上海：华东师范大学出版社 .

杜威，1981d. 明日之学校 [M]// 赵祥麟，王承绪 . 杜威教育论著选 . 上海：华东师范大学出版社 .

杜威，1981e.民主主义与教育 [M]// 赵祥麟，王承绪.杜威教育论著选.上海：华东师范大学出版社.

杜威，1981f.哲学的改造 [M]// 赵祥麟，王承绪.杜威教育论著选.上海：华东师范大学出版社.

杜威，1981g.教育和社会秩序 [M]// 赵祥麟，王承绪.杜威教育论著选.上海：华东师范大学出版社.

杜威，1981h.自由主义与社会行动 [M]// 赵祥麟，王承绪.杜威教育论著选.上海：华东师范大学出版社.

杜威，1981i.儿童与课程 [M]// 赵祥麟，王承绪.杜威教育论著选.上海：华东师范大学出版社.

杜威，1981j.杜威在华演讲集 [M]// 赵祥麟，王承绪.杜威教育论著选.上海：华东师范大学出版社.

杜威，1981k.达尔文对哲学的影响 [M]// 赵祥麟，王承绪.杜威教育论著选.上海：华东师范大学出版社.

杜威，1990.民主主义与教育 [M].北京：人民教育出版社.

杜威，1991a.芝加哥实验的理论 [M]// 梅休，等.杜威学校.上海：华东师范大学出版社.

杜威，1991b.我们怎样思维·经验与教育 [M].北京：人民教育出版社.

范斯科德，克拉夫特，哈斯，1984.美国教育基础：社会展望 [M].北京：教育科学出版社.

福克斯，1988.布鲁纳与杜威：他们的认识论、心理学及其与教育的关系 [M]// 瞿葆奎.教育学文集：教学：上册.北京：人民教育出版社.

高广孚，1976. 杜威教育思想 [M]. 台北：水牛出版社 .

高奇，1985. 中国现代教育史 [M]. 北京：北京师范大学出版社 .

胡克，1963. 杜威："生长"的哲学家 [M]// 中国科学院哲学研究所西方哲学史组 . 现代美国哲学 . 北京：商务印书馆 .

胡克，1964. 杜威在现代思想界的地位 [M]// 洪谦 . 西方现代资产阶级哲学论著选辑 . 北京：商务印书馆 .

霍恩，1989a. 杜威的教育目的论述评：下 [M]// 瞿葆奎 . 教育学文集：教育目的 . 北京：人民教育出版社 .

霍恩，1989b. 杜威的教育目的论述评：上 [M]// 瞿葆奎 . 教育学文集：教育目的 . 北京：人民教育出版社 .

简 · 杜威，1987. 杜威传 [M]. 合肥：安徽教育出版社 .

康马杰，1988. 美国精神 [M]. 北京：光明日报出版社 .

康内尔，1990. 二十世纪世界教育史 [M]. 北京：人民教育出版社 .

李剑鸣，1992. 大转折的年代：美国进步主义运动研究 [M]. 天津：天津教育出版社 .

李泽厚，1987. 中国现代思想史论 [M]. 北京：东方出版社 .

林本，1989. 中外学者及团体对中学教育目标之研究 [M]// 瞿葆奎 . 教育学文集：教育目的 . 北京：人民教育出版社 .

刘放桐，1987. 重新评价实用主义 [J]. 现代外国哲学 (10).

马克思，恩格斯，1972. 马克思恩格斯全集：第二十三卷 [M]. 北京：人民出版社 .

梅休，等，1991. 杜威学校 [M]. 上海：华东师范大学出版社 .

梅逊，1984. 西方当代教育理论 [M]. 北京：文化教育出版社.

全增嘏，1985. 西方哲学史：下册 [M]. 上海：上海人民出版社.

塔巴，1989. 制定教育目的之方法论 [M]// 瞿葆奎. 教育学文集：教育目的. 北京：人民教育出版社.

陶行知，1949. 什么是生活教育 [M]// 方与严. 陶行知教育论文选辑. 沪初版. 北京：生活·读书·新知三联书店.

陶行知，1981. 普及现代生活教育之路 [M]// 江苏省陶行知教育思想研究会，南京晓庄师范陶行知研究室. 陶行知文集. 南京：江苏人民出版社.

滕大春，1987. 他人的误解与自身的不足：关于杜威教育理论的批判和研究 [J]. 教育研究与实验（4）：47-53.

滕大春，1990. 杜威和他的《民主主义与教育》[M]// 杜威. 民主主义与教育. 北京：人民教育出版社.

王承绪，朱勃，顾明远，1985. 比较教育 [M]. 2 版. 北京：人民教育出版社.

吴俊升，1960. 杜威教育思想的再评价 [J]. 新亚书院学术年刊（2）.

伍德林，1989. "自由教育"作为基本目的：对于美国教育目的之讨论 [M]// 瞿葆奎. 教育学文集：教育目的. 北京：人民教育出版社.

夏甄陶，1982. 关于目的的哲学 [M]. 上海：上海人民出版社.

杨，1988. 杜威与布鲁纳：有共同基础吗？ [M]// 瞿葆奎. 教育学文集：教学：上册. 北京：人民教育出版社.

詹姆士，1979. 实用主义：一些旧思想方法的新名称 [M]. 北京：商务印书馆.

朱智贤，1960. 马克思主义关于儿童心理发展的理论 [J]. 心理学报（2）：115-127.

二、英文参考文献

ANON，1931.President Dewey called on Hoover to recognize government responsibility for unemployment[Z].People's Lobby Bulletin，9.

ANON, 1932. Dewey describes child's new world[N]. The New York Times, 1932-04-10.

ARCHAMBAULT R D, 1966. Philosophical bases of the experience curriculum[M]//ARCHAMBAULT R D. Dewey on education. New York: Random House.

BERGER M I, 1966. John Dewey and progressive education today[M]//BRICKMAN W W, LEHRER S. John Dewey: master educator. Santa Barbara: Greenwood Press.

BERKSON I B, 1966. Science, ethics, and education in Dewey's philosophy[M]//BRICKMAN W W, LEHRER S. John Dewey: master educator. Santa Barbara: Greenwood Press.

BINKLEY L J, 1969. Conflict of ideals[M]. New York: Van Nostrand Reinhold.

BRUBACHER J S, 1960. Ten misunderstandings of Dewey's educational philosophy[J]. Bulletin of the School of Education，Indiana University, XXXVI：27-42.

BRUBACHER J S, 1966. History of the problems of education[M]. 2nd ed. New York: McGraw Hill.

BRUNER J S, 1966. "After John Dewey, what?" [M]//ARCHAMBAULT R D. Dewey on education. New York: Random House.

BUTTON H W, PROVENZO E F, 1983. History of education and culture in

America[M]. Hoboken: Prentice Hall.

CAHN S M, 1977. New studies in the philosophy of John Dewey[M]. Vermont.

CAHN S M, 1985. Introduction to the later works of John Dewey[M]//DEWEY J.The later works of John Dewey, volume 13：1925-1953. Carbondale and Edwardsville: Southern Illinois University Press.

DEWEY J，1898. The primary education fetich[Z]. The Forum,5.

DEWEY J，1901a. The place of manual training in the elementary course of study[J]. Manual Training Magazine，7.

DEWEY J，1901b. The people and the schools[J]. The Educational Review，5.

DEWEY J，1903a.Democracy in education[J].The Elementary School Teacher，4（4）:193-204.

DEWEY J，1903b. Logical conditions of a scientific treatment of morality[M]// DEWEY J. Investigations representing the departments, part II: philosophy education. Chicago: University of Chicago Press.

DEWEY J，1909. Moral principles in education[M]. Boston: Houghton Mifflin Company.

DEWEY J，1916a. Universal service as education[N]. The New Republic, 1916-04-22.

DEWEY J，1916b. Nationalizing education[J]. Journal of Education, 84(16): 425-428.

DEWEY J，1916c. Democracy and education[M]. New York: Macmillan.

DEWEY J，1917. The need for a recovery of philosophy[M]// DEWEY J. Creative intelligence: essays in the pragmatic attitude. New York: Holt and Company.

DEWEY J, 1922a. Individuality, equality and superiority[N]. The New Republic, 1922-12-13.

DEWEY J, 1922b. Mediocrity and individuality[N]. The New Republic, 1922-12-06.

DEWEY J, 1922c. Education as politics[N]. The New Republic，1922-10-04.

DEWEY J, 1923a. A sick world[N]. The New Republic, 1923-01-24.

DEWEY J, 1923b. Culture and professionalism in education[J]. Bulletin of the American Association of University Professors, 9(8): 51-53.

DEWEY J, 1923c. The school as a means of developing a social consciousness and social ideals in children[J]. Journal of Social Forces, 1: 513-517.

DEWEY J, 1924a. The prospect of the liberal college[N]. The Independent, 1924-04-26.

DEWEY J, 1924b. The class room teacher[J]. General Science Quarterly, 8(3): 463-472.

DEWEY J, 1925. Experience and nature[M].Chicago: Open Court Publishing Company.

DEWEY J, 1926. A key to the new world[N]. The New Republic，1926-05-19.

DEWEY J, 1927. Bankruptcy of modern education[J]. Modern Quaterly，6-9.

DEWEY J, 1930a. The duties and responsibilities of the teaching profession[N]. School and Society，1930-08-09.

DEWEY J, 1930b. Human nature and conduct[M]. New York: Modern Library.

DEWEY J, 1930c. How much freedom in new schools?[N]. The New Republic, 1930-07-09.

DEWEY J, 1931a. Social change and its human direction[J].Modern Quarterly, 5.

DEWEY J, 1931b. The jobless: a job for all of us[Z]. Unemployed, 2.

DEWEY J, 1931c. The need for a new party[N]. The New Republic, 1931-03-18.

DEWEY J, 1932a. The economic situation: a challenge to education[J]. Journal of Home Economics, 24(6): 495-501.

DEWEY J, 1932b. Monastery, bargain counter, or laboratory in education?[J]. The Barnwell Bulletin, 2.

DEWEY J, 1932c. Prospects for a third party[N]. The New Republic, 1932-07-27.

DEWEY J, 1932d. Democracy joins the unemployed[Z].1932-07-09 .

DEWEY J, 1934a. The need for a philosophy of education[Z]. The New Era, 1934-11.

DEWEY J, 1934b. The supreme intellectual obligation[J]. Science education, 18(1): 1-4.

DEWEY J, 1935a. The future of liberalism[N]. School and Society, 1935-01-19.

DEWEY J, 1935b. Liberty and social control[Z]. The Social Frontier, 11.

DEWEY J, 1935c. Youth in a confused world[Z]. The Social Frontier, 5.

DEWEY J, 1935d. The teacher and his world[Z]. The Social Frontier, 1.

DEWEY J, 1936a. Authority and resistance to social change[N]. School and Society, 1936-10-10.

DEWEY J, 1936b. Religion, science and philosophy[J]. Southern Review, 1:

42-53.

DEWEY J, 1936c. The social significance of academic freedom[Z]. The Social Frontier, 3.

DEWEY J, 1937a. Education and social change[J]. Bulletin of the American Association of University Professors(1915-1955), 23(6): 472-474.

DEWEY J, 1937b. Democracy and educational administration[N]. School and Society，1937-04-13.

DEWEY J, 1937c. Challenge of democracy to education[J]. Progressive Journal of Education，2.

DEWEY J, 1938a. Relation of Science and Philosophy as basis of education[Z]. School and Society，4.

DEWEY J, 1938b. Does human nature change?[Z]. Rotarian, 52.

DEWEY J, 1938c. Experience and education[M]. New York: Macmillan.

DEWEY J, 1939. Creative democracy: the task before us[M]// DEWEY J. John Dewey and the promise of America, progressive education booklet, No. 14. Columbus: American Education Press.

DEWEY J, 1940a. The meaning of the term: liberalism[N]. Frontiers of Democracy，1940-02-15.

DEWEY J, 1940b. Nature in experience[J]. The Philosophical Review, 49(2): 244-258.

DEWEY J, 1941. Propositions, warranted assertibility, and truth[J]. The Journal of Philosophy, 38(7): 169-186.

DEWEY J, 1944a. Democratic faith and education[J]. Antioch Review, 4(2): 274-283.

DEWEY J, 1944b. Challenge to liberal thought[Z]. Fortune, 8.

DEWEY J, 1985a. Philosophy and education[M]//DEWEY J. The later works of John Dewey, volume 5: 1925-1953. Carbondale and Edwardsville: Southern Illinois University Press.

DEWEY J, 1985b. American education past and future[M]//DEWEY J. The later works of John Dewey, volume 6: 1925-1953. Carbondale and Edwardsville: Southern Illinois University Press.

DEWEY J, 1985c. Democracy and education in the world of today[M]//DEWEY J. The later works of John Dewey, volume 13: 1925-1953. Carbondale and Edwardsville: Southern Illinois University Press.

DEWEY J, 1985d. Individualism, old and new[M]//DEWEY J.The later works of John Dewey, volume 5: 1925-1953. Carbondale and Edwardsville: Southern Illinois University Press.

DEWEY J, 1985e. The determination of ultimate values or aims through antecedent or through pragmatic or empirical inquiry[M]//DEWEY J.The later works of John Dewey,volume 13: 1925-1953. Carbondale and Edwardsville: Southern Illinois University Press.

DEWEY J, 1985f. The determination of ultimate values or aims through antecedent or a prior speculation or through pragmatic or empirical inquiry[M]//DEWEY J.The later works of John Dewey, volume 13: 1925-1953. Carbondale and

Edwardsville: Southern Illinois University Press.

DEWEY J, 1985g. Progressive education and the science of education[M]//DEWEY J.The later works of John Dewey, volume 3：1925-1953. Carbondale and Edwardsville: Southern Illinois University Press.

DEWEY J, 1985h. The way out of educational confusion[M]//DEWEY J.The later works of John Dewey, volume 6：1925-1953. Carbondale and Edwardsville: Southern Illinois University Press.

DEWEY J, BENTLEY A, 1946. Interaction and transaction[J]. The Journal of Philosophy, 43: 505-517.

DEWEY J, CHILDS J, 1933. The underlying philosophy of education[M]//KILPATRICK W H. Educational frontier.New York: The Century Co.

GOLDWIN J E，1982.John Dewey's concept of education as a growth process[M]. Meerut：Nishkam Press.

HARDIE C D, 1966. The educational theory of John Dewey[M]//ARCHAMBAULT R D. Dewey on education. New York: Random House.

HOOK S，1945.The case for progressive education[N].Life，1945-06-30.

HOOK S, 1966. John Dewey: his philosophy of education and its critics[M]//ARCHAMBAULT R D. Dewey on education. New York: Random House.

HOOK S, 1978. Introduction to the middle works of John Dewey[M]//DEWEY J.The middle works of John Dewey, volume 9：1899-1924. Carbondale and Edwardsville: Southern Illinois University Press.

HORNE H H, 1932. The democratic philosophy of education[M]. New York:

Macmillan.

KURTZ P, 1985. Introduction to the later works of John Dewey[M]//DEWEY J.The later works of John Dewey, volume 5：1925−1953. Carbondale and Edwardsville: Southern Illinois University Press.

LARRABEE H A, 1966. John Dewey as teacher[M]//BRICKMAN W W, LEHRER S. John Dewey: master educator. Santa Barbara: Greenwood Press.

PHENIX P H, 1966. John Dewey's war on dualism[M]//ARCHAMBAULT R D. Dewey on education. New York: Random House.

PHILIPS J O C, 1983. John Dewey and social control reconsidered[J]. History of education, 12(1): 25−37.

PRICE K, 1957. Some doctrines of John Dewey[M]// BEREDAY G Z F， LAUWERYS J A.The year book of education 1957： education and philosophy. Chicago: World Book Company.

SCHEFFLER I, 1966. Educational liberalism and Dewey's philosophy[M]//ARCHAMBAULT R D. Dewey on education. New York: Random House.

WOOLF S J, 1932. John Dewey surveys the nation's ills[N]. The New York Times, 1932−07−10(9).

YOUNG E L, 1972. Dewey and Bruner: a common ground?[J]. Education theory, 22(1): 58−77.

附录一　杜威教育著述目录

一、杜威教育著作目录 [①]

（1）*Applied Psychology*：*An Introduction to the Principles and Practice of Education*（1889）[②]

（2）*The Psychology of Number and Its Applications to Methods of Teaching Arithmetic*（1895）[③]

（3）*My Pedagogic Creed*（1897）

（4）*Interest as Related to Will*（1899）

（5）*The School and Society*（1899）

（6）*The Elementary School Record*（1900）[④]

---

① 这里所说的"教育著作"是指首次发表时单独成册或与人合撰的著作，不是发表于报刊上的论文。这些著作内容长短不一，有些为鸿篇巨制，洋洋几十万言，有些则篇幅甚短，只有十几页长，归入论文类较合适，但因为首次发表时是单独成册的，故亦辑于此。

② 与麦克莱伦（J. A. McLellan）合著。

③ 与麦克莱伦合著。

④ 是 9 种专题论文丛书（1900 年 2—12 月），杜威为编辑。

（7）*The Child and the Curriculum*（1902）

（8）*The Educational Situation*（1902）

（9）*Education，Direct and Indirect*（1904）

（10）*The School and Child*（1907）①

（11）*Moral Principles in Education*（1909）

（12）*How We Think*（1910）

（13）*Educational Essays by John Dewey*（1910）②

（14）*A Cyclopedia of Education*（1911–1913）③

（15）*L'Ecôle et L'enfant*（1913）④

（16）*Interest and Effort in Education*（1913）

（17）*The School and Society*（1915，Rev. ed.）

（18）*School of Tomorrow*（1915）⑤

（19）*Democracy and Education*（1916）

（20）*Vocational Education in the Light of the World War*（1918）

（21）*Five Lectures of Dewey*（1920）⑥

（22）*Ideals，Aims，and Methods in Education*（1922）

（23）*Progressive Education and the Science of Education*（1928）

（24）*Art and Education*（1929）⑦

（25）*Sources of A Science of Education*（1929）

---

① 英国学者芬德利（J. J. Findlay）所编的杜威教育论文集。
② 英国学者芬德利所编的杜威教育论文集。
③ 美国学者孟禄（P. Monroe）编，共5卷，历时3年出齐，杜威共撰122个条目。
④ 系皮杜（L. S. Pidoux）翻译，于瑞士出版的法文版。
⑤ 与女儿伊夫琳·杜威（Evelyn Dewey）合著。
⑥ 系北京《晨报》社所编的杜威在华演讲的辑录。
⑦ 与巴恩斯（A. C. Barnes）等合著。

（26）*Contrasts in Education*（1929）

（27）*Philosophy and Education*（1930）

（28）*American Education Past and Future*（1931）

（29）*The Way Out of Educational Confusion*（1931）

（30）*How We Think*（1933，Rev. ed.）

（31）*Experience and Education*（1938）

（32）*Education Today*（1940）①

（33）*Problems of Men*（1946）②

（34）*Art and Education*（1947）③

二、杜威教育论文目录

（1）Education and the Health of Women（Oct. 16，1885）

（2）Health and Sex in Higher Education（Mar.，1886）

（3）Inventory of Philosophy Taught In American Colleges（Apr. 16，1886）

（4）Teaching Ethics in the High School（Nov.，1893）

（5）The Chaos in Moral Training（Aug.，1894）

（6）The Results of Child-Study Applied to Education（Jan.，1895）

（7）Interest As Related to Will（1896）④

---

① 系杜威的教育论文集，收入 1897—1938 年的重要教育论文 45 篇。
② 系杜威教育论文与哲学论文集，共收入论文 31 篇，除《对道德进行科学研究的逻辑条件》（Logical Conditions of A Scientific Treatment of Morality）写于 1903 年外，其余均为 1935—1945 年的作品，其中一部分内容与《今日之教育》（Education Today）所收入的论文有交叉。
③ 系 1929 年版本的第二版。
④ 初载于全国赫尔巴特协会编撰的、1896 年出版的《1895 年赫尔巴特年鉴增刊二》第 209 页至第 255 页，1899 年以单行本形式重新发行。

（8）The Reflex Arc Concept in Psychology（1896）

（9）Influence of the High School upon Educational Methods（Jan., 1896）

（10）Remarks on the Study of History in School（May, 1896）

（11）A Pedagogical Experiment（June, 1896）

（12）Pedagogy as A University Discipline（Sept., 1896）

（13）The University School（Nov.4, 1896）

（14）Ethical Principles Underlying Education（1897）

（15）The Aesthetic Element in Education（1897）

（16）The Kindergarten and Child-Study（1897）

（17）Criticisms, Wise and Otherwise, on Modem Child-Study（1897）

（18）The Psychological Aspect of the School Curriculum（Apr., 1897）

（19）The Interpretation Side of Child-Study（1897）

（20）[Syllabus] The University of Chicago Pedagogy Philosophy of Education（1898）

（21）Report of the Committee on A Detailed Plan for A Report on Elementary Education（1898）

（22）The Primary Education Fetich（May, 1898）

（23）Review of William Torrey Harris, *Psychologic Foundations of Education*（June, 1898）

（24）Play and Imagination in Relation to Early Education（May 27, 1899）

（25）Principles of Mental Development as Illustrated in Early Infancy（Oct., 1899）

（26）The Situation as Regards the Course of Study（1901）

（27）Are the Schools Doing What the People Want Them to Do? （May,

1901)

(28) The Place of Manual Training in the Elementary Course of Study (July, 1901)

(29) The School as Social Center (1902)

(30) Current Problems in Secondary Education (Jan., 1902)

(31) In Remembrance: Francis W. Parker (Mar. 27, 1902)

(32) In Memorian: Colonel Francis Wayland Parker (June, 1902)

(33) Religious Education as Conditioned by Modern Psychology and Pedagogy (1903)

(34) The Psychological and the Logical in Teaching Geometry (Apr., 1903)

(35) The Organization and Curricula of the [University of Chicago]College of Education (May, 1903)

(36) Review of Katharine Elizabeth Dopp, *The Place of Industries in Elementary Education* (June, 1903)

(37) Democracy in Education (Dec., 1903)

(38) The Relation of Theory to Practice in Education (1904)

(39) Significance of the School of Education (Mar., 1904)

(40) Culture and Industry in Education (1906)

(41) Education as An University Study (July, 1907)

(42) Religion and Our School (July, 1908)

(43) The Bearings of Pragmatism upon Education (Dec., 1908 & Feb., 1909)

(44) History for the Educator (Mar., 1909)

(45) Symposium on the Purpose and Organization of Physics Teaching in Secondary Schools, XIII (Mar., 1909)

（46）Teaching That Does Not Educate（June，1909）

（47）The Moral Significance of the Common School Studies（Nov.，1909）

（48）Science as Subject Matter and as Method（Jan. 28，1910）

（49）Is Co-education Injurious to Girls？（June，1911）

（50）L'Ecôle et la Vie de L'enfant（Dec.，1912）①

（51）L'Education au Point de Vue Social（1913）②

（52）An Undemocratic Proposal（Jan. & May，1913）

（53）Some Dangers in the Present Movement for Industrial Education（Feb.，1913）

（54）Industrial Education and Democracy（Mar.22，1913）

（55）Cut-and-Try School Methods（Sept.6，1913）

（56）Professional Spirit among Teachers（Oct.，1913）

（57）Reasoning in Early Childhood（Jan.，1914）

（58）Reports of Lectures by John Dewey（Mar.，Apr. & May，1914）

（59）Report on Fairhope [Alabama] Experiment in Organic Education（May 16，1914）

（60）Psychological Doctrine and Philosophical Teaching（Sept. 10，1914）

（61）A Policy of Industrial Education（Dec. 19，1914）

（62）Industrial Education-A Wrong Kind（Feb.20，1915）

（63）State or City Control of School？（Mar.20，1915）

（64）Splitting up the School System（Apr. 17，1915）

（65）Conditions at University of Utah（May，1915）

---

① 《学校与幼儿的生活 》，发表于法国《教育》杂志上的论文。
② 《教育与社会观点》，发表于法国《教育学年刊》上的论文。

（66）Education vs. Trade-Training（May 15，1915）

（67）Nationalizing Education（1916）

（68）Method in Science-Teaching（1916）

（69）The Need of An Industrial Education in An Industrial Democracy（Feb.，1916）

（70）Organization in American Education（Mar.，1916）

（71）Vocational Education（Mar. 11，1916）

（72）American Association of University Professors（Mar.30，1916）

（73）Our Educational Ideal in Wartime（Apr. 15，1916）

（74）Universal Service as Education（Apr.，1916）

（75）The Schools and Social Preparedness（May 6，1916）

（76）American Education and Culture（July 1，1916）

（77）Professional Organization of Teachers（Sept.，1916）

（78）Prospective Elementary Education（1917）

（79）Experiment in Education（Feb. 3，1917）

（80）Learning to Earn：The Place of Vocational Education in A Comprehensive Scheme of Public Education（Mar. 24，1917）

（81）Current Tendencies in Education（Apr.5，1917）

（82）Federal Aid to Elementary Education（May，1917）

（83）The Case of the Professor and the Public Interest（Nov.8，1917）

（84）Democracy and Loyalty in the Schools（Dec. 19，1917）

（85）Public Education on Trial（Dec.29，1917）

（86）Education for Democracy（1918）

（87）Education and Social Direction（Apr. 11，1918）

（88）The Psychology of Drawing-Imagination and Expression-Culture and Industry in Education（Mar. 1, 1918）

（89）Aims and Ideals of Education（1921）

（90）Education by Henry Adams（Dec. 21, 1921）

（91）America and Chinese Education（Mar. 1, 1922）

（92）Education as A Religion（Sept. 13, 1922）

（93）Education as Engineering（Sept.20, 1922）

（94）Education as Politics（Oct.4, 1922）

（95）Mediocrity and Individuality（Dec.6, 1922）

（96）Individuality, Equality and Superiority（Dec. 13, 1923）

（97）Culture and Professionalism in Education（1923）

（98）Syllabus for Philosophy, Social Institutions and the Study of Morals, Columbia University, 1923—1924（1923）

（99）Future Trends in the Development of Social Programs through the Schools（May 16–23, 1923）

（100）Social Purpose in Education（Jan., 1923）

（101）Individuality in Education（Mar., 1923）

（102）"What Is a School For？"（Mar. 18, 1924）

（103）The Class Room Teacher（Mar., 1924）

（104）The Liberal College and Its Enemies（May 24, 1924）

（105）Foreign Schools in Turkey（Dec.3, 1924）

（106）Experience and Nature and Art（Oct., 1925）

（107）Art in Education -and Education in Art（Feb. 24, 1926）

（108）Affective Thought in Logic and Painting（Apr., 1926）

（109）Mexico's Educational Renaissance（Sept. 22, 1926）

（110）Bankruptcy of Modern Education（June-Sept., 1927）

（111）Why I Am A Member of the Teacher's Union（Jan., 1928）

（112）The Manufacturers' Association and the Public Schools（Feb., 1928）

（113）The Direction of Education（Apr. 28, 1928）

（114）Soviet Education（1929）

（115）Labor Politics and Education（Jan. 9, 1929）

（116）General Principles of Educational Articulation（Mar.30, 1929）

（117）Review of George Sylvester Counts, *School and Society in Chicago*（Apr. 10, 1929）

（118）Democracy in Education（Dec., 1929）

（119）Our Illiteracy Problem（Mar., 1930）

（120）How Much Freedom in New Schools？（July 9, 1930）

（121）Duties and Responsibilities of the Teaching Profession（Aug. 9, 1930）

（122）Speech at the Curriculum Conference（Jan. 19–24, 1931）

（123）Democracy for the Teacher（Mar., 1931）

（124）Education and Birth Gontrol（Jan. 27, 1932）

（125）Monastery, Bargain Counter, or Laboratory in Education?（Feb., 1932）

（126）Political Interference in Higher Education and Research（Feb.20, 1932）

（127）The Economic Situation：A Challenge to Education（June, 1932）

（128）Education in Action（1932）

（129）Opinions Regarding The Six-Year High School（Mar., 1933）

（130）Education and Our Present Social Problems（Apr. 15, 1933）

（131）On Schools of Utopia（Apr. 23，1933）

（132）Crisis in Education（Apr.，1933）

（133）Shall We Abolish School Frills? No（June，1933）

（134）Why Have Progressive Schools?（July，1933）

（135）Supreme Intellectual Obligation；Address at Dinner in Honor of Dr. Cattell.（Feb.，1934）

（136）Individual Psychology and Education（Apr.，1934）

（137）Character Training for Youth（Sep.，1934）

（138）Can Education Share in Social Reconstruction?（Oct.，1934）

（139）The Need for a Philosophy of Education（Nov.，1934）

（140）Education for a Changing Social Order（1934）

（141）The Teacher and the Public（Jan.28，1935）

（142）The Teacher and His World（Jan.，1935）

（143）Government and Children（May，1935）

（144）Youth in A Confused World（1935）

（145）Education and Our Society：The Need for Orientation（Jun.，1935）

（146）Educators Urged to Join with Other Workers（June，1935）

（147）Toward a National System of Education（June，1935）

（148）Education and New Social Ideals（Feb.24，1936）

（149）Horace Mann Today（Nov.，1936）

（150）Integrity of Education（Nov.，1936）

（151）Rationality in Education（Dec.，1936）

（152）The Teacher and Society（1937）

（153）Education，the Foundation for Social Organization（1937）

（154）The Forward View: A Free Teacher in A Free Society（1937）

（155）Challenge of Democracy to Education（Feb., 1937）

（156）Higher Learning in America（Mar., 1937）

（157）Democracy and Educational Administration（Apr. 3, 1937）

（158）The Educational Function of A Museum of Decorative Arts（Apr., 1937）

（159）Education and Social Change（May, 1937）

（160）To Those Who Aspire to the Profession of Teaching（1938）

（161）Relation of Science and Philosophy as Basis of Education（Apr. 9, 1938）

（162）What Is Social Study?（May, 1938）

（163）Education, Democracy and Socialized Economy（Dec., 1938）

（164）Determination of Ultimate Values or Aims Through Antecedent or A Prior Speculation or Through Pragmatic or Empirical Inquiry（1938）

（165）Does Human Nature Change？（1938）

（166）Democracy and Education in the World of Today（1938）

（167）Introduction to *Talks to Teachers* by William James（1939）

（168）Education: 1800-1939（May, 1939）

（169）College Youth Better Mannered（June, 1939）

（170）Higher Learning and War（1939）

（171）For A New Education（June, 1941）

（172）Message to American Federation of Teachers（Aug.24, 1941）

（173）Reply to Letter on His Educational Principles（Jan. 8）

（174）Statement Opposing R. M. Hutchins' Educational Theories（May 28,

1944）

（175）Democratic Faith and Education（June, 1944）

（176）Problem of the Liberal Arts College（Oct., 1944）

（177）85th Birthday: Statement Chiding N. M. Butler and R. M. Hutchins, Interview（Oct. 20, 1944）

（178）Method in Science Teaching（Apr., 1945）

（179）Education and the Social Order（1949）

（180）Introduction to *The Use of Resources in Education* by Elsie Ripley Clapp（1952）

附录二 本书主要参考文献

一、中文参考文献

（1）《杜威教育论著选》（1897—1952年），杜威著，赵祥麟、王承绪编译，华东师范大学出版社，1981年版。

（2）《学校与社会》（1899年），杜威著，刘衡如译，上海中华书局，1932年版。

（3）《儿童与教材》（1902年），杜威著，郑宗海译，上海中华书局，1931年版。

（4）《道德学》（1908年），杜威与塔夫茨（J.H.Tufts）合著，余家菊译，上海中华书局，1932年版。

（5）《德育原理》（1909年），杜威著，张铭鼎译，上海商务印书馆，1930年版。

（6）《思维术》（1910年），杜威著，刘伯明译，上海中华书局，1931年版。

（7）《教育上兴味与努力》（1913年），杜威著，张裕卿、杨伟文译，上海商务印书馆，1931 年版。

（8）《明日之学校》（1915 年），杜威与其女儿伊夫琳·杜威（E. Dewey）合著，朱经农、潘梓年译，上海商务印书馆，1923 年版。

（9）《民本主义与教育》（1916 年），杜威著，邹恩润译，上海商务印书馆，1933 年版。

（10）《民主主义与教育》（1916 年），杜威著，王承绪译，人民教育出版社，1990 年版。

（11）《哲学的改造》（1920 年），杜威著，许崇清译，商务印书馆，1958 年版。

（12）《杜威五大演讲》（1920 年），杜威述，北京晨报社，1922 年版。

（13）《教育哲学》（1921 年），杜威述，刘伯明口译，沈振声笔述，上海大新书局，1935 年版。

（14）《杜威三大演讲》（1920 年），杜威述，刘伯明口译，沈振声笔述，上海泰东图书局，1920 年版。

（15）《经验与自然》（1925 年），杜威著，傅统先译，商务印书馆，1960 年版。

（16）《教育科学之源泉》（1929 年），杜威著，张岱年、傅继良译，北平人文书店，1932 年版。

（17）《确定性的寻求》（1929 年），杜威著，傅统先译，上海人民出版社，1966 年版。

（18）《解决教育纷乱的途径》（1931 年），杜威著，欧阳湘译，1940 年版。

（19）《我们怎样思维·经验与教育》（1938 年），杜威著，姜文闽译，人民教育出版社，1991 年版。

（20）《经验与教育》（1938 年），杜威著，曾昭森译，商务印书馆，1940

年版。

（21）《自由与文化》（1939年），杜威著，傅统先译，商务印书馆，1964年版。

（22）《今日的教育》（1940年），杜威著，董时光译，上海商务印书馆，1947年版。

（23）《人的问题》（1946年），杜威著，傅统先、邱椿译，上海人民出版社，1965年版。

（24）《杜威传》，简·杜威著，单中惠编译，安徽教育出版社，1987年版。

（25）《杜威学校》，梅休等著，王承绪、赵祥麟、赵端英等译，华东师范大学出版社，1991年版。

（26）《杜威批判引论》，曹孚著，人民教育出版社，1951年版。

（27）《杜威的道德教育思想批判》，陈景磐著，湖北人民出版社，1957年版。

（28）《杜威教育学批判》，佘夫金著，冯可大、佘增寿、张开译，五十年代出版社，1953年版。

（29）《杜威教育思想》，高广孚著，台北水牛出版社，1976年版。

（30）《杜威教育思想之研究》，陈峰津著，台湾商务印书馆，1977年版。

（31）《杜威、赫尔巴特教育思想研究》，中国教育史研究会编，山东教育出版社，1985年版。

（32）《现代西方资产阶级教育思想流派论著选》，华东师范大学教育系、杭州大学教育系编译，人民教育出版社，1980年版。

（33）《当代西方教育哲学》，陈友松主编，教育科学出版社，1982年版。

（34）《西方当代教育理论》，梅逊著，陆有铨译，文化教育出版社，1984年版。

（35）《美国教育学基础》，奥恩斯坦著，刘付忱、姜文闽、陈泽川等译，人民教育出版社，1984年版。

（36）《曹孚教育论稿》，瞿葆奎等选编，华东师范大学出版社，1989年版。

（37）《美国教育基础：社会展望》，范斯科德、克拉夫特、哈斯著，北京师范大学外国教育研究所译，教育科学出版社，1984年版。

（38）《今日美国教育》，滕大春著，人民教育出版社，1980年版。

（39）《教育学文集：美国教育改革》，瞿葆奎主编，人民教育出版社，1989年版。

（40）《外国教育史》，王天一、夏之莲、朱美玉编著，北京师范大学出版社，上册，1983年版；下册，1985年版。

（41）《外国近代教育史》，滕大春主编，人民教育出版社，1989年版。

（42）《外国现代教育史》，赵祥麟主编，华东师范大学出版社，1987年版。

（43）《外国教育史》下卷，戴本博主编，人民教育出版社，1990年版。

（44）《外国教育家评传（第二卷）》，赵祥麟主编，上海教育出版社，1992年版。

（45）《教育名著评介（外国卷）》，李明德、金锵主编，福建教育出版社，1992年版。

（46）《西方教育史》，博伊德、金著，任宝祥、吴元训主译，人民教育出版社，1985年版。

（47）《西方教育的历史和哲学基础》，佛罗斯特著，吴元训、张俊洪、宋富钢等译，华夏出版社，1987年版。

（48）《比较教育》，王承绪、朱勃、顾明远主编，人民教育出版社，1985年版。

（49）《中国教育通史（第五卷）》，毛礼锐、沈灌群主编，山东教育出版社，

1988 年版。

（50）《中国现代教育史》，高奇主编，北京师范大学出版社，1985 年版。

（51）《教育学文集：教育目的》，瞿葆奎主编，人民教育出版社，1989 年版。

（52）《教育学文集：教育与人的发展》，瞿葆奎主编，人民教育出版社，1989 年版。

（53）《教育学文集：教育与社会发展》，瞿葆奎主编，人民教育出版社，1989 年版。

（54）《教育学文集：教学：上册》，瞿葆奎主编，人民教育出版社，1988 年版。

（55）《教育哲学》，黄济著，北京师范大学出版社，1985 年版。

（56）《教育哲学》，傅统先、张文郁著，山东教育出版社，1986 年版。

（57）《西方哲学史》，罗素著，马德元译，商务印书馆，1988 年版。

（58）《西方哲学史（下册）》，全增嘏主编，上海人民出版社，1985 年版。

（59）《现代西方哲学讲演集》，贺麟著，上海人民出版社，1984 年版。

（60）《西方现代资产阶级哲学论著选辑》，洪谦主编，商务印书馆，1964 年版。

（61）《批判的实在论论文集》，德雷克等著，郑之骧译，商务印书馆，1979 年版。

（62）《现代资产阶级哲学》，鲍戈莫洛夫、梅里维尔、纳尔斯基著，娄自良、郑开琪译，上海译文出版社，1985 年版。

（63）《现代心理学史》，舒尔茨著，杨立能、陈大柔、李汉松等译，人民教育出版社，1981 年版。

（64）《美国精神》，康马杰著，杨静予、崔妙英、王绍仁等译，光明日报出版社，1988 年版。

（65）《现代美国哲学》，中国科学院哲学研究所西方哲学史组编，商务印书馆，1963 年版。

（66）《现代美国哲学》，王守昌、苏玉昆著，人民出版社，1990 年版。

（67）《大转折的年代：美国进步主义运动研究》，李剑鸣著，天津教育出版社，1992 年版。

（68）《现代美国：1896—1946 年》，杜蒙德著，宋岳亭译，商务印书馆，1984 年版。

（69）《二十世纪美国史》，黄安年著，河北人民出版社，1989 年版。

（70）《美国史新编》，杨生茂、陆镜生著，中国人民大学出版社，1990 年版。

（71）《关于目的的哲学》，夏甄陶著，上海人民出版社，1982 年版。

（72）《过程转化论》，刘克忠、李毅著，中国展望出版社，1988 年版。

二、英文参考文献

（1）*The collected works of John Dewey: the early works*，1882—1898；*the middle works*，1899—1924；*the later works*，1925—1953. Southern Illinois University Press，1967—1991.（共 30 余卷，其中教育著作与教育论文详见附录一。）

（2）J. Dewey，*School and society*，University of Chicago Press，1925.

（3）J. Dewey，*Moral principles in education*，Houghton Mifflin Company，1909.

（4）J. Dewey，*Democracy and education*，the Macmillan Company，1916.

（5）J. Dewey, *A common faith*, Yale University Preas, 1934.

（6）J. Dewey, *Education today*, Van Rees Press, 1940.

（7）J. Dewey, *Experience and education*, the Macmillan Company, 1950.

（8）J. A. Boyston, ed., *Guide to the works of John Dewey*, Southern Illinois University Press, 1970.

（9）R. D. Archambault, ed., *Dewey on education*, Random House, 1966.

（10）W. W. Brickman and S. Lehrer, ed., *John Dewey: master educator*, Greenwood Press, 1975.

（11）G. J. Emerson, *John Dewey's concept of education as a growth process*, Bishkam Press, India.

（12）R. C. Whittemore, ed., *Dewey and his influence*, 1973.

（13）G. Dykuizen, *The life and mind of John Dewey*, Southern Illinois University Press, 1978.

（14）H. J. Perkinson, *Since Socrates*, Longman Inc., 1980.

（15）H. H. Home, *The democratic philosophy of education*, the Macmillan Company, 1932.

（16）T. S. Brubacher, *A history of the problems of education*, 2nd ed., 1916.

（17）H. W. Button & E. F. Provenzo, *History of education and culture in America*, Prentice-Hall, Inc., 1983.

（18）E. J. Power, *Philosophy of education*, Prentice-Hall, Inc., 1982.

（19）A. E. Meyer, *An educational history of the American people*, 2nd ed., Mcgraw-Hill Book Company, 1967.

（20）W.F. Connell, *A history of education in the twentieth century world*, New York: Teachers College Press, 1980.

后 记

杜威的书不好读，但却值得一读。

我在读硕士研究生期间就对杜威产生了浓厚的兴趣，硕士论文写的也是杜威，但只是写他的教育目的，原想在这篇博士论文里对杜威的教育理论做一个总体的勾勒和评价，现在看来这个奢望的目的并未达到，时间短促是一个原因，但不是主要原因，主要的原因是个人才疏学浅。论文写完了，松了一口气，但并不满意，更谈不上沾沾自喜，感到还有不少话没有说，感到还有不少地方没有说透，意犹未尽的感觉仍很强烈。如果将来条件允许，我还想把这篇"论文"继续做下去。

岁月来去匆匆，对于无情的岁月而言，每个人都是过客，在短暂的人生中每个人都应做一点有益的事。世人已经并还在源源不断地制造无害无益或者有害无益的精神垃圾，这些垃圾已充斥着我们的文化和学术领域，但愿我写的这些文字有幸不被他人视为垃圾，但愿我做的工作有幸能被他人看作是有益的。

五六年来，我个人在探讨杜威教育理论的过程中，曾得到滕大春先生、赵祥麟先生、王承绪先生、马骥雄先生、黄济先生、周鸿志老师、单中惠老师、方克明老师、朱美玉老师、史静寰老师、张斌贤老师的指教；我在攻硕士学位时的导师夏之莲教授在 1988—1991 年对我的指导使我至今受益匪浅，令我常常感怀于心；我现在的导师吴式颖教授在指导博士论文中，字斟句酌，一丝不苟，使论文增色不少，这种敬业精神以及吴老师的文章、品德令包括我在内的很多人钦佩不已。没有这些师长的鼓励和帮助，这篇论文的完成几乎是不可能的。在论文写作中我深深感到在文化的发展和延续中，个人的力量是非常渺小的，没有他人的帮助，没有先人所做的大量研究作基础，个人必定无所作为。在茫茫宇宙中，个人只是一粒微尘，个人不能提着自己的头发拔高自己，自己所已有的、所将有的力量皆是外部文化因素所赐予的，妄自尊大、目空一切的人不仅是幼稚的，也是可笑的。因此，我感谢包括师长、朋友、同学在内的所有的人对我的帮助，感谢生活所给予我的丰厚的馈赠。

1994 年 5 月

出　版　人　　郑豪杰
责任编辑　　王晶晶
版式设计　　沈晓萌
责任校对　　贾静芳
责任印制　　米　扬

图书在版编目（CIP）数据

杜威教育思想引论 / 褚宏启著. —北京：教育科学出版社，2022.11（2023.7重印）
ISBN 978-7-5191-3315-3

Ⅰ. ①杜…　Ⅱ. ①褚…　Ⅲ. ①杜威（Dewey，John 1859-1952）—教育思想—研究　Ⅳ. ①G40-097.12

中国版本图书馆CIP数据核字（2022）第218553号

杜威教育思想引论
DUWEI JIAOYU SIXIANG YINLUN

出版发行	教育科学出版社			
社　　址	北京·朝阳区安慧北里安园甲9号	邮　　编	100101
总编室电话	010-64981290	编辑部电话	010-64989363
出版部电话	010-64989487	市场部电话	010-64989009
传　　真	010-64891796	网　　址	http://www.esph.com.cn
经　　销	各地新华书店		
制　　作	北京京久科创有限公司		
印　　刷	唐山玺城印务有限公司		
开　　本	720毫米×1020毫米　1/16	版　　次	2022年11月第1版
印　　张	17	印　　次	2023年7月第2次印刷
字　　数	205千	定　　价	65.00元

图书出现印装质量问题，本社负责调换。